LE LABYRINTHE DU POUVOIR

Kennes
www.kenneseditions.com

Photo de première de couverture :
Jean-Michel Clajot

Dépôt légal : D/2024/13.105/9
ISBN : 978-2-3807-5954-9
NUART : 40-6375-4

Imprimé en Europe.

PEFC 10-31-3532 IMPRIM'VERT®

Elio Di Rupo

LE LABYRINTHE DU POUVOIR

L'ORPHELIN

« Le mal, c'est la soudaine bascule
du quotidien dans l'horreur. »
Simonetta Greggio

L'homme n'est pas maître de son destin. Il avance dans l'inconnu. Même si ses aptitudes et sa volonté peuvent lui donner prise sur les choses, les circonstances, les rencontres et les événements sont toujours déterminants. La première, la plus naturelle et aussi la plus formidable des rencontres, a été celle de ma mère, Maria, dont l'affection aujourd'hui encore coule dans mes veines comme au commencement du commencement. Elle m'a mis au monde en Belgique au milieu de l'été 1951. J'entrais alors dans la famille au septième rang, cinq frères et une sœur m'y ayant précédé. Quatre ans auparavant, à la toute fin de décembre 1947, mon père avait été contraint de laisser femme et enfants à San Valentino, un petit village des Abruzzes, où la vue est panoramique et l'ensoleillement plus généreux encore. Au lendemain de la Seconde Guerre mondiale, après les dévastations militaires et l'effondrement économique et politique du pays, un très grand nombre d'Italiens, en particulier dans le Mezzogiorno[8] déshérité, étaient livrés à la misère la plus noire et même à la famine. Dans ce climat de désespoir et de mort, un accord entre le gouvernement belge d'Achille Van Acker et le gouvernement italien d'Alcide De Gasperi ouvrit soudain des perspectives inattendues. Le contrat organisait l'envoi de travailleurs italiens dans

8 Partie méridionale de l'Italie.

les entrailles du sol belge, où ils allaient devoir extraire le charbon sans relâche afin que celui-ci prenne le chemin de l'Italie.

« Pour tous les travailleurs italiens qui descendront dans les mines en Belgique, 200 kilos de charbon par jour et par homme seront livrés à l'Italie[9] », précisait l'accord. Dans les régions les plus pauvres, les campagnes de recrutement allaient bon train et chaque semaine, le gouvernement italien envoyait en Belgique deux mille travailleurs. Mon père décida de saisir « l'opportunité » qui lui était ainsi offerte d'assurer un revenu et une sécurité à sa famille. Il se fabriqua à la hâte une valise en bois – qui serait son unique patrimoine – et partit à l'aventure dans un pays dont il ne connaissait rien pour y exercer un métier dont il ne soupçonnait pas encore l'atroce dureté. Désormais estampillé « mineur de fond », il trouva d'abord à se loger dans une structure collective appelée « cantine des Italiens » au bois de l'Olive à Morlanwelz, dans la province de Hainaut. Le lieu n'était pas adapté aux familles et très vite, il se mit en quête d'un toit sous lequel il pourrait regrouper les siens.

Il obtint d'emménager dans une baraque en bois goudronnée, dont le sol en particules de charbon était damé, au lieu-dit Sainte-Henriette, toujours à Morlanwelz. Loin des cités modèles porteuses d'utopie que la révolution industrielle du XIXe siècle avait léguées à certaines de nos terres ouvrières, le Grand-Hornu par exemple, les baraquements dévolus ici aux migrants italiens étaient en réalité d'anciennes geôles pour prisonniers allemands. Assemblées à la va-vite au pied des terrils, elles n'avaient bien sûr pas vocation à se transformer en habitations familiales. C'est pourtant à l'intérieur de l'une de ces cahutes, au dénuement parfaitement illustré par le film *Marina* de Stijn Coninx, que j'ai poussé mon premier cri. Deux ans plus tôt, grâce au transfert du

9 Protocole concernant le recrutement de travailleurs italiens et leur établissement en Belgique, signé à Rome le 23 juin 1946, et annexe à ce protocole, signée à Rome le 26 avril 1947.

dortoir vers la baraque qu'il avait patiemment négocié, mon père avait pu faire venir ma mère et leurs six enfants, concluant ainsi une procédure de regroupement familial.

En mars 1952, notre situation s'améliora. Nous intégrâmes une vraie maison, une maison en briques à partager entre deux familles à la lisière de Chapelle-lez-Herlaimont et de Morlanwelz. Le confort restait sommaire, les chambres étaient exiguës et les toilettes se trouvaient à l'extérieur, mais enfin, quelque chose ressemblant à une vie normale paraissait nous tendre les bras. Les efforts opiniâtres de mes parents avaient mis un terme, c'est du moins le sentiment que leur inspirait cette nouvelle demeure, à leur errance et à leur précarité.

Le 23 juillet 1952 devait être un jour heureux, celui des noces civiles de mon frère Guido. Il y avait dans l'air une grande joie et dans la maison une intense activité. On s'affairait, on cuisinait, on veillait au moindre détail de ce qui ferait honneur à la belle tradition du mariage italien. Mon père, qui orchestrait l'ensemble des opérations, se livra à un savant calcul et arriva à la conclusion que le nombre de poulets était insuffisant eu égard au nombre d'invités. Il décida alors d'enfourcher son vélo pour parcourir les deux kilomètres qui séparaient la maison de la ferme voisine, où il pourrait se procurer les volailles manquantes. Au moment de quitter le foyer, il me vit braillant du haut de ma première année, me souleva promptement et me confia aux bras protecteurs de ma mère : « Occupe-toi d'Elio », lui glissa-t-il avant de s'élancer vers sa destination. Ni moi ni les miens n'entendrions plus jamais le son de sa voix ; ce seraient là ses dernières paroles. En chemin, il se fit happer par un camion-citerne qui le traîna sur plusieurs centaines de mètres. Vêtements déchirés et nuque brisée, il fut transporté à l'hôpital où, les yeux grands ouverts, il expira devant son épouse accourue à son chevet.

Pour ma mère, au poids du chagrin qui la dévastait s'ajouta instantanément la charge écrasante qui était la sienne désormais, celle d'une famille de sept enfants à nourrir et à éduquer. Seule, sans emploi ni revenu, ne sachant ni lire ni écrire, elle fut contrainte de s'en remettre aux orphelinats et pensionnats de la région. Méditant les derniers mots de mon père – « Occupe-toi d'Elio » –, elle me garda toutefois auprès d'elle et ce serait pour moi, qui n'avais encore conscience de rien, un vrai cadeau du destin.

Je ne sais si le sentiment que j'ai pu éprouver dans ma prime enfance d'être « l'élu » a dicté mes choix futurs, en particulier ma décision de me vouer à la politique et de rejouer dans les urnes le drame d'être ou non la personne choisie, mais il y a là, je pense, matière à réflexion. Ce dont je ne doute guère, en revanche, c'est que l'amour de ma mère, la force qu'elle m'a transmise et la confiance qu'elle m'a communiquée m'ont armé à vie pour les plus durs combats. La résilience ne faisait certes pas partie de son vocabulaire ni même de la langue de cette époque, mais j'en ai dès le berceau intégré la signification profonde.

Nous étions très pauvres, donc, mais par la magie de l'affection reçue, mon enfance fut heureuse et se déroula sans anicroche. Ma mère construisit les bases sécurisantes sur lesquelles je ne cesserais de m'appuyer par la suite, notamment lorsque les épreuves frapperaient à ma porte. La première de celles-ci survint à mes douze ans. À cet âge vulnérable, l'absence paternelle se fit soudain cruelle et déchirante, déclenchant ce qui passait à l'extérieur pour une crise d'adolescence, alors que cela relevait d'un séisme intérieur. Le grand désordre psychique où je me débattais eut des effets immédiats sur mes performances scolaires, et mon évolution était catastrophique. Je doublai et redoublai, accomplissant à trois reprises ma première année d'école secondaire. Tout indiquait qu'à ce rythme, je ne pourrais pas rester élève au sein de l'athénée provincial de Morlanwelz, et cette perspective inquiétait ma mère tout autant que moi. Une décision en ce sens des autorités scolaires finit d'ailleurs par être prise. Alors, n'écoutant que son courage, ma mère me tira par la manche et me mena jusqu'au bureau du préfet, Willy Servais, disciple de Georges Papy, le plus grand spécialiste des mathématiques modernes. Dans un italo-français incompréhensible, elle lui conta les malheurs familiaux et le supplia de me reprendre à l'athénée. Avec une expression saisissante, Willy Servais, capable de retourner ses yeux à un point tel que seul le blanc en restait visible, me dit : « Je te reprends pour faire plaisir à ta mère, mais tu vas devoir filer droit ! » En dépit de la sévérité du ton, j'avais soudain l'impression de devenir « quelqu'un » aux yeux d'un personnage auréolé du prestige de la connaissance et de l'autorité.

Cette rencontre serait cruciale pour la suite de mes études. Je bouclai les trois années du cycle secondaire supérieur, sans briller certes mais de manière convaincante. À l'époque, sur les murs de Morlanwelz, de grandes affiches affirmaient que « La chimie, c'est l'avenir ! » En réalité, les patrons de l'industrie chimique s'installèrent à Feluy, à quelques kilomètres de la maison. Ils avaient grand besoin de main-d'œuvre qualifiée. J'appris qu'à l'école technique de l'État à Morlanwelz, on venait d'installer de tout nouveaux laboratoires de chimie. Je m'y inscrivis. Le caractère concret des matières m'intéressait. Je m'appliquai. Un jour, au début d'une leçon de physico-chimie, le professeur Franz Aubry me dit : « Je veux te voir à la fin du cours. » Ces cinquante minutes d'attente furent pour moi cinquante minutes de torture mentale. Qu'avais-je donc fait pour que le maître veuille me parler en aparté ? Les élèves quittèrent enfin la classe, me laissant seul face au professeur qui me lança : « Di Rupo, je t'ai observé, tu vaux quelque chose. Travaille, et tu réussiras ! » Ces quelques mots allaient changer ma vie. C'est la première fois que l'on me traitait en adulte. Que l'on m'encourageait. Que l'on faisait sur ma personne le pari de l'avenir. La phrase du professeur était désormais gravée en moi et elle m'obsédait. Comment être à la hauteur d'une telle confiance ? Je ne voyais qu'une chose à faire : obtempérer. Je me mis à travailler de plus en plus intensément, jusqu'à en faire une règle de vie, une règle qu'aujourd'hui encore, j'observe à la lettre. Ma reconnaissance à l'égard de ce « faiseur d'étincelles » est sans bornes. En 2005, pour lui rendre hommage, j'ai créé une institution d'intérêt public[10], la Fondation Franz Aubry, qui accorde une aide financière à des étudiants orphelins brillants mais désargentés souhaitant entreprendre des études supérieures. Des bourses de plusieurs milliers d'euros leur sont octroyées, renouvelables tout au long de leur parcours.

La solidarité est un merveilleux outil d'émancipation. Au décès brutal de mon père, ce sont les élus socialistes de Chapelle-lez-Herlaimont qui s'activèrent pour nous apporter des solutions. Comme je l'ai indiqué, il était impossible à ma mère de nourrir tous ses enfants, et lorsque les autorités proposèrent de nous placer, mes frères et moi, dans l'orphelinat provincial sur « le plateau scolaire Warocqué » à Morlanwelz, elle céda tout en me gardant auprès d'elle comme le lui avait enjoint mon père juste avant son accident mortel. Je demeurai alors à ses côtés et ne connus donc pas la douleur d'une vie sans parents au sein d'une institution pour orphelins.

Quelques années plus tard, pour mon entrée à l'université, ma mère et moi reçûmes un nouveau coup de pouce très précieux. Le bourgmestre de Chapelle-lez-Herlaimont, Willy Empain, socialiste jusqu'au bout des ongles, comprenant la situation dramatique de ma famille, veilla à me faire bénéficier des possibilités de soutien financier qui existaient au sein de sa commune. Durant toutes mes études universitaires, l'assistance publique de Chapelle m'octroya ainsi une allocation mensuelle de deux mille francs belges. Je relis toujours avec émotion la lettre du président de cet organisme qui me félicite pour mes résultats

10 http://www.fondation-aubry.be.

à l'université et ajoute cette phrase restée bien vivace dans ma mémoire : « Nous osons espérer que vous vous en souviendrez le jour où vous aurez eu la chance de sortir diplômé et de décrocher un emploi rémunérateur. » Non seulement je m'en suis toujours souvenu, mais j'ai consacré ma vie à défendre la valeur de solidarité et les mécanismes de cette dernière, sans lesquels, pour une grande partie de la population, il n'y a pas d'émancipation possible.

LES RENCONTRES HEUREUSES

« L'humanité est fondamentalement faite de rencontres. »
Abderrahmane Sissako

Ma vie est jalonnée de rencontres heureuses qui, à certains carrefours, m'ont permis d'emprunter la bonne voie quand je risquais de me perdre. Après l'école technique de Morlanwelz d'où je sortis technicien en chimie, je présentai au jury central de l'État à Bruxelles l'examen pour entrer à l'université. Les domaines choisis étaient les mathématiques et les sciences. L'examen réussi, j'entrai à l'Université de Mons, dont on vantait l'excellence de la faculté des sciences. Ayant enfin tourné la page des chagrins et des tourments, je devins un jeune épanoui et heureux. Très vite, je trouvai mon chemin. J'avais toujours en tête l'injonction du professeur Franz Aubry. J'étudiais donc d'arrache-pied. Je savais que je ne pouvais pas doubler et que le luxe d'une deuxième chance n'était pas à ma portée. Cheveux tombant en cascade sur les épaules, je travaillais mes cours et mes labos, mais ma fibre politique s'éveillait peu à peu dans le sillage de Mai 68. À Mons comme ailleurs, l'université était en pleine mutation, avec une jeunesse très engagée qui rêvait de participation et de cogestion. Une réforme fut conduite par le gouvernement, qui verrait les étudiants intégrer le conseil d'administration de l'université. C'était une grande innovation. Des élections furent organisées. Je me présentai et fus élu par mes camarades étudiants. Une découverte pour moi, et une première indication du parcours qui serait le mien !

C'est au tout premier conseil d'administration que je fis une nouvelle rencontre heureuse, celle de Robert Urbain. Agrégé de l'enseignement secondaire en mathématiques et en physique, il venait d'être élu député socialiste de l'arrondissement de Mons. Il devait apprécier ma connaissance des dossiers et mon acharnement à défendre les étudiants, car il m'entreprit pour me convaincre de m'inscrire au Parti socialiste. De sa bouche tombaient soudain des termes comme « carnet de membre » et « timbres de cotisation ». Pour le rimbaldien que j'étais, amoureux de la liberté libre, ces mots avaient plutôt des sonorités carcérales. Un encartement particratique, ça non! Mais Robert Urbain s'y entendait pour convaincre. À trois reprises, il revint à la charge, m'exposant que j'étais spontanément socialiste sans le savoir. Il voyait en moi un jeune homme de gauche modéré, réformiste et capable d'accepter des compromis pour peu que les choses avancent dans le bon sens. Son analyse me toucha, d'autant que je me sentais proche philosophiquement d'une personnalité comme Michel Rocard, dont j'appréciais beaucoup l'esprit constructif et la rationalité. François Mitterrand, de son côté, me semblait avoir le souffle de la grandeur et cette dose de panache qui conduisit toute une génération, la mienne, à s'engager à gauche. Tout bien pesé, je finis par céder et deviens membre du Parti socialiste.

Promu docteur en sciences, je fus engagé comme chercheur à l'université, bien que je rêvais de travailler aux États-Unis. Mes songes me portaient jusqu'à l'Université de Berkeley en Californie. Entre-temps, j'avais sollicité Robert Urbain, devenu ministre, pour une fonction d'attaché scientifique aux USA. Malheureusement, je m'y pris trop tard et la place était occupée. Je poursuivis alors mes recherches et réservai un billet d'avion pour Los Angeles. Pour moi, ce qui m'attendait était une carrière scientifique et je n'imaginais pas d'autre trajectoire professionnelle. Le voyage devait avoir lieu à la fin de l'hiver 1980. Un jour de février, Robert Urbain me téléphona et me dit : « Le ministre

Jean-Maurice Dehousse recherche un profil comme le tien pour son cabinet. Veux-tu le rencontrer? » J'acquiesçai sans conviction particulière et quelques jours plus tard, celui qui était tout à la fois ministre fédéral et ministre-président de l'exécutif wallon me convoqua en son cabinet pour cinq heures de l'après-midi. J'arrivai par sécurité avec une demi-heure d'avance et sa secrétaire m'installa dans un bureau. « Le ministre vous recevra dès qu'il sera libre », prit-elle soin de me préciser. Une longue attente commença, car ce que je ne savais pas encore, c'est que Jean-Maurice Dehousse organisait ses journées de façon très singulière. Grand amateur de bande dessinée et de cinéma, il se ménageait des parenthèses de détente en pleine journée pour s'adonner à ses deux passions, avant de reprendre le travail jusqu'à très tard dans la soirée, voire dans la nuit. Il pouvait également quitter son bureau en fin de journée, assister à la dernière séance d'un film, commander un repas au restaurant avant de revenir à son cabinet pour y reprendre ses travaux et potasser ses dossiers. Voilà pourquoi, arrivé en fin d'après-midi, je dus attendre jusqu'à deux heures du matin pour être enfin reçu par le ministre.

Il m'installa dans un fauteuil de son salon noir. « J'ai lu votre curriculum vitae, il répond au profil d'attaché que je souhaite pour s'occuper de la recherche scientifique, l'énergie et l'informatique. Seriez-vous intéressé? » J'étais honoré mais prudent. J'avais en poche mon billet pour les USA. Je lui dis : « Laissez-moi deux semaines, Monsieur le Ministre. Je dois y réfléchir et consulter ma compagne. » « Non, si vous êtes d'accord, je voudrais que vous commenciez demain. » S'engagea alors une négociation sur le temps de réflexion qu'il accepterait de m'accorder. Nous conclûmes sur trois jours. C'était mon premier compromis dans un cabinet ministériel. Sur le chemin du retour, déjà, la partie inconsciente de mon cerveau me fit accepter l'aventure qui m'était proposée. Je débutai le 10 février 1980.

Dès mon entrée au cabinet, j'assumai ma fonction avec zèle et rigueur, c'est du moins ce que je pensais. Mon premier projet de note au gouvernement me fut néanmoins renvoyé à six reprises par le ministre pour cause d'imperfections. Dans l'avant-dernière version, l'une des phrases de ma note commençait par « Il est clair que... » Le ministre barra ces mots et inscrivit en marge : « Rien n'est plus obscur ! » Quand mon devoir fut enfin au goût du ministre, ponctuation comprise, le sujet n'était hélas plus d'actualité gouvernementale, tant et si bien que ma note finit dans un tiroir ! J'ai appris deux choses lors de cette entrée en matière : dans un texte, il faut être précis comme une montre suisse, et si je voulais avoir un début d'influence au cabinet, je ne devais pas craindre de passer des nuits à travailler et à répondre aux appels du ministre.

Le second ministre avec lequel je collaborai est Philippe Busquin, physicien de formation doté d'une grande intelligence et très doué au bridge et au jeu de go. Dans son cabinet, j'assumai la fonction de chef adjoint chargé notamment de l'énergie. Nos travaux, avec le recul, m'apparaissent comme précurseurs puisqu'ils portaient sur les énergies nouvelles et leur développement en Wallonie. Pour sensibiliser le grand public, nous conçûmes même une bande dessinée dont le héros était « Gallin le Coq malin ». Quarante années plus tard, tous les scientifiques et dirigeants du monde concentrent leur attention et leurs efforts sur ces matières vitales pour l'avenir de la planète. Notre contribution fut certes bien modeste, mais les orientations prises par le cabinet étaient manifestement les bonnes.

Pour me rendre au cabinet de Philippe Busquin, je pratiquais le covoiturage et c'est ainsi qu'avec bonheur, je pus découvrir la personnalité très attachante de Jean De Nooze, alors président de la centrale générale de la FGTB, la plus puissante instance syndicale des ouvriers. Intelligent, il était leur défenseur le plus acharné et devait ses hautes fonctions à, entre autres qualités, une parfaite connaissance de la volumineuse législation relative à la sécurité sociale. À chaque trajet vers Bruxelles, il m'enjoignait de m'impliquer activement dans le Parti socialiste. « Tu ne réussiras pas à réaliser tes idéaux politiques sans être totalement intégré dans les instances du PS. » Je l'écoutai. Je m'engageai sans compter dans les structures internes du PS et je finis par le présider durant vingt ans !

Lors de mon tout premier congrès national du PS, je fis la rencontre de Roger Ramaekers, auprès de qui le hasard me fit asseoir. Il était vêtu très élégamment et je fus d'abord impressionné par ses lunettes noires qui lui donnaient un petit air d'Aristote Onassis. À la fin du congrès, il m'invita à déjeuner ; se noua alors une relation d'amitié qui durerait plus de quarante ans et que seule la mort parviendrait à interrompre. Ancien secrétaire général de la Fédération des coopératives de Belgique, Roger Ramaekers était régent à la Banque nationale. Il ne fallut pas longtemps pour qu'une vive complicité intellectuelle nous unisse. Rapidement, il connut tout de moi, ma vie politique comme ma vie privée, et je crois pouvoir dire que tout aussi vite, rien de ce qui le concerne ne me resta étranger. D'une érudition sans limites, Roger Ramaekers consacrait plusieurs heures par jour à la lecture. À quatre-vingts ans, il dévorait encore plusieurs quotidiens, avec une préférence pour *Le Monde*, qu'il considérait comme « la » référence en matière de journalisme. Il se délectait aussi des classiques, dont *Les Mémoires d'Hadrien* de Marguerite Yourcenar, l'ouvrage que Georgina Druitte, une autre rencontre très marquante pour moi, m'avait fait découvrir peu de temps auparavant et qui depuis m'accompagne presque partout. Formidable passeur de culture, Roger Ramaekers m'ouvrit grand les portes de la musique classique, de la peinture, de la sculpture et des beautés patrimoniales. Avec lui, par monts et par vaux, je parcourus le monde et je m'émerveillai devant des paysages époustouflants, des tableaux divins, des compositions immortelles. Roger faisait partie de ces individus très rares dont la personnalité vous enchante immédiatement et dont la lumière vous aide à gravir vos échelons intérieurs d'un pied assuré. Ce que je lui dois n'a pas de prix.

LA DÉLIVRANCE

**« Je peux me défendre
face à mes ennemis,
mais Seigneur,
délivre-moi de mes amis ! »**
Charlotte Brontë

J'étais en fonction au cabinet de Philippe Busquin quand pour la première fois je me retrouvai élu conseiller communal à Mons. Une nouvelle vie, la vie politique active, commençait pour moi. Après avoir été échevin, je devins député aux élections législatives de décembre 1987. Lors des élections communales d'octobre 1988, je réalisai le meilleur score individuel de la liste socialiste à Mons, avec 9 560 voix de préférence, soit le double de la tête de liste Maurice Lafosse. Le soir du scrutin, me voilà invité sur le plateau de la RTBF. La journaliste, Colette Deschamps, me demanda à brûle-pourpoint : « Avec un score personnel aussi important, allez-vous réclamer la fonction de bourgmestre? » Flottant sur un petit nuage, je répondis avec détachement que j'allais en parler avec mes camarades à l'intérieur du parti. S'ensuivit un drame vaudevillesque à la faveur duquel l'appareil du PS montois me qualifia ni plus ni moins de traître. Il maintenait que Maurice Lafosse devait être désigné bourgmestre et il en appela au respect des décisions des instances. Pour justifier leur choix, les responsables locaux du parti créditèrent mon colistier des votes en case de tête, gonflant ainsi son score personnel. La crise était grave, les militants montois étaient déchirés et j'étais peut-être, à titre personnel, arrivé à un point de rupture avec mon parti, le PS.

Une fois encore, l'intervention d'une personnalité de grande valeur me permit de m'extraire des difficultés. Cet homme, c'est Guy Spitaels, alors le président du parti. Pour la petite histoire, lorsqu'il s'était présenté à la tête de celui-ci, j'avais voté pour lui en bravant la consigne donnée par le comité fédéral du PS de Mons-Borinage qui était de soutenir Ernest Glinne, catalogué plus à gauche et grande figure du socialisme. À l'époque, c'était notre secrétaire fédéral qui remplissait tous les bulletins de vote attribués à la fédération boraine, en fonction du nombre d'adhérents. Ne l'entendant pas de cette oreille, j'avais brandi les statuts et exigé de recevoir un bulletin individuel pour me permettre de voter selon ma conscience. C'est donc pour Guy Spitaels que j'avais donné ma toute première ruade à l'intérieur du PS montois. Ironie de l'histoire, c'est lui qui, en intervenant avec autorité dans le conflit, amortit le choc de ma deuxième ruade, celle qui aurait pu me couper définitivement de mon parti.

L'homme avait une allure majestueuse et une intelligence hors du commun. C'est le président qu'il fallait au PS. Un mélange d'idéal, d'idéologie et de réalisme. Royer, le célèbre cartooniste du quotidien *Le Soir*, le caricaturait toujours en monarque aux allures de Louis XIV. En 1989, outre ses fonctions présidentielles, Guy Spitaels enseignait à l'Université libre de Bruxelles et au Collège d'Europe. Il avait quelque chose de mitterrandien qui en imposait à ses interlocuteurs. J'appréciais sa hauteur de vue, sa manière d'être et sa grande lucidité. Quand cet homme parlait, on l'écoutait, et quand on avait la chance d'être pris en considération par lui, on redoublait d'attention.

Alors que j'étais embourbé dans les tractations postélectorales montoises, accablé de reproches par les caciques locaux, je reçus un coup de fil du président Spitaels. « Rendez-vous à quatorze heures à l'hôtel de ville de Mons », lâcha-t-il avant de raccrocher, ne me laissant pas le temps de prononcer un seul mot. À l'heure fixée, il fit son entrée dans la salle du Collège où il avait convoqué la fine fleur du PS régional, dont le bourgmestre sortant Maurice Lafosse et le ministre Robert Urbain, ainsi que plusieurs « barons » qui faisaient la pluie et le beau temps à la fédération. Les participants se levèrent comme un seul homme et le saluèrent en chœur. Les regardant à peine, Guy Spitaels s'exprima : « Je vais vous enlever Elio des pattes. Je vais l'envoyer à l'Europe. Y a-t-il une objection? » Personne ne broncha. Il remercia l'assemblée et quitta la salle. Quelques mois plus tard, le 18 juin 1989, je serais élu député au Parlement européen, et par là même éloigné durablement de la politique montoise.

De cet épisode assez navrant, j'ai tiré une leçon démocratique : les électeurs doivent être en mesure de choisir leur bourgmestre sans être contredits ou contraints par l'appareil des partis politiques. Devenu président du PS, j'ai proposé que devienne bourgmestre la femme ou l'homme qui obtiendrait le plus de voix de préférence sur la liste de la coalition ayant réuni le plus grand nombre de sièges. J'ai été suivi par mes collègues, le Parlement wallon a voté une réforme en ce sens et cette disposition de démocratie directe est désormais d'application lors de chaque scrutin communal.

Mon départ politique de Mons avait été quelque peu forcé, mais mon retour était inscrit dans les astres et de préférence par la grande porte. C'est une bonne décennie plus tard, en 2000, que je réalisai ainsi mon rêve de devenir bourgmestre de Mons, une fonction que j'assumerais avec beaucoup d'enthousiasme et qui me procurerait de grandes satisfactions. La politique, pour moi, ne consiste pas seulement à livrer des batailles idéologiques, qui sont importantes, mais aussi à retrousser ses manches pour mener à bien des chantiers qui amélioreront concrètement la vie ou le cadre de vie des citoyens. Le niveau communal, en cela, offre de remarquables possibilités d'agir, de faire, de construire. Je m'y consacrai donc corps et âme, m'efforçant de valoriser ma ville pour en faire l'une des cités les plus attractives du pays. La désignation de Mons comme capitale européenne de la culture pour l'année 2015 permettrait d'amplifier tous ces efforts et resterait le couronnement d'un travail de fond réparti sur trois législatures successives.

LE VICE-PREMIER MINISTRE

« Toute accession
à une haute fonction
emprunte un escalier tortueux. »
Francis Bacon

À ma grande surprise, Guy Spitaels me convoqua un jour de janvier 1992 au siège du PS pour me propulser au poste de ministre de l'Enseignement – on disait alors ministre de l'Éducation. Cette fonction m'intimidait tant par sa charge symbolique que par l'ampleur du département à gérer. Le défi était immense et selon les analystes politiques, le risque était grand, pour moi qui n'avais aucune expérience ministérielle, de m'y brûler les ailes. On disait la Communauté française (entité fédérée responsable notamment de l'enseignement et de la culture des citoyens belges francophones) désargentée et même à risque de cessation de paiement des salaires, tandis que certains syndicalistes étaient au taquet pour étouffer dans l'œuf tout projet de réforme structurelle.

Je plongeai dans les dossiers sans *a priori* et découvris une situation budgétaire effectivement très dégradée, mais aussi des problèmes manifestes d'encadrement des élèves. Beaucoup de classes, surtout parmi les plus jeunes, étaient surpeuplées alors qu'aux étages supérieurs, le *ratio* élèves/professeurs était faible. Autrement dit, notre enseignement privilégiait les plus grands et défavorisait l'encadrement des plus jeunes. Or, les pédagogues expliquent cela très bien, c'est au tout au début de la scolarité que tout se joue et c'est là que doivent en priorité se concentrer les efforts. J'entrepris donc une réforme pour rééquilibrer les choses et mettre un terme à certains gaspillages de moyens, ce qui me valut des affrontements réguliers avec les représentants syndicaux. L'assainissement budgétaire de notre enseignement était hélas indispensable et il se poursuivrait sous les législatures suivantes, jusqu'aux refinancements substantiels apportés par d'importantes réformes institutionnelles. Les accords dits « de la Saint-Quentin » d'abord, celui du Lambermont ensuite, assureraient de nouveaux moyens à notre école et y ramèneraient cette stabilité tellement nécessaire.

Mon autre mission en tant que ministre était d'améliorer les apprentissages et de veiller à ce que chaque élève, de quelque milieu qu'il soit issu, reçoive les meilleures chances d'émancipation. Là encore, je découvris une anomalie que mettaient en relief les régulières « études Pisa » de l'OCDE. Alors que nous n'étions pas loin du record européen en termes d'encadrement (un professeur pour dix élèves en moyenne en secondaire, par exemple), nos performances y apparaissaient médiocres et nous végétions au milieu, voire en bas du classement. L'explication est à mettre en perspective avec le point précédent : il n'y avait pas assez de personnel pour encadrer les plus jeunes. Mais elle tenait aussi à la dispersion des efforts pédagogiques, qui gagneraient à se concentrer sur les apprentissages de base tels que lire, écrire et calculer. Je menai alors une réforme d'ampleur qui permettrait aux enseignants de se baser sur des socles de connaissances donnant accès aux compétences fondamentales à acquérir par chaque élève avant toute poursuite de ses apprentissages. Préconisé par les spécialistes du développement, ce recentrage sur les savoirs et aptitudes de base était certainement la réponse la plus appropriée aux retards et aux inégalités scolaires. Avant de sortir de charge, j'ouvris également la porte à une réforme des rythmes scolaires, une idée qui fit lentement son chemin jusqu'à cette année académique 2022-2023 qui vit la ministre Caroline

Désir mettre en œuvre un tout nouveau calendrier des vacances scolaires. Trente ans après mon impulsion !

Malgré la difficulté de la tâche et en dépit d'une certaine adversité, j'étais, à la tête de notre enseignement, un ministre heureux et enthousiaste. Très absorbé par ma mission, je ne relevais pas la tête de mes dossiers et n'envisageais rien d'autre que de poursuivre mon travail jusqu'à la fin de la législature. Mais le vendredi 21 janvier 1994, la presse dévoila ce qui deviendrait « l'affaire Agusta-Dassault ». En quelques heures, trois Guy visés par la justice démissionnèrent : Guy Coëme, qui était aussi vice-Premier ministre fédéral, Guy Mathot, ministre wallon, et Guy Spitaels, ministre-président de la Wallonie.

Dans mon bureau du cabinet, je reçus un appel du parti qui me fixait rendez-vous le lendemain avec le président Philippe Busquin. Celui-ci, dès mon arrivée au boulevard de l'Empereur, où se trouve le siège du parti, m'annonça la couleur : « Je pense à toi pour remplacer Guy Coëme au poste de vice-Premier ministre, mais je dois encore prendre des contacts. » Je tombai des nues, ne me voyant pas endosser une telle responsabilité, moi qui me considérais encore comme en phase d'apprentissage ministériel. Vice-Premier ministre, c'est un Premier ministre *bis*, qui doit suivre tous les dossiers du gouvernement et défendre farouchement les positions de son parti au sein du « kern », le conseil des ministres restreint et le cœur du pouvoir à la rue de la Loi à Bruxelles. Mentalement, je n'y étais pas préparé, c'est clair, et j'étais par ailleurs très investi dans ma tâche au service de nos écoles, de nos enseignants et de nos élèves. Quitter cette fonction passionnante, déjà ? Je n'étais vraiment pas demandeur.

Le lendemain, avec autorité, mon président mit un terme à mes délibérations intérieures. « Tu deviendras vice-Premier ministre, j'ai l'accord des principaux concernés. » J'étais sous le choc. L'idée de devenir numéro deux du gouvernement fédéral me donnait le vertige. Ma connaissance du néerlandais était quasi nulle. Je balbutiai quelques arguments contre ce choix, mais Philippe Busquin s'empara de son téléphone, forma un numéro puis me passa le Premier ministre. Je ne connaissais Jean-Luc Dehaene que de loin et je n'avais même jamais conversé avec lui. Il avait la réputation d'être surdoué et redoutable. J'eus à peine le temps de dire « allô » qu'il me lança de sa grosse voix : « Elio, à midi au Belvédère », et il raccrocha ! Le Belvédère était la résidence privée du roi Albert II et de la reine Paola. Je ne m'y étais jamais rendu, et ni mon chauffeur ni moi n'avions idée de sa localisation. Je pris congé de Philippe Busquin, et dans une salle voisine de son bureau, nous dépliâmes des cartes routières à la recherche du Belvédère. Dès mon arrivée, le souverain, très aimable, me mit à l'aise. Vint le moment où, en présence du Premier ministre, je jurai « fidélité au Roi, obéissance à la Constitution et aux lois du peuple belge ». Après un verre de champagne rosé que j'avalai en une gorgée – moi qui ne buvais jamais d'alcool –, je pris congé du Roi pour participer à mon tout premier conseil des ministres. C'est ainsi que débutèrent mes fonctions fédérales.

Le hasard voulut que les services du Premier ministre me placent à côté de Robert Urbain, le ministre du Commerce extérieur et des Affaires européennes. Voilà que l'homme qui m'avait mis le pied à l'étrier politique, celui qui avait donné une impulsion irréversible à ma vie, était mon voisin et collègue à la table du gouvernement fédéral. Il se montra bienveillant et quant à moi, j'étais terriblement ému, ne cessant de me remémorer les discussions au cours desquelles, en marge du conseil d'administration de l'Université, le Boussutois avait cherché à me convaincre de m'inscrire au PS. Autour de la table du 16, rue de la Loi siégeaient également Jean-Maurice Dehousse, celui qui avait corrigé avec acharnement ma première note à un gouvernement, Philippe Maystadt, qui deviendrait président de la Banque européenne d'investissement, Herman Van Rompuy, qui assumerait la présidence du Conseil européen, Melchior Wathelet senior, qui serait juge à la Cour de justice de l'Union européenne, et Willy Claes, qui deviendrait secrétaire général de l'OTAN. Il allait falloir se montrer à la hauteur de telles personnalités! Premier réflexe chez moi, comme toujours : m'immerger dans les dossiers et travailler, travailler encore, jusqu'à les maîtriser complètement et être en mesure de défendre efficacement les positions de mon parti. On traite de tout, au gouvernement fédéral. Des réalités du pays, mais aussi de l'Europe et du monde. Un climat d'intense collaboration s'installa avec les membres de mon nouveau cabinet et rapidement, après m'être mis à niveau, j'eus le sentiment d'avoir gagné le respect de mes collègues du conseil des ministres. Une nouvelle vie commençait pour moi. Je n'en connaissais pas encore les vicissitudes!

L'AFFAIRE D'ÉTAT

« Les ruses et les machinations ont été imaginées par les hommes pour venir en aide à leur lâcheté. »
Euripide, *Bellérophon*

Le 13 août 1996, Marc Dutroux est arrêté avec ses deux complices, Michelle Martin et Michel Lelièvre. Dutroux forme avec sa compagne un duo criminel qui a déjà été poursuivi, notamment en 1995, pour des faits liés à la pédophilie. Dutroux a aussi reçu à Charleroi une condamnation à dix années de prison, en 1988, pour enlèvement et faits de mœurs. Le 15 août, Laetitia Delhez et Sabine Dardenne, âgées de quatorze et douze ans, disparues l'une depuis le 28 mai, l'autre depuis le 9 août, sont libérées par la police. Deux jours plus tard, les corps sans vie de Mélissa Russo et Julie Lejeune, disparues ensemble le 24 juin 1995, sont découverts. La procureure générale de Liège, Anne Thily, confirme que l'on a retrouvé deux corps d'enfants dans le jardin de la maison de Marc Dutroux. Elles sont mortes de faim. Le 3 septembre, deux autres corps sont retrouvés. Il s'agit d'Eefje Lambrecks et d'An Marchal, également assassinées par Dutroux. La Belgique plonge dans l'horreur tandis que la douleur et la colère s'emparent de la population. L'indignation et le chagrin du peuple belge ne vont cesser de croître. Le 20 octobre 1996, une marche blanche organisée à Bruxelles rassemble trois cent mille personnes. En tête du cortège, les parents des victimes, admirables de hauteur face au pire drame que l'on puisse imaginer, donnent l'exemple de la dignité en réclamant justice d'une manière parfaitement civilisée.

La détermination des parents et des participants à cette gigantesque manifestation va faire bouger les lignes. Sous l'impulsion de Jean-Denis Lejeune, le père de la petite Julie, naît Child Focus, une fondation nationale pour enfants disparus et sexuellement exploités. Un parquet fédéral compétent pour les grands dossiers criminels est mis en place. La gendarmerie et la police sous leur ancienne forme disparaissent, fusionnant en une police intégrée à deux niveaux – la police fédérale d'une part, la police locale d'autre part. Le drame prend une tournure éminemment politique et une commission d'enquête parlementaire se met au travail à la Chambre des représentants. La population belge reste révoltée, à juste titre. Dans ce climat de souffrance, de suspicion générale et de colère collective, une rumeur se fait jour : Dutroux n'a pas pu agir comme il l'a fait sans bénéficier de protections en « haut lieu ». Pour ma part, comme vice-Premier ministre, je m'implique intensément dans l'ensemble des réformes nécessaires et je prête une oreille très attentive aux parents des victimes, auxquels je rends une visite privée.

Le 15 novembre 1996 est pour moi un vendredi ordinaire. Il débute par le conseil des ministres, dont je suis le numéro deux en ma qualité de vice-Premier, et se poursuit dans l'après-midi avec une kyrielle de rendez-vous. J'aspire à un peu de repos quand John Goossens, le CEO de Belgacom, me téléphone : « Essaie de venir à la soirée internationale qui se tient ce soir au palais d'Egmont[11] avec le président de la Commission européenne, Jacques Santer. Il y aura là une foule de personnalités en tout genre. Tu me ferais un plaisir personnel en venant à ma table. » Malgré la fatigue, et un peu à contrecœur car je n'aime

11 Le Palais d'Egmont à Bruxelles constitue l'un des plus beaux fleurons du patrimoine diplomatique belge. On y reçoit les hôtes de marque de l'État, on y donne des conférences internationales.

pas du tout les mondanités, je cède à l'amicale pression, me déleste de mon énorme téléphone portable et me rends au dîner.

Il est vingt-trois heures trente lorsque je franchis enfin la porte de mon appartement de fonction situé à Bruxelles. Rouge vif, le voyant de mon répondeur téléphonique clignote avec frénésie. Le Premier ministre Jean-Luc Dehaene a tenté de me joindre à six reprises, me demandant de le rappeler immédiatement. Le président du Parti socialiste, Philippe Busquin, a essayé lui aussi d'entrer en contact avec moi. Dans son message, il insiste pour que je rappelle le Premier ministre, ce que je fais aussitôt. « Elio, peux-tu venir de toute urgence chez moi à Vilvorde ? » Est-ce si urgent ? « Oui, je t'expliquerai. »

Je me mets au volant de ma Saab et rallie le domicile du Premier. Une atmosphère de mort m'y accueille. Philippe Busquin est là, visage blême. Je m'interroge sur sa présence à une heure si tardive. Selon ses habitudes, le Premier ministre va droit au but. Il me présente un feuillet avec une quinzaine de noms. « Connais-tu ces gens ? » Je parcours sa liste à deux reprises. Non. « Demain, le journal *De Standaard* va dévoiler un scandale te concernant. Tu es accusé de pédophilie avec un mineur. » Stupeur. Certes, je suis gay, ou plutôt « bi », mais jamais, au grand jamais, je n'ai eu de relations sexuelles avec un mineur. Durant plus de deux heures, les deux hommes décortiquent et dramatisent la situation. « Que vas-tu faire ? », m'interroge le Premier ministre avec insistance. Je suis atterré et abattu par l'accusation. « Je dois réfléchir », lui dis-je. « Tu dois me répondre demain matin au plus tard », poursuit-il.

Complètement groggy après tout ce que je viens d'entendre, je prends congé et quitte les lieux en compagnie de Philippe Busquin. Novembre est lugubre, il fait très froid et un brouillard poisseux que traverse une fine pluie aspire nos deux silhouettes dans la nuit. Sur le chemin du retour, mon président de parti me fait comprendre qu'il souhaite me parler. Il se range sur le côté et je m'arrête à sa suite. « As-tu compris que Jean-Luc Dehaene veut que tu démissionnes très vite pour s'épargner un scandale ? Viens à la maison tout à l'heure. » Au lieu de rentrer chez moi, je mets le cap sur le domicile de mon ami et confident Roger Ramaekers à Woluwe-Saint-Pierre. Il est trois heures du matin. Roger prend tout de suite la mesure du drame qui se joue, mais il me réconforte : « Tu n'as rien à te reprocher. Essaie de dormir. Nous aviserons plus tard. » J'informe alors mon frère Franco, qui pique une colère : « Ils veulent ta peau. Ce sont des salauds ! »

Le lendemain matin, samedi 16 novembre, les journaux du groupe *De Standaard* et le quotidien *Het Laatste Nieuws* annoncent que le parquet de Bruxelles enquête sur une possible affaire de pédophilie. « Les recherches [judiciaires] de la nuit dernière, basées sur des déclarations qui pourraient être incriminantes, mettent en cause des politiciens de haut rang. » Selon *De Standaard*, « le vice-Premier ministre Elio Di Rupo serait cité[12] ». Deux dépêches suivent rapidement et mon nom est jeté en pâture comme celui d'un de ces possibles « politiciens de haut rang ».

Vers dix heures du matin, avant de me rendre chez Philippe Busquin, je passe chez mon frère. Il n'a pas dormi et ne décolère pas : « Tu n'as rien à te reprocher, ne démissionne donc pas. S'ils veulent une démission, que l'ensemble du gouvernement se démette. Surtout, résiste », m'intime-t-il. Chez Philippe Busquin, l'ambiance est tout autre. « Il vaut mieux démissionner tout de suite plutôt que de faire rebondir l'affaire et puis quand même devoir démissionner. » Je résiste tant et plus et il ne semble pas très heureux de me découvrir aussi résolu. Lui ayant promis une réponse ferme pour le lendemain, je l'appelle et lui confirme que je ne démissionnerai pas. « Lundi, au bureau du parti, tu devras t'expliquer », m'assure-t-il. Pour ma part, bien que toujours aussi

12 *Belga Wire*, 16 novembre 1996.

stupéfait, je ne vois pas d'inconvénient à parler de ce qui m'arrive et à répondre à d'éventuelles questions.

Le dimanche 17, certains élus de l'opposition démarrent au quart de tour et lancent le carrousel des médisances. Herman De Croo, le président du VLD, le parti libéral flamand, politise « l'affaire » sans modération. Il estime que le Premier ministre doit s'expliquer sans délai au Parlement et qu'« à partir du moment où des noms de ministres sont cités, le Premier doit dire s'il se porte garant de son gouvernement ». Il ajoute dans certains médias que je suis un ministre discrédité[13]. De son côté, le chef de groupe libéral francophone de la Chambre, Didier Reynders, formule la même demande : « Il faut que Monsieur Dehaene s'explique le plus rapidement possible sur les accusations lancées à l'égard de membres de son gouvernement. » Les chiens sont lâchés !

À ce stade, je ne sais rien de précis à part la liste de noms exhibée sous mon nez par le Premier ministre vendredi soir. Qui m'accuse ? De quels faits ? Où ? Quand ? Avec qui ? Je n'en sais rien ! Après les déclarations des libéraux, les médias se mobilisent. Mon porte-parole, Marc Janssen, est inondé de questions. Il reçoit un coup de fil de *La Dernière Heure* : « Un coiffeur prétend avoir vu Di Rupo sortir de chez Dutroux. » Il doit batailler de longues minutes pour que le journaliste ne relaie pas ce bobard aussi grotesque qu'explosif.

En fin d'après-midi, toujours sans savoir ce qui m'est reproché exactement, je publie un communiqué. « Ce n'est pas la première fois que des hommes politiques font l'objet de coups bas. Mais aujourd'hui, ce qui se dit dépasse les limites de l'odieux. À la suite d'initiatives de quatre quotidiens flamands, reprises par le président du VLD, Herman De Croo, des informations les plus folles et des plus blessantes circulent à mon égard. Il semblerait que je sois victime d'amalgames et de confusions entre des faits

13 Agence Belga, 17 novembre 1996.

de ma vie privée qui ne portent atteinte à personne et des actes immondes, atroces, qu'on veut m'imputer. Dans toutes les fonctions que j'ai exercées, et plus particulièrement ces dernières semaines, je n'ai pas ménagé mes efforts pour que des mesures efficaces soient prises afin de répondre aux exigences légitimes des citoyens. La droiture la plus élémentaire implique pour moi que mon comportement reflète les valeurs que je défends. Parmi ces valeurs, la vie affective est un trésor qui ne peut se concevoir qu'avec des personnes responsables et consentantes. Je refuse de voir notre pays sombrer dans une chasse aux sorcières, un maccarthysme de la pire espèce. Nous valons tous mieux que cela[14]. »

Le matin du lundi 18 novembre, toute la presse politique est en ébullition. « À propos de cette enquête, affirme le quotidien *Het Laatste Nieuws* sans citer de noms, la justice cherche à confirmer la véracité de "contacts pédophiles" d'un ministre francophone du gouvernement Dehaene et de "déclarations accablantes" recueillies par les enquêteurs. Selon *De Standaard,* le nom du vice-Premier ministre Elio Di Rupo serait cité en rapport avec ces informations non encore avérées[15]. » *Het Belang van Limburg,* quant à lui, prétend détenir des informations de « sources bien informées » et que le dossier Di Rupo est composé de plusieurs témoignages. « La police accorde une grande importance à un témoignage particulier », ajoute le quotidien. Malgré une relative prudence de la part de l'agence Belga, l'affaire fait déjà grand bruit. Depuis que des rumeurs circulent selon lesquelles les abominations perpétrées n'ont été possibles que grâce à des protections « en haut lieu », le haut lieu est tout trouvé en la personne du numéro deux du gouvernement.

À dix heures, je me rends au « bureau du parti », qui en est l'organe décisionnel. Sur le seuil de l'immeuble, je suis attendu

14 *Ibid.*
15 *Ibid.*

par une nuée de journalistes. Une dizaine de télévisions, des radios, des reporters de tous horizons. Les questions fusent. Plus aucune retenue n'est de mise. « La justice vous accuse de pédophilie », se plaisent à répéter les journalistes. « Qu'avez-vous à dire pour vous défendre ? » Là, je me sens crucifié vivant. Puisant au tréfonds de mes ressources, je réponds : « Toutes les relations sexuelles que j'ai pu avoir se sont déroulées avec des majeurs consentants. » Une journaliste, sur un ton accusateur, lance tout d'un coup : « Mais on dit quand même que vous êtes homosexuel ! » Ma réponse sort du ventre : « Oui. Et alors ? » Ces trois mots créent la stupéfaction. Un grand silence immobilise soudain la foule des journalistes, tandis que je m'éloigne pour assister à la réunion.

Là, le président Busquin fait le maximum pour ramener le scandale à une problématique politique que l'on se doit d'examiner avec sérénité. Il ne modifie pas l'ordre du jour et ne lance la discussion sur mon « affaire » qu'au point « situation politique ». Alors, longuement et en toute franchise, je m'exprime sur ce que je vis, dans un brouillard complet, depuis deux jours et demi. J'affirme que je ne connais aucun des noms que le Premier ministre m'a soumis. Que je suis certain de mon fait. Que jamais je n'ai eu de relations sexuelles avec un mineur. Que je m'interroge sur l'attitude de certains médias. Qu'une véritable machination est ici à l'œuvre.

Faut-il que je démissionne pour éviter une situation préjudiciable à mon parti ? Je sens le bureau partagé. Comme souvent dans les circonstances exceptionnelles, on découvre les preux, les pleutres et les hésitants. Les premiers interviennent, la plupart des autres se taisent. C'est un bureau des grands jours où les ténors sont bien présents : Laurette Onkelinx, Philippe Moureaux, Jean-Maurice Dehousse, Yvan Ylieff, Charles Piqué, André Flahaut, Guy Spitaels... Pas moins de quatorze membres s'expriment à mon sujet. Sept d'entre eux, dont l'ancien président

Guy Spitaels, le vice-président du parti Philippe Moureaux, le ministre-président de la Région bruxelloise Charles Piqué, le ministre de la Recherche scientifique Yvan Ylieff, le ministre de la Fonction publique André Flahaut prennent explicitement position en ma faveur. Ils évoquent tour à tour la différence d'éthique entre libéraux et socialistes sur des questions qui devraient les rassembler, le combat pour la démocratie qu'il va falloir mener dans un climat de déstabilisation gouvernementale, la nécessité de créer un comité d'éthique de la presse, ou encore le caractère tragique de devoir démontrer son innocence, une obligation contraire aux principes élémentaires du droit. Clemenceau et Brecht sont cités.

Le président Busquin rappelle à trois reprises que la question est avant tout politique et qu'il faut penser à l'avenir du parti. Le bureau se termine sans conclure : on verra dans les prochaines heures et les prochains jours ce que dit la justice. Lors de son point presse, Philippe Busquin souligne avec élégance qu'il n'y a pas eu d'élément dissonant au sein du bureau après ma prise de parole. Il insiste sur le respect de la vie privée des personnes et qualifie de « regrettables » les amalgames et confusions auxquels s'est livré le président du VLD Herman De Croo.

Le matin même, le quotidien *Het Belang van Limburg* publie un article affirmant que des accusations sont portées contre moi depuis plusieurs semaines dans les milieux policiers, mais que par déontologie et pour ne pas nuire à l'enquête, il s'est abstenu de communiquer à ce sujet. Un lecteur attentif aurait remarqué que l'article fait complaisamment l'amalgame entre mon « affaire » et d'autres enquêtes de police dans les milieux gay. Par ailleurs, note le journal, « afin d'avertir d'autres personnes, dont les noms figurent également dans des fichiers pédophiles, un commissaire aurait manipulé la presse et organisé une fuite en fin de semaine dernière[16] ». Qui est ce commissaire ? À ce stade,

16 *Het Belang van Limburg*, 18 novembre 1996, p. 13.

silence radio ! Mon équipe cherche désespérément des informations crédibles, partout où c'est possible. Sans résultat... Le dossier semble bien gardé entre les mains de quelques personnes issues des milieux judiciaires et policiers, qui le partagent avec une poignée de journalistes flamands bien choisis.

En 1996, le Parti socialiste gouverne la Belgique en coalition avec les chrétiens-démocrates. Au bureau du CD&V, le parti du Premier ministre, la réaction est prudente. « Plus que jamais, le respect des règles de droit s'impose. On ne peut pas accuser les gens sur la base de rumeurs ou de plaintes anonymes », déclare son président[17]. La Fédération des groupements homosexuels publie un communiqué indigné : « On a le sentiment effrayant que l'homophobie gagne à nouveau du terrain. Le fait que le ministre Di Rupo aurait eu une relation homosexuelle est jugé suffisant pour l'accuser de pédophilie. Ses fréquentations présumées dans des bars homosexuels suffisent à le placer dans des cercles suspects. La présomption d'innocence ne s'applique-t-elle pas aux homosexuels[18] ? »

En soirée, j'apprends que le procureur général près la Cour d'appel de Bruxelles André Van Oudenhove a déjà entamé à mon encontre une procédure de mise en accusation et saisi le président de la Chambre des représentants, Raymond Langendries, d'une demande de levée d'immunité pour permettre ladite mise en accusation. Ma réaction est immédiate : « La démarche du procureur général permettra d'ouvrir un champ de confrontation qui, je l'espère, mettra fin au règne des affabulations, des confusions et des amalgames. On va enfin savoir de quoi il retourne. » À l'époque, un ministre ne peut faire l'objet d'un interrogatoire ou d'un renvoi devant une cour de justice qu'à la double condition que le Parlement le mette en accusation et que ce soit la plus haute juridiction du pays, la Cour de cassation, qui

17 Agence Belga, 18 novembre 1996, 14:12.
18 *Ibid.*, 14:13.

mène l'enquête. L'affaire a ici un tel retentissement que la bourse de Bruxelles en est affectée une partie de la journée[19].

Le mardi 19 novembre à seize heures, à la suite de la démarche du procureur général, la Chambre se réunit d'urgence en séance plénière et décide à l'unanimité de mettre sur pied une commission parlementaire spéciale. En parallèle, le président de la Chambre me fait transmettre « le dossier ». Immédiatement, mon porte-parole, Marc Janssen, mon conseiller juridique, Frédéric Delcor, et mon avocat, Marc Uyttendaele, en prennent connaissance. Après lecture, ils sont abasourdis. « Tout ceci est un montage grossier. Ça se voit immédiatement. » Je vais quand même devoir aller « m'expliquer » – une expression qui me révolte ! – en commission spéciale et ça ne m'amuse pas. J'accepte cependant cette épreuve avilissante tout en refusant de modifier mon agenda professionnel. Le lendemain, j'ai des obligations multiples liées à ma charge de ministre et je les assumerai toutes, sans exception. Mon chef de cabinet, Philippe Suinen, se révèle remarquable. Tout au long de « l'affaire », il fera fonctionner le cabinet comme si de rien n'était.

Le mercredi 20 novembre à dix heures, les membres de la commission spéciale se mettent au travail. Le procureur général Van Oudenhove est auditionné. Le dossier me concernant compte une vingtaine de pages qui reprennent pour l'essentiel le témoignage d'une personne qui aurait eu quinze ans à l'époque de prétendus faits remontant à 1989 ou 1990. Le rédacteur politique du quotidien flamand *Gazet van Antwerpen*, Paul Geudens, ouvre le bal des moralisateurs : « Elio Di Rupo n'a plus l'autorité morale pour assumer le rôle de vice-Premier ministre. Après tout, comment une personne associée à la pédophilie par la moitié de la nation peut-elle continuer à occuper le deuxième poste le plus élevé du pays[20] ? », assène-t-il. Marc Platel, dans *Het*

19 *De Tijd*, 19 novembre 1996.
20 *Gazet van Antwerpen*, 20 novembre 1996, p. 2.

Belang van Limburg, en rajoute : « Bien sûr, les politiciens ont aussi droit à une vie privée, mais ce droit n'est pas une licence pour faire n'importe quoi avec n'importe qui. » Pour certains médias flamands, la messe est dite. Côté francophone, la plus épouvantable accusation viendra d'une Écolo, Isabelle Durant, avec ces propos, que je reproduis de mémoire : « Abuser de son titre de ministre pour séduire des enfants… » Peu importent les faits ou leur absence, il faut exhiber le scalp du socialiste Di Rupo devant la foule au plus vite !

Le quotidien grand public *La Dernière Heure* lance un sondage alors que j'ai à peine pris connaissance des accusations portées à mon encontre et que je n'ai bien entendu encore rien préparé pour ma défense. 49,3 % des mille personnes interrogées estiment que je dois démissionner, pour 42,8 % qui pensent le contraire et 7,9 % qui sont sans opinion à ce sujet.

Quant à ma propre fédération socialiste de Mons-Borinage, qui m'a toujours considéré comme un caillou dans la chaussure, elle publie un communiqué jésuitique : « Quoi qu'il advienne, le bureau du PS de Mons-Borinage continuera à accorder sa priorité aux problèmes socio-économiques qu'endure cette région… Elio Di Rupo a permis, ces dernières années, quelques avancées significatives dans le développement régional. Les socialistes poursuivront donc dans cette voie car de la prospérité économique naît un bien-être social et moral. » « Et moral »… C'est une crucifixion par ceux qui auraient dû se trouver au premier rang de ma défense. Heureusement, les jeunes socialistes de la région sauvent l'honneur avec un communiqué empathique qui dénonce « l'attitude calomnieuse de certains quotidiens flamands » qui agissent « au mépris des règles les plus élémentaires de déontologie journalistique comme le recoupement des informations et le contrôle des sources. Des journalistes ne peuvent sans preuves tangibles salir des réputations et hypothéquer des carrières en s'attaquant à la vie privée, sacrée pour les hommes politiques comme pour tout citoyen ».

Il est vrai, et c'est un élément significatif, que les deux quotidiens qui s'acharnent contre moi sont la *Gazet van Antwerpen* et *Het Belang van Limburg*, *Het Nieuwsblad* n'étant pas en reste. Ils expliquent que le témoin est accusé d'un vol dans un grand restaurant de Hasselt. Mais ce qui intéresse les quotidiens, ce sont ses accusations à mon encontre, et ces journaux ne s'interrogent jamais sur la crédibilité de l'accusateur. Pendant ce temps, mon porte-parole Marc Janssen décide d'être totalement transparent avec la presse. Il invite plusieurs journalistes à prendre connaissance du dossier afin qu'ils puissent se forger une opinion sur des éléments concrets et non sur des rumeurs. Il nous revient qu'en parallèle, des journalistes du quotidien *De Morgen* enquêtent de leur côté en privilégiant la thèse de la machination.

Après la défense au Parlement de mes dossiers professionnels en tant que ministre des Télécommunications, j'arrive à la commission spéciale de la Chambre à dix-neuf heures. J'y suis entendu durant deux heures et demie. Je peux alors m'exprimer sur le peu que je sais. Je suis assisté de deux avocats, Marc Uyttendaele et Raf Verstraete. Ils insistent pour leur part sur les déclarations contradictoires et invraisemblables de mon accusateur, un certain Olivier Trusgnach. Ils s'élèvent aussi contre le lancement d'une chasse à l'homme par le parquet général sur une base aussi bancale. La réunion se prolonge, en mon absence, jusqu'à deux heures et demie du matin. Au terme de celle-ci, la Cour de cassation se voit confier « une mission générale d'information et d'instruction ». La procureure générale près la Cour de cassation devra faire rapport au plus tard le 9 décembre à la Chambre sur les actes d'information et d'instruction accomplis et préciser si, à son estime, il existe ou non des indices suffisants pour justifier l'engagement d'une procédure de mise en accusation. La commission parlementaire, bénéficiant de la sagesse de la majorité à laquelle j'appartiens, décide donc de permettre à la Cour de cassation de m'interroger sans mise en accusation. La suite de l'histoire montrera que cette décision était la bonne.

La presse flamande livre de nouveaux éléments. Elle explique que le dossier soumis à la Chambre par le procureur Van Oudenhove contient deux procès-verbaux : un de la gendarmerie de Hasselt et un de la police judiciaire de Bruxelles. Le « témoin » présenté dans ces PV est un Limbourgeois. En octobre, il était inquiété par la justice pour le vol de bijoux et d'argenterie dans un restaurant près de Hasselt. Lors de son interrogatoire, l'intéressé aurait soudainement évoqué ses relations dans les plus hautes sphères, notamment avec moi. Deux membres de la police judiciaire bruxelloise seraient alors venus l'interroger à Hasselt. Le témoin leur aurait déclaré qu'à l'âge de dix-sept ans, il aurait eu des relations sexuelles avec moi.

Pour la première fois, quatre jours après le début du scandale, deux incohérences apparaissent. La première concerne les policiers. Dans un premier temps, c'est la gendarmerie qui enquêtait sur l'affaire Dutroux et ses effets collatéraux. Dans un second temps, c'est la police judiciaire de Bruxelles qui intervient dans le dossier. Pourquoi cet entrechoquement, alors même, et c'est notoire, que ces deux corps de l'État se concurrencent durement et que les policiers recherchent sans relâche « des protecteurs de Dutroux dans les hautes sphères de la société »? La deuxième incohérence, c'est l'âge du témoin qui aurait eu des relations avec moi. Dans le dossier du procureur général, il est âgé de quinze ans. Mais dans les documents ayant fuité auprès des journalistes, il en a deux de plus!

Le jeudi 21 novembre, face à l'hémicycle du Parlement, le Premier ministre Jean-Luc Dehaene déclare qu'il a toujours confiance dans le vice-Premier ministre Elio Di Rupo. Il rappelle les grands principes qui doivent être respectés, à savoir la présomption d'innocence et l'obligation du secret de l'instruction[21]. Sur les conseils précieux de Johan Vande Lanotte, ministre de l'Intérieur que je ne remercierai jamais assez, j'ai préalablement adressé une lettre au Premier ministre en niant catégoriquement les allégations portées contre moi et en insistant sur le fait que, malgré les événements, je suis en mesure d'exercer pleinement mes fonctions ministérielles. Cette lettre est lue dans son intégralité par le Premier ministre à la tribune du Parlement. Elle fait forte impression.

Le quotidien *De Morgen* mène son enquête et réussit à parler avec la famille de Trusgnach, qui déclare : « C'est un mythomane et un fantasque. » Peut-être travaillé par le remords, *Het Belang van Limburg* jette enfin quelque lumière sur l'accusateur : « Ce témoin, Olivier T. de Genk, aurait fait quatre déclarations différentes. Certaines sources le décrivent donc comme un fantasque. Olivier T. a été arrêté le 22 octobre pour un vol de bijoux, après avoir précédemment fui en Angleterre. Dans ses déclarations, il parlait tantôt d'un contact ponctuel avec Di Rupo, tantôt d'une relation à plus long terme. Le témoin qui s'affuble du titre de "prince" et autres titres de noblesse n'est pas toujours explicite sur la nature des contacts. Tantôt il avait quinze ans au moment des faits, une autre fois dix-sept ans et à un autre moment dix-neuf ans. Le procureur général André Van Oudenhove confirme en commission spéciale de la Chambre que son dossier est maigre pour le moment. » En insistant sur ce « pour le moment », le procureur laisse toutefois entendre aux députés qu'il conviendra de me mettre en accusation et de me forcer à démissionner, car de toute façon les policiers démontreront ma culpabilité dans l'un ou l'autre dossier et je serai condamné, soit pour l'affaire d'Olivier T., soit en conséquence d'une autre accusation. La démarche du procureur général est manifestement empressée et pleine de sous-entendus.

21 Agence Belga, 21 novembre 1996, 18:55.

Johan Vande Lanotte déclare au quotidien *La Libre Belgique* qu'il est convaincu de mon innocence et avance l'hypothèse que le dossier ouvert à ma charge est le résultat d'une manœuvre policière. Pour lui, mon « affaire » n'existerait pas si certains services de police et de gendarmerie ne s'étaient pas mis en tête de démontrer qu'ils étaient capables de toucher les plus forts.

L'agence de presse Belga relaie de nouvelles précisions, fournies cette fois par le quotidien progressiste flamand *De Morgen*, qui cite pour la première fois le nom de l'accusateur : « Olivier Trusgnach est le témoin sur lequel repose le dossier contre le vice-Premier ministre Elio Di Rupo. C'est un rêveur et un mythomane. Par exemple, il s'est fait passer pour un baron et vice-consul des Seychelles. Des amis et la famille de Trusgnach l'ont contacté. Tous sont d'accord sur une chose : à quinze ans, il est impossible qu'il ait eu des contacts sexuels avec Di Rupo[22]. » La mère de Trusgnach elle-même n'en croit pas ses yeux. Elle dira plus tard : « Quand il avait quinze ans, Olivier était un morveux qu'on ne laissait jamais sortir de la maison. Il est impossible qu'il ait eu des relations sexuelles avec Di Rupo. » Elle révélera un incroyable donnant-donnant proposé par les policiers à Olivier Trusgnach. L'accusateur aura la garantie, en échange de déclarations contre moi, d'une libération de prison par la chambre du conseil de Hasselt[23] !

Le vendredi 22 novembre, lors d'une conférence de presse, très courageusement, trois personnes décident de témoigner de façon spontanée : Vincent, Nicolas et un témoin, X., qui ne souhaite pas que son identité soit dévoilée. Ils affirment qu'Olivier Trusgnach n'a fréquenté les milieux homosexuels bruxellois qu'à l'âge de dix-huit ans. Selon ces trois témoins, « on essaie de fabriquer des preuves sur la base d'affabulations ». X. a rencontré Oliver, alors âgé de dix-huit ans, dans les milieux anversois. Il lui

22 *Ibid.*, 10:56.
23 *Ibid.*, 12:17.

a fait connaître le monde homosexuel de la capitale. Trusgnach est décrit comme un garçon « présentant bien et bon catholique », mais qui a rapidement manifesté des signes de mythomanie. Les trois témoins remettent à la presse des photocopies d'un extrait d'acte de naissance et d'une carte de vœux qui font état de titres usurpés. Ils ignorent si Trusgnach a fait ma connaissance. Trusgnach a quitté la Belgique début 1995 pour voyager en Europe, avant de revenir au pays pour y commettre divers larcins, notamment au préjudice de son patron, un restaurateur limbourgeois.

La Cour de cassation poursuit ses investigations. Un soir, je suis invité à me rendre à la police judiciaire de Bruxelles, rue aux Laines. Dès mon arrivée, plusieurs policiers me font part de leur souhait de se rendre chez moi à Mons, en ma compagnie, ce que j'accepte sans difficulté. Je me dirige vers ma voiture quand un des policiers me dit : « Non, venez avec nous, votre chauffeur nous montrera le chemin. » Je m'installe à l'arrière d'une voiture, entre deux policiers. J'ai le sentiment alors d'être privé de liberté, ce qui est contraire à la loi relative au statut des ministres. Cette contrainte physique qui ne dit pas son nom me semble inacceptable dans un État de droit. Je n'ai droit à aucun égard, je suis considéré d'office comme un voyou chez qui on s'apprête à découvrir le pot aux roses.

À la maison, les policiers de la voiture et moi sommes rejoints par d'autres enquêteurs ainsi que par un homme respecté par eux et une dame d'un certain âge. J'apprendrai par la suite que cet homme est le conseiller à la Cour de cassation Francis Fischer, instructeur[24] de mon dossier, et que la dame est la procureure générale Éliane Liekendael. Les policiers s'emparent de mon téléphone et procèdent à une perquisition. Ils courent partout dans la maison, explorant chaque recoin de chaque étage. À un certain moment, j'entends un homme dévaler les escaliers :

24 Il fait office de juge d'instruction.

« Madame la procureure générale, nous avons trouvé une disquette d'ordinateur intitulée *Film d'amour.* Je la ferai examiner par le labo dès notre retour à Bruxelles. » Il s'agit en effet d'une disquette souple, contenant la liste des personnes invitées au Festival international du film d'amour de Mons que j'ai créé en 1984 et dont je suis le président. Passant tout au peigne fin, les inspecteurs vont jusqu'à retourner les sous-vêtements de ma compagne rangés dans une commode. Nous les brûlerons le lendemain, souillés que nous sommes dans notre intimité. Le conseiller Fischer me pose pendant ce temps-là quelques questions sans agressivité. Quant à madame Liekendael, durant tout le temps de la perquisition, elle garde son manteau de fourrure sur les épaules.

Le journaliste Marc Vanesse révèle dans *Le Soir*[25] qu'Olivier Trusgnach a été interrogé le 26 novembre à deux reprises par le conseiller à la Cour de cassation Francis Fischer. Olivier Trusgnach relate sa pseudorencontre avec moi au club Le Garage : « Un monsieur m'a abordé, a conversé avec moi et m'a offert un verre. Il m'a dit qu'il s'appelait Elio [...]. J'étais assez flatté par l'intérêt qu'il semblait me témoigner [...]. Il s'est montré gentil avec moi. Vous m'invitez à dire ce qui s'est passé ensuite. Je m'y refuse, parce que je veux d'abord consulter mon avocat. » F. F. : « *In kontakt met publiek vormden wij dus duidelijk een koppel*[26] », disiez-vous. Cette relation avec Elio Di Rupo aurait duré neuf mois. Quels sont les témoins? O. T. : « Ce n'est pas à moi qu'il appartient de donner les noms de ces témoins. C'est aux autorités judiciaires qu'il incombe de le faire. [...] Je n'ai d'ailleurs pas moi-même voulu porter plainte. Ce sont les services de police judiciaire et de gendarmerie qui ont pris contact avec moi pour m'entendre. »

25 *Le Soir*, 24 décembre 1996.
26 « Dans nos contacts en public, nous formions véritablement un couple. »

Quelques jours plus tard, je suis convoqué au cabinet du conseiller Fischer, dans un petit bureau de la Cour de cassation, pour une confrontation avec Olivier Trusgnach. Je découvre à cet instant précis le visage de mon accusateur. Je ne l'ai jamais rencontré, il m'est complètement inconnu. Durant tout l'interrogatoire, il fuit mon regard. Le conseiller instructeur pose une foule de questions très précises. Je réponds avec calme à chacune de celles-ci. Je lui confirme que je n'ai jamais vu Olivier Trusgnach avant ce jour. De son côté, à chaque question qui lui est posée, mon accusateur l'esquive. Très vite, j'ai le sentiment que Francis Fischer a pris la mesure de l'imposture et compris que je suis totalement étranger à cette pseudo-affaire.

Le journaliste Marc Vanesse s'est procuré la retranscription exacte de ce qui a été dit au cabinet du juge instructeur Fischer. Il écrit : « Le sommet du surréalisme est atteint lors de la confrontation entre les deux hommes.

Francis Fischer (F. F.) à Olivier Trusgnach (O. T.) : "Confirmez-vous devant M. Di Rupo (E. D. R.) les faits que vous avez rapportés à ce sujet ou plus exactement la dernière version que vous avez donnée des faits?" O. T. : "Je confirme entièrement ce que j'ai déclaré." E. D. R. : "Je démens formellement l'entièreté de ces accusations."

F. F. à O. T. : "Quand, où et dans quelles circonstances avez-vous fait la connaissance de M. Di Rupo?" O. T. : "Je renvoie entièrement à mes déclarations antérieures. [...] La décision a été prise (note : avec son avocat) que je ne ferai plus aucune déclaration concernant M. Di Rupo." E. D. R. : "Je demande que M. Trusgnach précise au moins quand il m'a vu la première fois." O. T. : "Cela figure dans mes déclarations."

F. F. à O. T. : "Monsieur H.[27], avec lequel vous avez eu une liaison début de l'année 1993, a déclaré notamment ce que voici : 'À ma connaissance, Olivier Trusgnach ne pouvait pas connaître les deux ministres[28] cités puisque je l'ai connu en décembre 92 ; il était majeur et m'a fait part de son désir de connaître ces deux ministres' [...]." O. T. : "Si je connaissais M. H., cela ne veut pas dire que je lui ai parlé de mon passé." F. F. à O. T. : "Pourquoi M. H. mentirait-il?" O. T. : "M. H. a tendance à altérer la vérité."

F. F. à O. T. : "À quelles personnes avez-vous fait des confidences sur le fait que vous aviez connu M. Di Rupo, voire aviez eu une relation avec lui à l'âge de 15 ans?" O. T. : "J'en ai parlé avec des amis, mais ce sont des amis qui sont prêtres dans l'Église catholique. Je ne veux pas vous dire leur nom parce qu'ils sont tenus au secret de la confession." E. D. R. : "Pourquoi m'avez-vous mis en cause, alors que vous savez bien que ce n'est pas vrai?" O. T. : "Tout ce que j'ai déclaré est la vérité, mais ce n'est pas moi qui ai eu l'intention de déposer plainte ; c'est la gendarmerie qui m'a invité à faire une déclaration." E. D. R. : "Je n'ai obtenu aucune réponse à toutes les questions se rapportant à des faits précis." O. T. : "Je constitue moi-même une preuve vivante. Quand on déclare quelque chose, on part du principe que l'honneur de soi-même est un des biens les plus importants. Je renvoie ici à l'Église catholique, où l'honneur de la personne est considéré automatiquement comme un des biens les plus importants." »

Tous les témoignages des personnes ayant fréquenté Trusgnach, jusqu'à sa propre mère, ainsi que la confrontation surréaliste face à Francis Fischer auraient dû suffire à la justice pour arrêter la machine. Un jeune homme perturbé, instable, fantasque et mythomane nécessite de l'aide, et non des encouragements à se perdre dans une spirale de mensonges. La *Gazet van Antwerpen* publie un étrange entrefilet. Mon dossier aurait

27 Une personne fréquentant le milieu gay.
28 Outre moi-même, le ministre Jean-Pierre Grafé, démocrate-chrétien, est cité.

été intentionnellement communiqué à la presse par un policier bruxellois qui aurait lui-même été impliqué dans des affaires peu reluisantes. Il aurait, après son retrait de l'enquête visant Michel Nihoul, une personne mise en cause dans le dossier Dutroux, tenté de monter des témoignages contre moi. Puis, en divulguant mon dossier, il aurait forcé le parquet général près la cour d'appel à se rendre au Parlement, entraînant le tapage médiatique que l'on sait et détournant ainsi l'attention de son propre dossier[29].

Het Belang van Limburg se rallie à l'analyse de la *Gazet van Antwerpen*. Une hypothèse crédible, selon le quotidien, est que ces fuites volontaires résultent d'un complot au sein de la police judiciaire de Bruxelles. Visent-elles à prouver l'efficacité d'un service de police bien précis ? Doivent-elles au contraire décrédibiliser un service ou un corps en particulier, au moment où le pouvoir politique envisage une possible réorganisation des forces de police ? Le ministre de l'Intérieur Johan Vande Lanotte répète que « l'affaire Di Rupo » n'est pas l'illustration d'un conflit entre la justice et la politique, mais plutôt la conséquence de manœuvres obscures au sein d'un service de police.

Les regards se portent sur Georges Marnette[30], le chef de la section « mœurs et stupéfiants » de la PJ de Bruxelles. Il aurait encouragé et exagéré les allégations d'Olivier Trusgnach, incarcéré à Hasselt, puis les aurait transmises aux médias, peut-être pour détourner l'attention d'autres pratiques peu recommandables autour de Michel Nihoul. Au sein de la police judiciaire, en revanche, un doigt accusateur est pointé sur la gendarmerie. C'est la guerre des polices ! Après le déclenchement de l'affaire Dutroux, le ministre de la Justice, De Clerck, et celui de l'Intérieur, Vande Lanotte, doivent intervenir personnellement pour mettre fin aux querelles acharnées que police et

29 *Gazet van Antwerpen*, 28 novembre 1996, p. 6.
30 *Het Belang van Limburg*, 28 novembre 1996, p. 6.

gendarmerie se livrent dans les médias au sujet de la responsabilité des erreurs commises dans les enquêtes sur les fillettes et jeunes filles assassinées.

De judiciaire, le débat est donc devenu largement politique. L'opposition, il faut dire, m'a traité comme un paillasson et n'a pas voulu assumer sa responsabilité morale qui consistait à permettre des investigations et des discussions sereines. Vu la gravité des faits dont on débattait, ladite opposition se serait grandie en refusant toute instrumentalisation du dossier. Elle n'a malheureusement pas pu résister à la tentation du scandale, faisant souffler sans vergogne un vent fétide sur les travaux parlementaires.

Le président de l'assemblée, Raymond Langendries, reçoit du procureur général Van Oudenhove de nouveaux éléments. Après le premier dossier pour le moins léger qui a déclenché la tempête, il se voit adresser « deux dossiers complémentaires » qu'il transmet aussitôt à la commission parlementaire spéciale. Celle-ci, sans les examiner, choisit de les transférer à la Cour de cassation qu'elle juge plus qualifiée pour ce faire. Cependant, la procureure générale Éliane Liekendael n'a pas la même lecture. Elle estime que la Cour de cassation ne peut pas examiner ces nouveaux dossiers, la procédure suivie étant à ses yeux illégale. Il aurait fallu en effet, selon elle, que l'assemblée plénière de la Chambre des représentants vote le transfert du dossier vers la Cour de cassation. Ce que le Parlement fera finalement.

Une inquiétude s'installe toutefois chez les parlementaires. Si chaque fois que le procureur général Van Oudenhove a connaissance d'un fait, d'une accusation ou d'un témoignage, il force le Parlement à se réunir en séance plénière pour débattre et décider du sort à réserver à sa requête, le travail parlementaire en sera chamboulé et chaque député se verra potentiellement confier des tâches de nature judiciaire auxquelles il n'est pas préparé. Pour éviter cette dérive, une initiative parlementaire est prise par la majorité. Elle vise à modifier la loi pour permettre à la Cour de cassation d'enquêter à son rythme sur un ministre et de ne saisir le Parlement qu'au terme d'un examen approfondi, permettant ainsi une éventuelle mise en accusation par la Chambre en séance plénière. Après avoir bousculé la bourse, mon « affaire » force la modification d'une loi fondamentale fixant clairement la frontière entre le pouvoir judiciaire et le pouvoir législatif.

Le 9 décembre 1996, la procureure générale Éliane Liekendael transmet son premier rapport à mon sujet au président de la Chambre. Celui-ci dira que « le rapport de la Cour de cassation sur le premier dossier concernant M. Di Rupo, transmis le 18 novembre, ne contient pas le moindre indice sérieux pouvant justifier une mise en accusation. Ce rapport parle "d'allégations d'un unique témoin" auquel on ne peut accorder "nul crédit" et qui ne sont étayées par aucun élément objectif[31] ».

La commission spéciale de la Chambre examine à son tour le rapport de madame Liekendael et décide, majorité contre opposition (je peux compter sur une défense acharnée de mon innocence par deux socialistes membres de la commission, Jean-Pol Henry et Serge Moureaux), « qu'il n'y a pas lieu de renvoyer le vice-Premier ministre Elio Di Rupo devant la Cour de cassation[32] ». En ce qui concerne les deux autres dossiers, la Commission « estime que dans l'état actuel des dossiers transmis à la Chambre, il n'existe pas d'indices de culpabilité à l'égard de M. Di Rupo et que dès lors, il n'y a pas d'éléments de nature à justifier une mise en accusation du vice-Premier ministre devant la Cour de cassation, en vertu de l'article 103 de la Constitution ». Après la commission spéciale, c'est au tour de l'assemblée plénière de la Chambre de statuer sur mon sort.

31 *Belga Wire*, 9 décembre 1996.
32 *Belga Wire*, 12 décembre 1996.

« Après trois heures de délibérations, le Parlement rejette la mise en accusation du vice-Premier ministre devant la Cour de cassation. » Justice m'est rendue ! Je suis innocent. C'était une cabale !

Mécontents de me voir entièrement blanchi, certains adversaires et colporteurs de rumeurs se relaient pour imaginer des suites à ce très mauvais feuilleton. Selon eux, je suis partout, rasant les murs avec un comportement suspect qui accrédite la thèse de la pédophilie. On m'aurait vu plusieurs fois rôdant rue de Tenbosch à Bruxelles. Ça ne pouvait être que pour accomplir une mauvaise action. En réalité, j'apprécie particulièrement les meubles design et je me rends de temps à autre à la boutique In Store située dans cette rue pour y découvrir les dernières créations. Une autre fois, on m'a aperçu dans un club échangiste, club dont j'ignore même l'existence. Une autre fois encore, j'ai été surpris sur le site du Grand-Large à Mons avec un enfant, le pantalon sur les genoux. Dans la même veine, on croit savoir que mon chauffeur va cueillir des enfants pour les amener dans l'appartement de mon ami Roger Ramaekers, à Woluwe-Saint-Pierre, où se déroulent en grand secret des séances de débauche pédophile. Cette dernière allégation vaudra d'ailleurs un interrogatoire à chaque résident de chaque appartement de cet immeuble qui compte quatorze étages !

À ma grande surprise, la procureure générale Éliane Liekendael prête une oreille intéressée à ce fatras de ragots. Elle insiste même auprès des services de police pour que chaque accusation anonyme, chaque rumeur à mon encontre donne lieu à des investigations approfondies. Sans jamais aucun résultat, bien entendu. Dans sa mercuriale du 1er septembre 1998, à l'évidence, madame Liekendael peste et me vise : « Quand une personne, quelle qu'elle soit, fait l'objet d'une instruction pour des faits graves, des faits portant atteinte à l'honneur, par exemple des faits de mœurs, sa vie privée est passée au peigne fin. Cette vie peut s'avérer dissolue sans qu'il y ait pour autant infraction. Vous avez tous connu dans votre parcours professionnel des personnes habiles dans l'art de se faufiler entre les mailles du Code pénal, se livrant à des actes moralement répréhensibles, répugnants parfois, mais non punissables parce que leurs auteurs étaient assez avisés ou prudents pour se livrer à leurs vices entre majeurs et à l'abri de toute publicité. »

Incroyables propos de la part de la personne qui occupe le rang le plus élevé du pouvoir judiciaire ! Du droit qui protège les plus faibles, elle glisse vers la posture morale ou moralisatrice, ouvrant la porte à tous les arbitraires. Il faudra attendre sa mise à la retraite, fin 1998, pour que mon dossier soit enfin classé sans suite. Peu de temps avant le départ de la procureure générale, mon avocat Marc Uyttendaele lui rend visite. Au cours de leur échange, madame Liekendael prononce une phrase terrible : « Maître, Elio Di Rupo n'est peut-être pas pédophile, mais il est homosexuel. Trouvez-vous cela normal, pour un vice-Premier ministre ? »

Innocenté depuis bien longtemps, je garde la rage au cœur d'avoir été forcé d'exposer ma vie privée au grand jour. Si j'ai pu traverser la tempête et regagner la terre ferme, c'est grâce au soutien de nombreux amis et de personnes avisées qui m'ont aidé à me défendre. C'est grâce aussi à la population de notre pays. J'ai en effet reçu un millier de lettres. Presque toutes – seules trois étaient désagréables – me faisaient part du soutien et de l'incrédulité de leurs auteurs face aux accusations, ou de leur certitude que tout cela était un montage policier pour m'abattre. J'ai répondu à chacune de ces lettres. Le 13 décembre 1996[33], un sondage effectué par Field Research auprès de mille personnes a indiqué que pour 74,6 % des Belges, la Chambre avait eu raison de blanchir le vice-Premier ministre Elio Di Rupo. Cette

33 Agence Belga, 12 décembre 1996, 19:05.

proportion était plus forte en Wallonie (83,6 %) qu'en Flandre (67,9 %) et qu'à Bruxelles (74,4 %).

Cette période au cours de laquelle j'ai dû prouver mon innocence me laisse toujours un goût amer. Il est vraisemblable que si une telle affaire devait se produire aujourd'hui, l'accusé, même sans aucune preuve, ne tiendrait pas un jour. Il serait contraint de démissionner et de mettre un terme à sa vie politique. Les voix qui font l'opinion – et finalement l'opinion elle-même – ont petit à petit transformé la présomption d'innocence en présomption de culpabilité pour les femmes et les hommes politiques. Cela pose question, et il y en a d'autres. Comment le gouvernement d'un pays moderne, démocratique et ouvert comme la Belgique a-t-il pu se faire déstabiliser de la sorte, même après l'affaire Dutroux, même dans un contexte de guerre des polices et de recherche effrénée du « gros poisson »? Autre question sans réponse à ce jour : pourquoi le procureur général près la Cour d'appel de Bruxelles s'est-il précipité pour transmettre le dossier au Parlement sans jouer son rôle de filtre démocratique? A-t-il été également manipulé par la police? Je ne connaîtrai jamais le fin mot de cette lamentable histoire. Ce que je sais, c'est que j'ai résisté de tout mon être devant la plus terrible et la plus odieuse des calomnies, et de cela, je suis fier. Si j'avais démissionné du gouvernement, jamais il n'y aurait eu les contre-enquêtes exposées ici ni leur dénouement heureux. Aux yeux du public ou d'une fraction de celui-ci, je serais resté ce ministre qui est tombé dans une affaire de pédophilie. Seule la mort aurait pu me libérer de ce cauchemar, une mort qu'il m'aurait fallu hâter. Les années ont passé, la joie de vivre m'est revenue depuis bien longtemps et j'ai tourné la page de cette terrible cabale. Tourné, mais sans jamais parvenir à la déchirer.

L'ÉPILOGUE DU SCANDALE D'ÉTAT

Six années après les faits, la presse décrypte explicitement ce qui s'est passé entre la gendarmerie et la police judiciaire et comprend comment je me suis retrouvé au cœur d'un scandale où je n'avais pas ma place. Douglas De Coninck[34], journaliste à *De Morgen*, se réfère à une biographie rédigée par Chantal Samson et Livio Serafini[35] et à sa propre enquête. Il rédige un résumé fidèle de ce que j'ai vécu. « Olivier Trusgnach a 22 ans, est blond et semble sorti de l'œuvre de Gérard Reve. À l'été 1996, le jeune homophile travaille comme serveur au restaurant multi-étoilé Scholteshof à Hasselt et s'enfuit avec les couverts en argent et un lot de bijoux. Ce qu'il ignore, c'est que son patron, Roger Souvereyns, compte parmi ses clients réguliers – et amis – Christian De Vroom, le grand patron de la police judiciaire de Bruxelles, qui fait appel à la 23e brigade de la PJ. C'est un corps d'élite censé combattre le grand banditisme. Il ne faut pas être grand clerc pour retrouver Trusgnach. En effet, après un séjour à Londres, il retourne en Belgique, où il apprend par sa mère que des gendarmes se sont présentés à sa porte. Le 21 octobre 1996, Trusgnach va docilement à la gendarmerie [la gendarmerie et non la police judiciaire !] de Genk. Il est arrêté. L'information circule rapidement dans les milieux policiers. »

Dès qu'il apprend l'information, « le commissaire de la PJ de Bruxelles, Georges Marnette, se met à appeler frénétiquement la PJ de Hasselt. Marnette veut interroger Trusgnach. Il explique qu'une enquête a été ouverte à Bruxelles depuis le 6 septembre, sous le numéro 37.11824/96, sur "les pratiques pédophiles de certaines personnes, dont le vice-Premier ministre Elio Di Rupo". Ce dossier, on l'apprendra plus tard, est entre les mains du procureur du Roi de Bruxelles, Benoît

34 *De Morgen*, 30 mars 2002.
35 Chantal Samson et Livio Serafini, *De la chrysalide au papillon*, Luc Pire, 1997.

Dejemeppe lui-même. Marnette ne fantasme pas. Il se base sur un rapport que son subordonné Grégory Antipine a rédigé et qui mentionne pour la toute première fois un Trusgnach qui clame çà et là qu'il a quelque chose avec Di Rupo. Cette information aurait été fournie en son temps par K., l'un des informateurs réguliers de la PJ de Bruxelles [qui rend des comptes à Antipine], le genre d'homme dont on dit qu'on peut lui faire expliquer n'importe quoi s'il y a quelque chose en retour. Auparavant, Antipine s'est régulièrement rendu dans le milieu nocturne bruxellois. Il a le support d'informateurs qu'il récompense financièrement, ce qui lui a permis de recueillir de nombreuses informations sur les mineurs prostitués. Il rédige un rapport qu'il remet à ses supérieurs hiérarchiques de la police judiciaire de Bruxelles [Marnette]. Ce rapport fait référence, entre autres, au jeune homosexuel Oliver Trusgnach de Genk et indirectement à moi. Aimé Bille, gendarme concerné par l'affaire Dutroux, affirme[36] quant à lui que "des pièces écrites existent, pièces et PV selon lesquels la PJ de Bruxelles a versé 77 000 francs à l'hiver 1996 à un indicateur pour qu'il témoigne contre Di Rupo dans le cadre d'une affaire de mœurs. Les reçus de cet argent sont signés de l'inspecteur Antipine". »

Douglas De Coninck poursuit sa narration. « Si le procureur du Roi Dejemeppe, Marnette et Antipine s'étaient donné la peine de découvrir qui est ce Trusgnach, il n'y aurait peut-être jamais eu d'affaire Di Rupo. Dans les jours qui suivent le déclenchement de "l'affaire", l'un des amis homosexuels de Trusgnach déclare à la presse que l'acte de naissance est falsifié par Trusgnach lui-même. Dans ce document, Trusgnach s'est renommé "prince Oliver Patrick Marie-José Louis Herbert, duc de Mecklembourg-Schwerin, comte Trusgnach, vicomte de Meyendorf, Jonkheer van Kauczor-Sigmaringen".

36 *Belga Wire*, 15 décembre 2000, 18:59.

À la gendarmerie de Hasselt, où se déroule l'enquête sur les bijoux et l'argenterie volés, on ne comprend pas très bien. Si la PJ de Bruxelles veut parler à Trusgnach de toute urgence, la gendarmerie aimerait savoir pourquoi. À 10h50, le 22 octobre, la gendarmerie interroge Trusgnach pour la première fois sur ses "relations mondaines". Trusgnach est heureux d'en parler. Il dit qu'il aime avoir des relations sexuelles avec des hommes puissants et affirme qu'il est récemment sorti avec Elio Di Rupo. Trusgnach est adulte, Di Rupo aussi [où serait donc le problème pénal?]. Le 24 octobre 1996, Trusgnach est autorisé à répéter son histoire, cette fois face aux membres de la police judiciaire de Bruxelles, Antipine et Struys venus à Hasselt spécialement de Bruxelles pour l'interroger. Outre Di Rupo, Trusgnach cite le nom du ministre chrétien-démocrate Jean-Pierre Grafé, celui d'un ministre PS bruxellois et celui du consul des Seychelles. Une phrase ressort du rapport de police : "J'avais alors dix-sept ans." Le 25 octobre, c'est à nouveau la gendarmerie de Hasselt qui l'interroge. Trusgnach déclare désormais à ces enquêteurs qu'il avait "quinze ans au moment des faits" – donc sexuellement mineur – et explique également que "ces hommes de Bruxelles" [Antipine et Struys] lui ont assuré que "sa coopération dans le dossier Di Rupo" serait récompensée par une certaine bienveillance de la part de la justice dans l'affaire des couteaux, fourchettes, cuillères et bijoux volés. Plus tard, la police judiciaire de Bruxelles [Antipine] rédige un procès-verbal dans lequel elle note la date de naissance de Trusgnach et une date des prétendus "faits" qui a rendu Trusgnach quatre ans plus jeune qu'il ne l'est. À Bruxelles, la situation devient de plus en plus folle. Dans leur rapport ultraconfidentiel 39.686, dans lequel Marnette et les siens [Antipine] tentent de résumer les affaires de manière compréhensible le 28 octobre 1996, il y a désormais une foule de noms [c'est vraisemblablement la liste des noms que me présente le Premier ministre dans la nuit du 15 au 16 novembre]. »

Et puis, poursuit le journaliste du *Morgen*, « c'est le vendredi 15 novembre 1996. En fin d'après-midi, plus précisément. Le téléphone sonne dans les bureaux de la section financière de la gendarmerie (BSR) de Bruxelles, impliquée presque à plein temps dans l'enquête Dutroux depuis environ trois mois, et où une foule de déclarations de témoins anonymes se succèdent. "Nous avions vaguement entendu quelque chose sur ce que la PJ concoctait sur Di Rupo", déclarera plus tard le chef d'enquête de l'époque, l'adjudant de gendarmerie Patriek De Baets. "Mais sur le fond, nous n'avions aucune idée de ce que tout cela pouvait être. Ce n'était pas anormal non plus. Quand il s'agit de 'dossiers sensibles' – et surtout d'une affaire dans laquelle un vice-Premier ministre est accusé de pédophilie –, à la police judiciaire, on préfère se faire amputer une jambe que de faire appel à la gendarmerie."

Grande est donc la surprise de De Baets lorsqu'il est convoqué cet après-midi-là à se rendre immédiatement au Palais de justice de Bruxelles pour une réunion de crise avec le magistrat national André Vandoren, la juge d'instruction Anne Gruwez et la substitute du procureur du Roi Paule Somers. Le soir même, la gendarmerie doit procéder à deux perquisitions domiciliaires chez Laurent V. et Jean V. à Saint-Gilles. On y trouverait des cassettes pédophiles "qui peuvent montrer des personnes haut placées". Première question de la gendarmerie : "Pourquoi Marnette et ses hommes ne font-ils pas ça eux-mêmes ?"

Marnette, c'est connu, a la réputation d'être un super flic. Ne connaît pas les heures. Vous pouvez l'appeler 24 heures sur 24, si c'est urgent. Et c'est urgent. "Pourquoi n'appelles-tu pas Marnette, alors ?" demande De Baets lors de la réunion.

Réponse : "Il ne répond pas. Ils sont tous rentrés chez eux à la police judiciaire de Bruxelles". Un des gendarmes de la BSR : "Croyez-le ou non, tout ce que nous savions, c'est que nous devions rechercher de la pédopornographie. Cependant, il n'y avait rien de cette nature sur ces bandes. Ce dont je me souviens, c'est que nous étions tout le temps au téléphone ce soir-là." Quant au journaliste du *Standaard* [auteur de l'article évoqué devant moi par le Premier ministre durant la nuit du 15 au 16 novembre 1996], il interroge les enquêteurs. "Et? Et? Avez-vous déjà trouvé des images de Di Rupo dans des positions compromettantes?" questionne le journaliste. "C'est – je le jure sur la tête de mon enfant – là que pour la première fois nous avons entendu le nom de Di Rupo dans cette affaire. Lors de cette réunion, dans l'après-midi, pas un mot n'a été mentionné à propos de Di Rupo", dira le gendarme.

"Qui a poussé Trusgnach à changer son propre âge, procès-verbal après procès-verbal? Qui a fait le rapprochement à l'improviste entre le couple gay de Saint-Gilles et Elio Di Rupo? Comment tous ces policiers de la PJ sont-ils rentrés chez eux ce vendredi après-midi? Et pourquoi tout cela est-il arrivé?" Le 7 juillet 1997, le Comité P, la police des polices, publie un rapport sur l'évolution de l'affaire Di Rupo. Le travail de la PJ de Bruxelles, de la gendarmerie de Hasselt mais aussi de la BSR de Bruxelles y est fortement critiqué : "Les policiers n'ont jamais donné l'impression qu'ils cherchaient la vérité, mais ils cherchaient la confirmation d'infractions pénales." L'inspecteur Gregory Antipine de la police judiciaire de Bruxelles est retrouvé mort à son domicile de Waremme le 15 août 1999. Le policier s'est pendu à une rampe et est vraisemblablement décédé le samedi matin[37]. » Fin de « l'affaire » !

37 *De Morgen*, 18 août 1999, p. 5.

LE PREMIER MINISTRE

**« Le courage, c'est d'agir
et de se donner aux grandes causes
sans savoir quelle récompense
réserve à notre effort l'univers profond,
ni s'il lui réserve une récompense. »**
Jean Jaurès

Le mardi 6 décembre 2011, quinze ans après la terrible machination orchestrée contre moi, je prête serment comme Premier ministre dans les trois langues nationales.

Mes pensées vont à ma mère, qui aurait été fière et que je revois, si inquiète pour mon avenir, m'accompagnant chez le préfet des études à l'athénée de Morlanwelz. Le chagrin de sa disparition me revient, comme me reviennent les images et les échos d'une enfance où notre tendresse réciproque nous protégeait contre les duretés de la vie, sans naturellement offrir aucune promesse d'ascension sociale. Entouré de marbre et d'ors, dans ce palais où je prête serment, je mesure ce que je lui dois, ce que je dois à la solidarité, ce que je dois à mon pays, la Belgique.

En entamant ma vie politique, je n'avais pas de plan de carrière. « Je n'ai pas appris la liberté dans Marx. Il est vrai : je l'ai apprise dans la misère[38]. » Ce sont les circonstances et les rencontres qui m'ont fait cheminer jusqu'à atteindre le sommet de la politique belge : la fonction de Premier ministre. Mais c'est aussi le résultat d'un engagement très personnel, et même passionnel.

38 Albert Camus, *Actuelles* (1950-1958), Gallimard.

Animé par mes valeurs progressistes, où l'altruisme et la solidarité tiennent une grande place, j'ai participé très tôt à des actions de nature politique et pris part à une foule de manifestations contre les injustices. Ayant mûri, j'ai certes gommé quelques aspérités et gagné je l'espère en sagesse, mais je n'ai jamais laissé la flamme s'éteindre, bien au contraire. Je suis et reste un socialiste ardent qui n'oublie pas ses origines ; un socialiste exigeant bien plus qu'un social-démocrate incertain.

L'attachement à l'égalité en est le meilleur signe. Je ne relativise pas cette notion et je continue à combattre les systèmes qui assurent à une minorité passe-droits et privilèges. Bien entendu, je rejette violemment toute idée de discrimination fondée sur le sexe, l'âge, la couleur de peau, l'orientation sexuelle, la culture d'origine, toutes ces choses que l'on porte en soi sans avoir de prise sur elles. Mais à ce refus de discriminer, j'ajoute une dimension très volontariste qui consiste à promouvoir, à soutenir, à émanciper celles et ceux que la naissance a défavorisés. Je milite donc en faveur d'une solidarité active qui élève chacune et chacun à son plus haut niveau d'épanouissement possible et lui permette un exercice effectif, et non théorique, de toutes les libertés inscrites dans le marbre de nos lois et autres textes fondateurs.

Ainsi conçue, la liberté fait partie des valeurs que je revendique haut et fort. Mon socialisme vise avant tout à émanciper les plus pauvres, c'est-à-dire ceux qui ont en général besoin d'un coup de pouce pour pouvoir exercer des droits qui, aux plus nantis, semblent toujours aller de soi. Quant à ma philosophie, sans surprise, elle est laïque. Comme je l'ai écrit voici quelques années, « le principe de laïcité est un trait d'union fondamental dans une société plurielle. Toute personne est libre de ses convictions et de ses croyances, qui relèvent de la sphère privée. La liberté de conscience est absolue : chacune et chacun est libre de croire, ou de ne pas croire, de pratiquer une religion ou d'en changer, de ne se laisser imposer aucun rite ni aucune soumission. Le pouvoir civil s'exerce de manière neutre et impartiale, sans aucune intervention des cultes[39] ».

Partisan de l'intervention de l'État lorsqu'il s'agit d'assurer la protection sociale, la redistribution des richesses et le contrôle des puissances économiques, je me pose en défenseur farouche de la vie privée et des choix individuels qui ne nuisent pas à autrui. Mes combats en ce sens sont multiples et souvent couronnés de succès, grâce à toutes les mobilisations auxquelles j'ai participé au cours des deux ou trois dernières décennies : la dépénalisation de l'interruption volontaire de grossesse, le droit de mourir dignement, le respect des orientations sexuelles, le mariage et l'adoption pour tous, le droit des LGBTQIA+[40] de vivre en paix partout dans le monde, les droits syndicaux et le dialogue social... Ce sont là pour moi les conditions mêmes d'une société libre et démocratique. À ces conditions, j'ajoute l'accès de tous au savoir et à la culture ainsi que l'instruction laïque, gratuite et obligatoire. Alors l'émancipation devient possible, celle qui permet à chaque personne de s'affranchir de tous les déterminismes et de prendre les commandes de sa propre existence.

C'est avec toutes ces idées en tête que je me prépare à devenir Premier ministre du Royaume de Belgique, à la tête d'une coalition qui s'annonce particulièrement difficile à mener, composée de pas moins de six partis politiques. Voici près de quarante ans que notre pays n'a plus eu un Premier ministre wallon ; c'est le socialiste Edmond Leburton qui, le dernier, a exercé la fonction durant quinze mois. Quant au dernier francophone, Paul Vanden Boeynants, désigné en 1978, il n'est resté en poste que quatre mois.

---

39 Le Manifeste socialiste, Congrès de Liège, 26 novembre 2017.
40 Lesbienne, gay, bisexuel·le, transsexuel·le, queer, intersexe et asexuel·le.

Après la traditionnelle « photo de famille », je me rends au Parlement pour présenter la déclaration de politique générale de mon gouvernement. Les débats n'auront pas lieu tout de suite, car il est important de laisser à l'opposition le temps de prendre connaissance des textes approuvés par les négociateurs. Le lendemain, je dois déjà me rendre à mon premier sommet européen. Le vote de confiance du Parlement n'aura donc lieu que le samedi.

Au Parlement, une assemblée des grands jours m'attend. Tous les députés ou presque sont présents, et les ministres fraîchement nommés par le Roi sont assis au premier rang. Mon allocution est prête. Au plus profond de moi, je me sens responsable du pays. Je veux restaurer l'État après la crise financière et les attaques des marchés financiers. Je souhaite consolider son architecture institutionnelle pour le prémunir contre les forces centrifuges que représentent les partis séparatistes. Dans le même temps, je prévois de renforcer la sécurité sociale, nonobstant la présence de partis de centre droit dans la coalition. Je désire aussi investir dans les services publics, améliorer la compétitivité du pays sans casse sociale, obtenir de nouvelles avancées éthiques. Enfin, je tiens à marquer la différence entre un Premier ministre de gauche et ses prédécesseurs qui, tous, ces dernières décennies, étaient de droite ou du centre.

Le président de la Chambre me donne la parole. C'est avec un rythme cardiaque un peu plus élevé que d'ordinaire que je gravis les quelques marches qui mènent à la tribune. Je sais que le moment est déterminant et même si je n'ai disposé que de quelques heures pour rédiger la déclaration gouvernementale, je veux faire de cette prise de parole devant la nation un départ réussi. Je me lance.

« Mes premiers mots seront pour vous, les représentants des citoyens belges dans toute leur diversité, qu'ils habitent en

Flandre, en Wallonie ou à Bruxelles. Chers collègues, c'est par votre intermédiaire que je voudrais, au nom du gouvernement, m'adresser aux femmes et aux hommes de notre pays. Je m'adresse à ceux qui travaillent et à ceux qui cherchent un emploi ; à ceux qui sont à l'aube de leur vie et à ceux qui veulent enfin profiter de leur retraite ; aux personnes malades ou invalides ; aux femmes et aux hommes qui veulent simplement mener une existence digne et heureuse. Je tiens à les remercier pour la patience dont ils ont fait preuve [541 jours de crise politique sans gouvernement de plein exercice]. Les hommes et les femmes politiques sont sans exception des personnes de bonne volonté, mais leurs intérêts et objectifs respectifs souvent tellement éloignés compliquent fortement les négociations dans notre pays. Mais nous n'avons pas renoncé. Nous avons travaillé jour et nuit pour finalement aboutir à un bon accord. Chers collègues, après tant de moments difficiles, nous pouvons dire aujourd'hui qu'un avenir meilleur est désormais possible pour nos concitoyens. Je suis convaincu que grâce à l'accord que vous soumet le gouvernement, notre pays va renforcer sa crédibilité dans le monde, particulièrement auprès des institutions européennes. C'est un double message que le nouveau gouvernement veut adresser à nos concitoyens, un message de confiance en soi et un message d'espoir. »

La nouvelle majorité applaudit à tout rompre tandis que l'opposition se tait. La séance est terminée pour aujourd'hui. Dès le lendemain, après avoir participé à mon tout premier sommet européen dans un climat de quasi-panique financière, je suis de retour au Parlement. Les débats sont impitoyables. La N-VA, le parti nationaliste flamand resté dans l'opposition, tire la première. Pour nourrir sa fureur, elle dénonce le fait que côté flamand, la majorité n'est pas atteinte. Il manque en effet deux sièges (43 sur 88), ce qui n'aurait pas été le cas si ce parti avait accepté les nécessaires compromis ou si, lors des récentes négociations, l'OpenVLD ne s'était pas entêté à exclure Groen de la majorité, malgré son soutien promis à une future réforme de l'État. Cette situation de légère minorité du gouvernement dans le groupe parlementaire flamand, de portée essentiellement symbolique, fait dire au chef de groupe du parti nationaliste, Jan Jambon, que je ne suis pas le Premier ministre des Flamands. Pour bien marquer cette prétendue illégitimité, il m'appelle « Monsieur Di Rupo » et jamais il ne me nommera « Monsieur le Premier ministre ». Je lui réponds que la légitimité réside notamment dans les réformes importantes du modèle socio-économique qui permettront aux Régions et Communautés du pays d'en percevoir les fruits. Dans ma conclusion, j'affirme que le nouvel exécutif fédéral sera « le gouvernement du changement, un changement profond et durable, mais sans rupture de notre modèle social ni de notre modèle fédéral ». Par 89 voix contre 54, la Chambre vote finalement la confiance en mon gouvernement.

LES RÉGIONS ET LES COMMUNAUTÉS EN BELGIQUE

L'histoire de la Belgique est chahutée, celle de ses institutions plus heurtée encore. Au tournant des années 1970, alors que la Flandre enregistre pour la première fois un PIB supérieur à celui de la Wallonie, les exigences communautaires s'imposent au monde politique. La Flandre veut être maître de son enseignement et de sa riche culture. Les responsables politiques de l'époque inventent le concept de Communauté, fondé sur les trois langues parlées en Belgique : le néerlandais, le français et l'allemand. Dans ce schéma, notre capitale, bilingue, ne trouve pas sa place. Pire, Bruxelles se voit recouverte par les deux principales Communautés et placée en quelque sorte sous une autorité bicéphale. Ses aspirations sont étouffées et elle ne peut rien entreprendre de décisif sans l'accord de la tutelle en question. Pour les Flamands, l'enjeu est de taille. Dans l'arrondissement bilingue de Bruxelles, le nombre de néerlandophones est faible : moins de 10%

de la population. Ce principe de tutelle qui ne dit pas son nom permet à la Flandre d'exercer une très forte influence sur cette ville qui est aussi, outre la capitale du pays, le siège des institutions européennes et de l'OTAN. Bruxelles n'est certes pas flamande, mais les Flamands entendent bien la maintenir dans leur giron et, d'ailleurs, ils y établissent leur capitale. Le rêve des séparatistes flamands va plus loin encore. Il est non seulement de réaliser l'indépendance de la Région unilingue flamande, mais aussi d'absorber progressivement Bruxelles.

Conscients de la menace, les responsables francophones de l'époque réagissent en obtenant de regrouper dans la Communauté française tant les Wallons que les francophones de Bruxelles. La solidarité ainsi créée doit ériger face aux revendications flamandes un bloc plus solide. Mais sur une carte géographique, on voit bien qu'il n'y a pas de continuum entre la Wallonie et Bruxelles, qui est totalement enclavée en Flandre. Son affranchissement politique ne sera vraiment pas une mince affaire.

La Constitution belge est révisée le 24 décembre 1970 pour créer les trois Communautés culturelles. Leurs compétences concernent la culture, l'enseignement et l'emploi des langues. Les socialistes sont sur leurs gardes. Ils craignent que dans le pays ainsi communautarisé ne se produisent incessamment des conflits entre francophones et Flamands, avec le gros avantage pour ces derniers d'être majoritaires. Par ailleurs, l'influx économique est dorénavant plus intense en Flandre. Les socialistes ont le sentiment que le gouvernement national néglige la Wallonie et la laisse à son triste sort de la désindustrialisation à cause du tarissement de sa ressource première, le charbon. Aussi, ils plaident pour la création de Régions délimitant clairement les frontières de la Wallonie et de la Flandre en leur accordant des compétences accrues dans les domaines économiques. Ils obtiennent gain de cause quant au concept, pas quant aux attributions. C'est un premier pas qui en appellera d'autres. La Constitution de 1970 prévoit ainsi, outre les trois Communautés linguistiques, « quatre Régions linguistiques : la Région de langue française, la Région de langue néerlandaise, la Région bilingue de Bruxelles-Capitale et la Région de langue allemande ». « Chaque commune du Royaume fait partie d'une de ces régions linguistiques[41]. » Il faudra attendre 1980 et 1989 pour que les Régions deviennent effectives. Depuis, nous comptons en Belgique deux Régions gouvernées par des ministres-présidents francophones (Wallonie et Bruxelles-Capitale) et une Région à présidence flamande. Symboliquement, cette configuration asymétrique permet de compenser quelque peu l'infériorité numérique des francophones à l'échelle du pays.

41 Article 4 de la Constitution du Royaume de Belgique.

LES JOURNÉES LES PLUS NOIRES

**« À peine idéalismes, rêves, belles espérances
ont-ils le temps de germer en nous
qu'ils sont aussitôt atteints et totalement dévastés
par l'épouvante de la réalité. »**
Anne Frank

L'ÉPOUVANTE

Dès la confiance en mon gouvernement votée par le Parlement, je rentre chez moi à Mons. L'heure est à la constitution de mon cabinet et je ne peux pas me tromper. J'ai besoin des meilleurs experts à mes côtés, car je sais que les milieux économiques et les médias flamands ne pardonneront rien au socialiste francophone que je suis. Ma présence leur apparaît incongrue et même dangereuse pour leur influence. De nombreux contacts sont pris avec de possibles candidats, un exercice qui remplit mes journées.

Tout à coup, le mardi 13 décembre 2011, peu avant treize heures, mon porte-parole me téléphone : une tuerie est en cours à Liège, place Saint-Lambert, en bordure du marché de Noël. Cœur de la ville, la place Saint-Lambert est à cette heure noire de monde, fréquentée en particulier par des jeunes qui sortent de leurs examens et y attendent le bus. Ce que j'apprends est effarant : un individu s'est posté sur un promontoire d'où il a commencé à tirer dans la foule. Il y a déjà des morts, c'est une certitude. On ignore encore s'il procède seul ou s'il s'agit d'une attaque multiple mobilisant plusieurs assassins. Des rumeurs accréditant cette thèse, les Liégeois courent en tous sens et la police locale ne sait plus où donner de la tête. Je crains un attentat de nature politique, dont la dimension sera forcément nationale. Un dispositif se met aussitôt en place, qui relie le centre de crise du gouvernement, mes services, ceux du bourgmestre de Liège Willy Demeyer et ceux du Palais royal.

Avec efficacité, la police reprend le contrôle de la situation. Nous avons alors la confirmation qu'il y a des morts et plus d'une centaine de blessés. Selon les informations qui nous parviennent, l'homme a finalement agi seul avant de se suicider. Au fil des heures, il apparaît selon un premier comptage que le bilan est de cinq personnes tuées, dont un petit enfant et deux adolescents. D'autres personnes ont été transportées à l'hôpital dans un état très grave. Toute la Belgique est sous le choc et les médias sont en boucle. Je décide de me rendre sur place pour soutenir moralement les victimes et les professionnels qui gèrent cette situation dramatique. En accord avec le Palais, je pars à Liège vers la fin de l'après-midi, accompagné de la ministre de l'Intérieur, Joëlle Milquet, et de la ministre de la Justice, Annemie Turtelboom.

Nous découvrons une ville en état de choc, des familles traumatisées et des services de secours exemplaires, encore en plein travail. Notre présence est symbolique, bien sûr ; elle doit montrer aux principales personnes concernées que c'est tout un pays qui vit ce drame avec elles et que la solidarité est nationale, sans distinction de langue ou de région. L'arrivée du roi Albert II et de la reine Paola, quelques minutes plus tard, contribuera elle aussi à exprimer l'émotion et la sollicitude de tous les Belges.

Accablé par les souffrances dont je viens d'être le témoin et les rapports glaçants qui m'ont été faits, je suis appelé à prononcer une allocution qui fournira à nos concitoyens davantage de précisions sur les événements et leurs conséquences. J'ai la gorge nouée, il pleut, et le chagrin dans l'air est aussi épais que le silence dans lequel je prends la parole. Débutant par quelques mots en néerlandais pour souligner la dimension nationale de la tragédie, j'en officialise le bilan. Six personnes, en tout, ont été tuées : un bébé, deux adolescents, un jeune homme et deux dames. On dénombre aussi cent vingt-cinq blessés. Le drame de Liège sera ma première grande épreuve de Premier ministre, loin de la rue de la Loi, au plus près des familles et de leur douleur indicible. Ce ne sera hélas pas la seule situation dramatique que je serai appelé à gérer dans le cadre de ma nouvelle fonction.

L'HORREUR

Il est cinq heures ce matin-là, le 14 mars 2012, l'aube d'une journée cauchemardesque qu'inaugure mon téléphone d'urgence. Au bout du fil, la voix blanche de mon porte-parole me fait une annonce qui me pétrifie : « Il s'est produit hier soir à Sierre, en Suisse, un terrible accident de car ; un car scolaire qui transportait de jeunes vacanciers belges. C'est difficile à croire, mais on parle d'une vingtaine d'enfants tués. »

Vu la gravité des faits, je décide de me rendre sur place le plus vite possible. Je demande à mon porte-parole de collecter un maximum d'informations pendant que je me prépare et de nouer les premiers contacts avec les autorités politiques de la Confédération helvétique. C'est ainsi que j'ai en ligne sa présidente, Eveline Widmer-Schlumpf. Elle me livre des chiffres plus insoutenables encore : on ne dénombre pas vingt morts, mais vingt-huit, dont vingt-deux enfants. Vingt-quatre autres sont blessés, parfois grièvement, et hospitalisés. Ils proviennent des communes de Lommel et de Heverlee, près de Louvain. Si la plupart sont belges, certains sont de nationalité néerlandaise. Après une semaine en classe de neige, ils venaient de prendre le chemin du retour lorsqu'un des deux autocars de la délégation s'est littéralement écrasé contre un mur, dans un tunnel. On n'a encore aucune explication quant aux causes de sa sortie de route.

Toute la nuit, m'explique la présidente, une équipe de deux cents sauveteurs, appuyée par douze ambulances et huit hélicoptères, s'est mobilisée pour apporter les premiers soins et transporter les victimes vers différents hôpitaux. En parallèle, d'autres équipes s'affairent pour informer tous ceux qui doivent l'être, en Belgique et aux Pays-Bas, et préparer au mieux l'arrivée des familles. Ma place, comme Premier ministre, est à leurs côtés. Je lui exprime ma volonté de me rendre en Suisse immédiatement. Elle m'adresse ses condoléances et me dit qu'elle attendra mon arrivée pour tenir la conférence de presse qu'elle a prévue à Sion, lieu de rassemblement de toutes les personnes concernées. Je lui demande si les parents sont informés. « Les contacts sont en cours. Mais les parents ne savent pas quel enfant est décédé ni quel enfant est blessé. Ils connaissent seulement le nombre de victimes. »

Dans la matinée, les familles sont rassemblées par les autorités locales belges concernées, qui attendent des indications quant aux modalités du transport vers la Suisse. Je décide, avec le ministre de la Défense Pieter De Crem, de mettre un avion gouvernemental à leur disposition, et dans la foulée je décrète un jour de deuil national. Vers midi et demi, les parents commencent à arriver à l'aéroport militaire de Melsbroek, où ils sont rejoints par le Roi venu leur témoigner sa compassion et sa solidarité. Présent à leurs côtés, je suis témoin d'une sorte de fin du monde à l'échelle d'un groupe humain. Il y a des larmes et des sanglots, beaucoup de silences aussi. Chacun semble abîmé dans une solitude intérieure, et s'il parvient à s'en extraire quelques instants lorsqu'alentour un mouvement se produit, ce n'est que pour scruter un visage, guetter une annonce, intercepter une possible information. Chaque minute paraît une éternité, l'éternité dans laquelle peut-être, déjà, l'enfant tant aimé vient d'être engouffré.

Avec le Roi, je tente de réconforter au mieux ces malheureux parents, davantage pour assurer une présence auprès d'eux et leur procurer un peu de chaleur que pour apaiser une angoisse sans bornes. La détresse et l'effroi, si lisibles sur les visages, se sont installés dans leur cœur et rien ni personne ne pourra les en déloger. Peu avant quinze heures, l'Airbus décolle pour Genève. Les familles sont transférées vers le lieu de l'accident tandis que je rejoins la présidente de la Suisse à Sion pour tenir la conférence de presse qui me permettra, au nom de la Belgique, de remercier solennellement les autorités helvétiques et en particulier les formidables secouristes.

Le bilan est hélas confirmé. Il y a bien vingt-huit personnes décédées, vingt-deux enfants et six adultes. Sur les vingt-quatre blessés, deux n'ont pas encore été identifiés. Les parents dont l'enfant a survécu sont conduits vers les hôpitaux. Quant aux autres, les plus dévastés, je les retrouve en un lieu protégé des indiscrétions que les autorités suisses leur ont ménagé. Ils sont hagards, hallucinés, poignardés dans leur cœur. J'ai déjà été témoin de deuils très cruels et de chagrins très profonds, mais ceux-ci surpassent en horreur et en intensité tout ce que ma mémoire a pu consigner jusqu'à cet instant précis. Le nombre des personnes brisées produit bien sûr un effet multiplicateur, et c'est comme si les chapes de douleur individuelles se superposaient, faisant peser sur le groupe un fardeau plus écrasant encore. Nous sommes dans l'inconcevable. Je ne peux que me taire et partager leur douleur en silence.

Une nouvelle épreuve est à venir, la découverte des lieux mêmes de l'accident. J'y suis conduit avec la présidente de la Confédération et les ministres présents. Je refuse tout photographe et toute caméra, seul un journaliste de l'agence Belga étant autorisé à nous accompagner. Face à ce mur qui a déchiqueté l'autocar qui, voici quelques heures encore, était empli de rires d'enfants impatients de retrouver leur foyer pour y conter leurs aventures, je ne peux retenir mes larmes. Soudain, ces enfants sont un peu les miens et je m'identifie à leurs parents. Perdre un enfant est, dit-on, l'expérience la plus atroce que puisse subir un être humain au cours de son existence. Il n'y a pas de mots, ajoute-t-on volontiers pour constater le caractère incommunicable d'une telle épreuve. Pourtant, des mots très justes peuvent être formulés, qui aideront bien des parents désemparés. Je pense au très beau témoignage qu'ont publié le journaliste Francis Van de Woestyne et son épouse Patricia Vergauwen [42] après la mort tragique de leur fils, Victor, âgé de treize ans, voici quelques années. Un récit que tout le monde devrait lire et une parole majestueuse qui habite aujourd'hui mon for intérieur.

Huit jours après le drame, le 22 mars, la collégiale Saint-Pierre de Louvain est le réceptacle de tous les chagrins : celui des familles, celui des écoles endeuillées, celui de tous les Belges et de leurs voisins hollandais, qui, eux aussi, rappelons-le, pleurent la perte de plusieurs enfants. Il se tient là une cérémonie d'hommage aux petites victimes, rehaussée par la présence de nos souverains Albert II et Paola, du prince héritier des Pays-Bas Willem-Alexander et de la princesse Maxima, sans oublier le Premier ministre néerlandais Mark Rutte et de nombreux ministres. Assis près de l'autel, j'ai les familles à ma gauche, notamment un couple qui a perdu l'un de ses deux enfants. Du début à la fin de la cérémonie, le père et la mère serreront dans leurs bras celui que le sort a bien voulu leur laisser. Une démonstration d'amour infini. L'émotion m'envahit à nouveau, et à nouveau je pleure.

Durant toutes ces journées, il m'a fallu agir comme le doit un chef de gouvernement qui s'applique à régler une multitude

42 Francis Van de Woestyne et Patricia Vergauwen, *Un enfant*, Grasset, 2019.

de problèmes administratifs ou techniques et qui n'a rien de plus pressé, rien de plus impérieux que de faciliter la vie de ces familles complètement dévastées. C'est dans de telles circonstances que l'on mesure le mieux la modestie des fonctions dirigeantes et la relativité des moyens qui y sont attachés. J'aurais pu me trouver à la tête de la première puissance mondiale et disposer de ressources illimitées, je n'aurais pu faire davantage pour l'entourage des enfants morts à Sierre. Concilier l'inconciliable était finalement à ma portée, comme nous le verrons plus loin, quand il s'agissait de sortir notre pays de sa plus longue crise. Mais réparer l'irréparable, s'agissant de familles mutilées à jamais, n'était tout simplement pas en mon pouvoir. J'ai fait ce que j'ai pu pour aider, voilà tout.

Curieusement, cette bonne volonté m'a été reconnue tant par des adversaires acharnés tel le président du parti séparatiste flamand Bart De Wever, qui a salué ma manière de gérer les opérations, que par l'opinion publique flamande, devenue plus clémente à mon égard. Un journal du nord du pays, *De Standaard*, a même écrit ceci : « Le pays est en état de choc. Il regarde au loin, lui un orphelin, endeuillé, affecté par l'horreur en Suisse. Visage sombre. Nœud papillon noir. Les mains croisées quand il se tait. Quand il parle, ses mots sont choisis avec précision, son explication à la presse, son message à la nation, la consternation et la colère le révèlent. Lui, le Premier ministre, par ailleurs si éloquent et calculé, est tout à coup sans fard dans le chagrin de la Belgique, un scénario saisissant. »

LA TERREUR

Ce samedi 24 mai 2014 est le dernier jour de la campagne électorale. Demain, les Belges voteront aux élections législatives couplées aux européennes, et mon action de Premier ministre sera sans doute évaluée. Je jette mes dernières forces dans la bataille pour convaincre les citoyens de mon arrondissement. En milieu d'après-midi, l'estomac crie famine et avec mon équipe, je m'attable dans un établissement de restauration rapide de Jemappes, près de Mons. Il est tout juste seize heures lorsque la sonnerie de mon téléphone portable retentit : on me prévient qu'un attentat vient d'être commis au Musée juif de Belgique. Inquiet et choqué, je quitte les lieux sur-le-champ et me mets en route pour la capitale. En chemin me parviennent de premières précisions. Un individu lourdement armé s'est introduit dans ce musée situé à quelques pas du Sablon, dans le cœur historique de Bruxelles, avant d'y déclencher une fusillade. Trois personnes ont été touchées mortellement et une quatrième se trouve dans un état extrêmement grave.

Lorsque j'arrive sur place, la première chose qui me frappe est l'ampleur du dispositif installé par les différents services mobilisés. Police, pompiers, ambulanciers et urgentistes, c'est une véritable armée qui s'affaire autour et à l'intérieur de l'immeuble. Parmi les personnes présentes, je reconnais les visages de la ministre de l'Intérieur, Joëlle Milquet, et du ministre des Affaires étrangères, Didier Reynders. Tous deux se trouvaient à proximité au moment des faits et c'est d'ailleurs le second qui a alerté les secours. Je sais, en tant que Premier ministre, que j'aurai à m'exprimer rapidement et j'essaie donc de glaner auprès des autorités policières et judiciaires les principaux éléments d'information. Ce qu'elles savent à cet instant, c'est que le tueur, après avoir abattu un couple dans l'entrée du bâtiment, a réitéré ses actes plus avant dans le musée, laissant au sol deux employés et prenant la fuite une fois ses exécutions accomplies.

Le caractère antisémite de l'attaque ne faisant guère de doute, nous relevons immédiatement à son point le plus haut le niveau de sécurité de tous les lieux liés au judaïsme en Belgique : cultuels, scolaires et autres. Tous les événements liés à la communauté juive sont par ailleurs suspendus jusqu'à nouvel ordre. Ces décisions prises, je tente de réconforter comme je le peux le président du musée ainsi que certaines personnes restées sur place qui ont été témoins de quelque chose ou qui ont croisé l'assassin en rue. Tout le monde est sous le choc et l'incrédulité se lit dans chaque regard, dans chaque expression, sur chaque physionomie. D'autres devoirs m'appelant, plus officiels, je téléphone à mon collègue Benyamin Netanyahou, le Premier ministre israélien, à qui je présente mes condoléances, car deux des victimes sont des ressortissants de son pays. Je l'assure que tous les moyens possibles seront engagés par les autorités belges pour retrouver l'assassin. Du monde entier affluent des messages de chefs d'État ou de gouvernement. Le premier à m'écrire est le président François Hollande, qui m'exprime toute la solidarité de la France à l'égard de la Belgique. Il ajoute que « nous devons prendre conscience de ce que représente cet acte antisémite, cette fusillade horrible à Bruxelles, capitale de la Belgique et de l'Europe ». De son côté, le directeur du musée, Philippe Blondin, évoque un crime contre la civilisation dans son ensemble, au-delà de la dimension antisémite manifeste de l'attentat. La portée de cet acte me semble en effet, à moi aussi, universelle.

L'assassin s'appelle Mehdi Nemmouche, Français d'origine algérienne, âgé de vingt-neuf ans et fiché au grand banditisme en France. Six jours après le massacre, il est arrêté à Marseille lors d'un contrôle de routine effectué par le service des douanes. Monté la veille dans un car à Bruxelles, il est en possession de l'arme du crime ainsi que d'un drapeau de « l'État islamique d'Irak et du Levant » et d'une vidéo revendiquant l'attaque terroriste au Musée juif de Bruxelles, au nom de « l'État » en question.

Mon devoir est de rassurer le pays et en particulier la communauté juive, qui en Belgique compte environ quarante mille personnes. L'émotion est immense dans ses rangs et les craintes ne sont pas moins grandes, tant la question de l'antisémitisme est revenue au-devant de la scène durant les dernières années à mesure que progressaient les idées haineuses de l'islam radical. L'attentat du musée sonne pour nos compatriotes juifs comme la fin d'une époque, celle où la mémoire du génocide les protégeait contre la fureur et la barbarie. D'une autre nature, celle-ci réveille des angoisses très profondes que, dans la mesure de mes moyens, je m'efforcerai d'entendre et, si je le puis, d'apaiser quelque peu. Dans les jours qui suivent l'attentat, je reçois Maurice Sosnowski, le président du Comité de coordination des organisations juives de Belgique, ainsi que le président du Congrès juif européen. Tous deux s'ouvrent à moi de l'inquiétude qui taraude l'ensemble de la communauté et m'adjurent de ne rien céder face à ceux qui poursuivent les juifs de leur vindicte millénaire et menacent nos libertés. Nous tombons forcément d'accord pour amplifier nos efforts sur différents plans : celui de la répression, bien sûr, mais aussi et surtout celui de l'éducation et de la culture. Pour notre démocratie, gagner la guerre des idées doit être la priorité et l'essentiel de nos efforts doit converger vers l'immunisation de notre jeunesse à l'égard de toutes les formes d'intégrisme et d'intolérance.

À la mi-septembre 2014, un pas en ce sens est accompli avec la réouverture du musée, qui entend plus que jamais faire triompher entre ses murs et à l'extérieur la liberté et la culture mondiale. J'y assiste avec un sentiment mêlé de soulagement et d'appréhension pour les temps qui viennent. Autant je suis convaincu de la force de nos idéaux et de la supériorité à long terme de nos démocraties sur toutes les formes de totalitarisme, autant j'ai conscience de la menace terroriste islamique et de sa paradoxale vitalité mortifère. L'attaque perpétrée contre le journal satirique *Charlie Hebdo* le 7 janvier 2015, les attentats du 13 novembre 2015 à Paris et ceux du 22 mars 2016 à Bruxelles ne feront que conforter ce pessimisme du court terme dont je n'arrive pas à me déprendre. L'heure est encore et toujours à la guerre sans merci contre le terrorisme.

LE ROI

« Rendre service de tout son pouvoir,
de toutes ses forces,
il n'est pas de plus noble tâche sur Terre. »
Sophocle

Depuis l'accession au trône de Léopold Ier, prince de Saxe-Cobourg-Gotha, en 1831, le Roi est désigné par le processus héréditaire. Il n'est pas institué roi de Belgique, mais roi des Belges, et il ne peut prendre ses fonctions qu'après avoir prêté le serment « Je jure d'observer la Constitution et les lois du peuple belge, de maintenir l'indépendance nationale et l'intégrité du territoire » devant les élus de la nation, Chambre et Sénat réunis. Le Roi règne, mais ne gouverne pas et sa personne est dite inviolable, seuls ses ministres fédéraux étant responsables[43]. Quant à ses pouvoirs, ils sont strictement limités par la Constitution belge, qui tranche à cet égard avec celles des autres régimes monarchiques de l'Europe du XIXe siècle débutant, élaborées à la suite du Congrès de Vienne. Léopold Ier, le premier roi des Belges, a dû en faire plusieurs fois le constat. Ainsi écrit-il à la reine Louise-Marie en 1842 : « La Constitution dont on a affublé ce pays est quelque chose de monstrueux, et elle aurait seule, sans toute autre considération, dû empêcher d'entrer dans une boutique qui depuis onze ans me donne une existence des plus odieuses. » Plus d'un siècle et demi après l'écriture de ces lignes teintées d'amertume, la branche belge de la maison de Saxe-Cobourg n'est pas seulement l'une des rares dynasties à régner encore en

43 Article 88 de la Constitution.

Europe, mais c'est assurément en Belgique que le rôle politique du Roi est demeuré le plus significatif[44]. En effet, malgré l'impossibilité pour le Roi d'agir et de s'exprimer sans le contreseing d'un ministre du gouvernement fédéral, il exerce une influence notable dans la conduite du Royaume.

Considéré comme son organe faîtier, le Roi est le garant de l'unité du pays et mon expérience m'autorise à affirmer qu'il est toujours soutenu majoritairement par la population tant flamande que francophone. Il est aussi le chef des armées, bien que depuis la fin de la Seconde Guerre mondiale, il ne prenne plus aucune décision sans l'aval du gouvernement. Le Roi ne peut d'ailleurs rien entreprendre d'officiel sans être couvert : ses décisions, ses actes et même ses discours doivent recevoir l'aval d'au moins un ministre du gouvernement fédéral[45].

C'est en général le Premier ministre qui assume cette tâche. Le Roi promulgue les lois, il a donc en théorie la possibilité de bloquer une législation. Ce pouvoir est utilisé en 1990 par Baudouin, fervent catholique, qui désapprouve la loi Lallemand-Michielsens légalisant l'avortement. Cet acte d'autorité pourrait provoquer un grave conflit entre le palais royal et le gouvernement, mais en Belgique, l'imagination est au pouvoir ! À cette époque, et pour une durée exceptionnelle de trente-six heures, le Conseil des ministres constate que le Roi se trouve dans « l'impossibilité de régner ». Nuitamment, le gouvernement promulgue alors la loi contestée, chose que lui permet la Constitution dans de telles circonstances. Ensuite, la Chambre et le Sénat réunis constatent la fin de l'impossibilité de régner. Le tour de passe-passe est joué, le Roi préserve ses convictions et le gouvernement fait aboutir un très ancien combat des progressistes et des femmes pour leur liberté.

44 Philippe Lauvaux, « Le Roi », *Pouvoirs*, 136, 2011/1, p. 71-85.
45 Article 106 de la Constitution.

C'est surtout après une élection nationale ou lors d'une crise gouvernementale que le Roi exerce son pouvoir de manière plus visible. Il consulte largement les partis et désigne une personne capable de former un gouvernement ou apte à faire cheminer les familles politiques vers une majorité à la Chambre des représentants. En 2007, le roi Albert II doit faire appel successivement à plusieurs personnalités pour qu'un gouvernement finisse par voir le jour. En 2010 et 2011, il lui faut en désigner pas moins de sept[46], dont deux (De Wever et moi) chargés de missions différentes à deux moments différents avant que je sois nommé « formateur » pour mettre un terme à une crise de 541 jours.

Au quotidien, le Roi participe à de nombreuses activités au cours desquelles il encourage les talents de notre pays, félicite les personnes qui se distinguent particulièrement ou réconforte les citoyens en proie à de grandes difficultés. Il peut aussi accorder des titres de noblesse et décerner des distinctions. Parmi celles-ci – j'en ai été le bénéficiaire le 28 janvier 2002 –, le titre de ministre d'État récompense une personnalité politique ayant rendu des services notables au Royaume. Les ministres d'État composent le Conseil de la couronne, une instance que le Roi peut consulter en cas de crise extrêmement grave. Cette assemblée ne s'est réunie qu'à quelques reprises dans l'histoire de notre pays. Le titre de ministre d'État est décerné à vie.

UNE FONCTION TAILLÉE POUR LES CRISES

Durant les 541 jours de la crise historique née en 2010, j'ai pu nouer avec la personne du roi Albert II une relation de totale confiance qui a certainement permis aux négociations d'enfin aboutir et d'éviter une crise de régime. Je dis bien la personne

46 Bart De Wever, informateur, Elio Di Rupo, préformateur, André Flahaut et Danny Pieters, médiateurs, Bart De Wever, clarificateur, Johan Vande Lanotte, conciliateur, Didier Reynders, informateur et Wouter Beke, négociateur.

du Roi, car c'est à sa personnalité que je m'attache, et non à la fonction monarchique elle-même, objet de débats jamais clos. Les choix d'Albert II, lorsqu'il fallait après un échec des discussions entre partis désigner un nouveau négociateur afin de relancer les pourparlers, m'ont toujours paru judicieux. Mon tour venu, j'ai pu compter moi aussi sur son discernement et ses encouragements.

Un souvenir très fort me reste en tête. Alors que je suis formateur, quelque peu découragé par l'impossibilité d'avancer dans les négociations en vue de former un gouvernement, je me présente en sa maison de campagne de Ciergnon pour l'informer du énième blocage des négociations et lui demander de me décharger de ma mission. Je suis à ce moment-là très fâché contre mes collègues, qui ne peuvent ou ne veulent dépasser leurs intérêts partisans et que j'ai fini par traiter d'irresponsables avant de claquer la porte. Albert II m'écoute longuement, pose des questions et trouve les mots nécessaires pour raffermir ma motivation. Au cours de ce colloque singulier dont je ne dévoilerai pas la teneur, il se comporte comme un sage qui invite à prendre du recul et suggère de nouvelles perspectives. Albert II sait qu'un problème d'apparence insoluble sous tel angle peut, moyennant quelques judicieux déplacements du regard, trouver une solution inattendue. C'est à cela qu'il m'invite et malgré ma lassitude, je consens à ces réaménagements de l'intellection qui vont bientôt nous permettre de repartir de l'avant.

Tout, dans mon parcours politique comme dans mes convictions intimes, m'éloigne des régimes où l'hérédité se mêle aux affaires de pouvoir. Pourtant, je dois bien reconnaître la force d'une magistrature d'influence comme celle que le Roi exerce en Belgique, un pays éternellement fragmenté où chaque fissure communautaire constitue une menace grave et peut-être mortelle pour lui. Il est des moments où entre politiques francophones et néerlandophones l'échange rationnel devient impossible, laissant place à des expressions abruptes qui accélèrent le processus de dislocation. Si plus aucune instance ne vient, en surplomb et en ultime recours, rétablir le dialogue, la fin du pays peut être considérée comme une sorte de fatalité inexorable. Albert II, assumant son rôle constitutionnel de manière irréprochable et posant avec habileté les jalons d'une sortie de crise, a grandement contribué cette fois encore au sauvetage de la Belgique.

Nommé Premier ministre, je rencontre Albert II au moins une fois par semaine, le lundi à onze heures. Nos relations restent formelles ; lui comme moi jouons notre rôle conformément aux prescrits constitutionnels. Les audiences durent entre une heure et demie et deux heures. Tout le programme de la semaine fait l'objet d'une présentation qui suscite questions, réflexions et exposés de points de vue. L'échange est particulièrement ouvert, chacun étant tenu par son devoir de parfaite discrétion et confiant dans la loyauté de son vis-à-vis. Ni fuites, ni rétention d'informations, ni instrumentalisation de son interlocuteur : entre Albert II et moi, les conditions d'une collaboration efficace et de qualité sont réunies. La nôtre durera trois ans.

Un discours de Noël qui fait grincer quelques dents

À la veille de ses vœux pour 2013, le Roi me soumet son projet d'allocution. Si chaque mot est pesé, il sort un peu de sa réserve habituelle pour dénoncer les populismes, allant jusqu'à évoquer la sinistre période des années 1930 afin de mettre en garde contre de possibles dangers à venir. Son discours à peine diffusé, la presse flamande et plusieurs élus du nord s'enflamment. Ils reprochent au Roi d'avoir suggéré une parenté entre la N-VA et les fascismes qui ont engendré la Seconde Guerre mondiale. Pourtant, rien dans le discours royal n'établissait un tel lien avec le parti séparatiste, et je n'ai dès lors pour ma part émis aucune objection à la lecture du projet d'intervention. Mais la réaction flamande est si violente que je dois publiquement prendre la défense du Roi, qui d'un point de vue constitutionnel n'a pas le droit de répliquer ou de s'engager dans des polémiques.

Par communiqué, j'indique que « le Roi a formulé dans son discours de Noël des messages humanistes, généreux et à portée universelle. Il a souhaité que l'on réfléchisse ensemble à l'attitude à tenir face aux difficultés économiques et aux pertes d'emplois. L'emploi est d'ailleurs sa principale préoccupation. Albert II a aussi exprimé un sentiment de crainte, se référant à des réalités historiques qui n'ont pas contribué à développer des solutions en matière économique et en termes de création d'emplois. Il n'a cité aucun parti en particulier. Il ne vise pas davantage une formation politique particulière en demandant, à juste titre, aux citoyens de se montrer lucides face aux discours populistes qui désignent des boucs émissaires à la crise ou en indiquant que ces discours populistes existent aujourd'hui chez nous comme dans de nombreux pays européens... Que le Roi s'autorise à attirer l'attention de ses concitoyens est une attitude que l'on peut aisément comprendre de la part du chef de l'État ».

Je conclus en réaffirmant que conformément à la Constitution, « je couvre les propos du Roi ». En réalité, Albert II tire une sonnette d'alarme et il a raison de le faire. Dix ans plus tard, oserait-on encore le blâmer pour sa mise en garde? Certainement pas. Nous mesurons davantage aujourd'hui à quel point les extrémismes de droite, de gauche ou d'ailleurs menacent la paix civile et nourrissent des processus dans lesquels entrent beaucoup de violence, de rage et de haine. En les dénonçant, le Roi assume correctement son rôle de gardien des institutions.

Des dotations royales qui font beaucoup parler

Mes relations avec le Roi prennent parfois des tours plus prosaïques. En janvier 2013, la presse révèle que la veuve du roi Baudouin, la reine Fabiola, a créé quatre mois plus tôt une fondation nommée « Fons Pereos », dont le but est notamment d'aider sa famille. Mon sang ne fait qu'un tour, car j'y vois une manière d'éluder l'impôt. Il faut savoir qu'à la mort de son époux, la reine a hérité d'une somme d'environ 75 millions d'euros. La voir créer une telle fondation au soir de sa vie fait planer de lourds soupçons sur ses intentions : s'agirait-il de permettre à ses proches d'échapper aux droits de succession que chaque Belge est tenu de payer lorsqu'il entre en possession d'un héritage ? Je n'hésite pas à qualifier la situation d'éthiquement inacceptable. J'observe que dans la foulée de cette révélation, les attaques se multiplient à l'encontre de la royauté et de ses mécanismes de financement.

Au Parlement, les discussions s'enflamment. Tout le système des dotations de l'État aux membres de la famille royale est remis en cause, y compris celle de la reine Fabiola qui, depuis la mort de son époux en 1993, reçoit une somme annuelle de 1,4 million d'euros. Certains vont plus loin et s'interrogent sur la fonction royale elle-même. Faut-il encore que le souverain sanctionne les lois ? Ne peut-on le cantonner aux tâches purement symboliques et protocolaires ? Doit-on vraiment entretenir toute sa famille ? Les adversaires de la Belgique unie s'en donnent à cœur joie. Pour restaurer la sérénité et préserver la personne du chef de l'État, le gouvernement doit agir sans délai. La dotation de la veuve du roi Baudouin est ainsi ramenée à un peu plus de 460 000 euros par an. Mais cette coupe claire ne suffit pas à faire taire les critiques. De toute évidence, le temps est venu de moderniser un régime qui apparaît déphasé par rapport à son époque, devenue plus sourcilleuse quant à l'emploi des deniers publics.

En juillet 2009, le Sénat a déjà formulé des recommandations prévoyant de limiter l'attribution de dotations au souverain et à son héritier présomptif ainsi qu'au souverain qui a abdiqué et aux conjoints survivants. La mise en œuvre des recommandations du Sénat a notamment pour conséquence que trois des quatre enfants du roi Philippe ne percevront plus aucune dotation et devront comme tout un chacun gagner leur vie par leurs propres moyens. Sauf disposition légale contraire, il en ira de même pour la sœur et le frère du Roi, Astrid et Laurent. Le 27 novembre 2013, la Chambre vote finalement la loi qui fiscalise les dotations. Cette loi prévoit que la dotation royale se composera désormais de deux parties : la « part traitement », soumise à l'impôt, et la « part fonctionnement et personnel », exonérée.

Les cas de la princesse Astrid et du prince Laurent sont politiquement et humainement sensibles, car si on leur applique sans transition la nouvelle règle, on leur coupe les revenus dont ils dépendent depuis toujours. Aussi, pour eux, et eux seuls, mon gouvernement propose une solution provisoire qui s'éteindra à leur décès sans conférer un quelconque droit à leurs descendants. Le roi Albert II après son abdication verra de même sa dotation fiscalisée pour la partie « traitement ». Quant au roi Philippe, il sera soumis à la TVA et aux accises comme tout le monde, bien que sa situation financière soit plus spécifique.

Albert II est quelqu'un de très présent dans mon album de souvenirs du 16, rue de la Loi. En sa compagnie, j'ai vécu quelques moments singuliers durant mon mandat de Premier ministre, dont un hommage à Toots Thielemans, la signature des accords institutionnels scellant la scission de l'arrondissement de Bruxelles-Hal-Vilvorde ainsi que le couronnement du pape François.

TOOTS THIELEMANS

Le 23 avril 2012, le Roi me convie à un événement qu'il organise pour les nonante ans de Toots Thielemans, un harmoniciste d'exception et une personnalité pour laquelle je n'éprouve qu'admiration et sympathie. C'est une grande joie pour moi d'être à ses côtés et un plaisir d'écouter le chef de l'État prononcer son éloge en cercle très privé. Invité à prendre la parole à son tour, Toots Thielemans choisit plutôt de sortir son harmonica et de se lancer dans un vibrant morceau de jazz. Replaçant ensuite l'instrument dans son étui, il s'avance vers le souverain pour le lui remettre en guise de remerciement. Sans avoir prononcé une seule parole, il vient de lui faire le double cadeau de son harmonica fétiche et d'une interprétation magistrale que personne dans l'assistance n'oubliera jamais. Un moment magique !

ADIEU BHV

De l'harmonica à la nouvelle harmonie du pays, il n'y a qu'un pas en cet été 2012. Le 19 juillet, après le vote par le Parlement des principales réformes de l'État, dont BHV[47], le Roi – chose rarissime – tient à signer publiquement les nouveaux textes. Une cérémonie très solennelle est organisée au Palais royal, à laquelle sont conviés, outre moi-même, les présidents de la Chambre et du Sénat, les huit présidents de parti artisans de la solution, les deux secrétaires d'État aux réformes institutionnelles et un certain nombre de parlementaires. Tous, nous sommes profondément soulagés de voir s'interrompre la plus longue crise institutionnelle de notre histoire et notre pays recouvrer la sérénité. L'ambiance est joyeuse et le Roi semble heureux. Il a le sentiment du devoir accompli et il me fait part de sa reconnaissance. Après une si longue période de pessimisme et d'angoisse,

47 BHV : Bruxelles-Hal-Vilvorde – l'un des problèmes communautaires les plus aigus de la Belgique.

le soulagement est intense. Au Palais ce jour-là, il règne comme une atmosphère de lévitation à laquelle le Roi et moi sommes particulièrement sensibles, peut-être parce que nous avons été exposés comme jamais et parce que, plus que d'autres, nous aurions dû porter le poids de l'échec.

NAISSANCE D'UN PAPE

Le matin du 19 mars 2013, Rome s'apprête à dérouler ses fastes pour l'intronisation du nouveau pape de la chrétienté, Jorge Mario Bergoglio, désormais appelé François. Des chefs d'État du monde entier convergent vers cette ville incandescente qui redevient *caput mundi* le temps d'une célébration. Pour le plus grand bonheur des pèlerins accourus de partout, la modernité fait place à un rituel où l'écho des siècles passés peut résonner de toute sa puissance. L'Histoire nous fixe un rendez-vous qu'il serait de mauvais goût de dédaigner et l'athée que je suis comprend que sa place est bel et bien dans la capitale italienne pour représenter la Belgique. C'est donc dans le Falcon royal que je prends place, aux côtés d'Albert II et Paola, pour rejoindre en matinée la place Saint-Pierre enfiévrée. Quatre heures durant, et sans qu'une seule seconde l'ennui pointe le bout du nez, nous assistons à la chorégraphie des cardinaux, évêques et archevêques drapés de pourpre, de rouge et de violet, virevoltant parmi leurs troupes ecclésiales sous l'œil vigilant des gardes suisses. Le spectacle, grandiose et réglé au millimètre, atteint son point d'orgue lorsqu'enfin paraît, au cœur de la place Saint-Pierre embrassée par les 284 colonnes du Bernin, la silhouette immaculée du nouveau pape. La foule exulte, une clameur s'élève dans le ciel de Rome, et prisonnier de celle-ci, je me sens soudain comme à l'opéra.

L'ABDICATION

L'Histoire, encore elle, me tire par la manche en ce matin du 15 avril 2013. J'arrive au Palais pour la traditionnelle audience hebdomadaire du lundi. Fidèle au rendez-vous, le Roi que je commence à bien connaître m'apparaît soucieux, comme cherchant à dompter une émotion dont à cet instant précis j'ignore encore la nature. Un je ne sais quoi de fébrile ou d'embarrassé trouble son expression, ce qui ne nous empêche pas de faire le point sur l'actualité politique comme à l'accoutumée. Cette tâche accomplie, il me lance qu'il est fatigué, qu'il a décidé d'abdiquer et qu'il a déjà prévenu son fils Philippe. Le 22 juillet, lendemain de fête nationale, serait la date idéale pour une transmission du flambeau, me dit-il, laissant ainsi un bon trimestre à son successeur pour constituer son équipe.

Cherchant à mon tour à dominer les sentiments qui m'étreignent à cette annonce, je me concentre sur les derniers mots du Roi et me récrie : non, non, trois mois, c'est un délai beaucoup trop long, une vacuité dans laquelle vont inévitablement s'engouffrer tous les séparatistes qui méditent la dislocation de notre pays. Certes, la Belgique vient de retrouver une stabilité, certes, le gouvernement trace sa route sans se laisser déstabiliser par l'opposition rageuse de la N-VA, mais la perspective d'un interrègne prolongé ouvre la possibilité d'un grand chaos que ne manqueront pas d'organiser certaines forces centrifuges trop heureuses de saisir cette opportunité pour abattre l'institution faîtière du pays. En trois mois, elles pourront tout à loisir s'activer contre l'État Belgique et la monarchie qui en est le symbole. Détruire le symbole serait une première étape avant la désagrégation complète.

J'entrevois déjà les débats au Parlement sur le rôle et les pouvoirs du futur Roi, les polémiques ravivées sur l'utilité de l'institution monarchique, les nouvelles palabres au sujet de la liste civile[48] du Roi et des dotations financières des membres de sa famille. Un régal pour tout séparatiste et un réveil brutal des tensions communautaires, sachant que la classe politique flamande est très tentée par le modèle républicain, tandis que les francophones sont avant tout soucieux de préserver l'unité du pays et donc la fonction royale qui en est l'assurance-vie. Ranimer toutes ces controverses, alors que nous sommes à peine sortis de l'interminable crise institutionnelle, reviendrait à larder les fondations du pays de charges explosives tout en croisant les doigts pour que personne n'allume la mèche.

En vingt ans de règne, Albert II a fini par incarner cette stabilité dont la Belgique a tant besoin et on l'imagine éternel dans la fonction qu'il occupe de manière si rassurante. Le pays n'est donc pas préparé à une telle annonce, le gouvernement non plus, d'ailleurs, je l'avoue. Détestant l'improvisation autour de questions aussi fondamentales, je m'oppose poliment au programme imaginé par le Roi et lui réclame le temps nécessaire au règlement des multiples étapes de sa succession. Sans doute un peu déçu, il se range à mon point de vue, à charge pour moi à présent de me rendre chez le prince Philippe pour lui indiquer que le scénario projeté par son père ne se réalisera pas tout de suite.

Je sais que le chef de cabinet du Roi est informé, ce qui est bien légitime, et me dis que peut-être d'autres oreilles ont entendu, d'autres bouches vont commencer à parler jusqu'à l'inévitable fuite dans les médias qui ruinerait mon début de stratégie, m'obligeant à tout précipiter. Or, je me fais un devoir d'aider cet homme qui a tant donné au pays à sortir par la grande porte, avec les formes et même le faste qui siéent à un tel événement. Dans l'heure, je réunis mon entourage le plus restreint au restaurant L'Ô de Samme à Seneffe où une salle discrète nous est allouée.

48 Dotation accordée au Roi fixée pour toute la durée de son règne conformément à la Constitution.

Il n'y a pas un instant à perdre. Trois mois pour orchestrer une succession royale, c'est très court. Nous convenons d'un nom de code qui servira pour tout document relatif à la transition. Ce sera le nom du restaurant. Toutes les notes seront verrouillées par un code secret connu de nous seuls. Les rôles sont répartis. Je dialogue en direct avec le Roi et son chef de cabinet, tandis que nos chefs de cabinet respectifs, Jacques van Ypersele et Hervé Parmentier, veillent à la bonne exécution des tâches avec l'appui de mon conseiller institutionnel.

Plusieurs scénarios pour le passage de témoin sont esquissés, jusqu'à ce que nous arrêtions la date du 21 juillet. Les Belges commenceront donc leur journée de fête nationale avec un roi et la termineront avec un autre. Ce sera vraiment une date historique et nous sommes conscients qu'organiser une double cérémonie le même jour, en surcroît des festivités traditionnelles, tient de la gageure. Mais je suis confiant. Je sais que les services du protocole et de la chancellerie sont à la hauteur, de même que mon cabinet. Méthodiquement, mon équipe et moi traçons un rétroplanning, cherchant à repousser le plus loin possible les inévitables communications. Quelle est la date ultime pour faire démarrer les différents départements organisateurs des événements? Selon les calculs de mon cabinet, dix-huit jours devraient suffire. Le Roi annoncera donc son abdication au peuple belge le 3 juillet 2013.

Ce matin-là, je reçois sa lettre officielle : « Après vingt ans de règne et vu mon état de santé, j'estime que le moment est venu de passer le flambeau à la génération suivante. Le prince Philippe et la princesse Mathilde jouissent de toute ma confiance. C'est donc avec sérénité et confiance que je vous réaffirme mon souhait d'abdiquer ce 21 juillet 2013, jour de notre fête nationale, en faveur du prince héritier, mon fils Philippe. Aussi, Monsieur le Premier ministre, avec votre accord et selon les modalités qui vous conviennent, j'aimerais pouvoir en informer les membres du Conseil ministériel restreint directement et en personne. Votre dévoué Albert II. »

La lettre réceptionnée, je suis censé informer le gouvernement mais je veux aussi permettre au Roi d'annoncer lui-même sa décision aux Belges via les chaînes de radio et de télévision, avant que les ministres commentent l'événement. À cet effet, j'ai convoqué deux jours plus tôt un conseil des ministres restreint pour une heure en ma résidence officielle du Lambermont. À une heure moins dix, j'adresse un message téléphonique aux ministres concernés en leur signalant qu'exceptionnellement, le conseil restreint se tiendra à une heure et quart au Palais royal, voisin du Lambermont. Quand les vice-Premiers ministres et moi sommes installés, le Roi fait son entrée et révèle, explications à l'appui, son intention d'abdiquer. Tous sont accablés. Je vois couler des larmes sur les joues de Laurette Onkelinx et de Joëlle Milquet tandis que moi-même, je peine à dissimuler mon émotion. Nul ne songerait à faire grief au Roi d'une décision aussi personnelle que compréhensible eu égard aux éclaircissements qu'il vient de fournir. Les ministres prennent congé de lui en l'assurant qu'il n'y aura pas de fuite vers la presse. L'allocution royale étant programmée à six heures, je convoque le conseil des ministres au grand complet à cinq heures et demie et un quart d'heure plus tard, je dévoile enfin à mes collègues l'information qui quelques instants plus tard fera s'arrêter le pays tout entier. À six heures très exactement, devant les écrans que j'ai fait préparer, nous assistons tous ensemble à la prise de parole d'Albert II.

UNE FÊTE NATIONALE HISTORIQUE

Le 21 juillet 2013, un soleil radieux se lève sur le Royaume, qui inondera toute cette journée historique de sa lumière dorée. L'organisation des événements ne laisse cependant aucune place à la fantaisie ni à la légèreté auxquelles nous invite la météo. À neuf heures, la famille royale au grand complet assiste au *Te Deum* en la cathédrale Saints-Michel-et-Gudule. Les participants se rendent ensuite au Palais royal pour la cérémonie d'abdication. La salle du trône est pleine à craquer et chacun retient son souffle.

À dix heures et demie, le Roi prend la parole pour son dernier discours officiel. Son allocution est sobre. Il souhaite ardemment que la Belgique maintienne sa cohésion et il rappelle qu'elle « s'est transformée depuis une quarantaine d'années, de façon pacifique et démocratique, d'un État unitaire en un État fédéral où les entités jouissent d'une très large autonomie ». La dimension internationale n'est pas oubliée : « Continuez à croire dans l'Europe. Dans notre monde, cette construction européenne est plus que jamais nécessaire. » Invité à prononcer quelques mots, je salue le travail énorme fourni par le Roi au service de la Belgique et de ses habitants. J'ajoute que la passation de pouvoir intervient dans une période favorable, alors même que nous venons d'engranger des accords institutionnels de toute première importance qui sont de nature à stabiliser le pays. C'est donc avec la conscience tranquille et le sentiment du devoir accompli qu'Albert II peut passer le flambeau à son fils. La ministre de la Justice, gardienne des sceaux, lui fait alors signer son abdication. Une page se tourne, le Roi se retire, la gratitude des Belges demeure.

À midi dix, le prince Philippe s'avance en grand uniforme dans l'hémicycle parlementaire où l'attendent les députés, les sénateurs et un très vaste parterre d'officiels. L'atmosphère est à l'unité, nonobstant quelques craintes à propos de possibles réactions intempestives des séparatistes. L'extrême droite brille par son absence, tandis que la N-VA se fait représenter par une délégation très remarquée, forte d'une dizaine de personnes. À la tribune, le primat de Belgique s'assied aux côtés du président du Centre d'action laïque.

À l'invitation du président de la Chambre, André Flahaut, le prince prête serment : « Je jure d'observer la Constitution et les lois du peuple belge, de maintenir l'indépendance nationale et l'intégrité du territoire. » Il devient ainsi, sous un tonnerre d'applaudissements, le nouveau roi des Belges. Ses premiers mots sont en forme d'engagement. Il assure qu'il se mettra « au service de tous les Belges, en parfaite entente avec le gouvernement et dans le respect de la Constitution ». Il fait immédiatement connaître son ambition de nouer des relations constructives avec les responsables des entités fédérées, suggérant par là qu'il a bien assimilé le récent basculement institutionnel qui confère aux Régions et Communautés un rôle majeur dans la nouvelle Belgique fédérale. Sa journée est encore longue et il la poursuivra avec un hommage au soldat inconnu, le traditionnel défilé militaire, un bain de foule dans le Parc royal et un superbe *mapping* nocturne. Un ministre du gouvernement me confie que si Walt Disney voyait le spectacle de cette journée, il s'en inspirerait pour réaliser un magnifique conte de fées.

LE MALENTENDU

Malheureusement, et non sans un pincement au cœur, cette passation de témoin est aussi le moment pour moi de refermer le chapitre de la collaboration avec Albert II. Martine Dubuisson, dans *Le Soir*[49], résume bien la situation tout en évoquant une difficulté qui, en dernière minute et à mon grand dépit, est venue assombrir notre relation. « C'est la relation la plus romanesque entre un roi et son Premier ministre. Digne d'un roman. Car c'est l'histoire d'une affection qui finit mal... Entre Albert II et Elio Di Rupo, tout commence bien. Pas seulement par amour de

49 *Le Soir*, 26 mars 2016.

l'Italie. Non : pour le Roi, Elio, c'est le stabilisateur – “celui qui a stabilisé le pays”. L'inquiétude pour la Belgique les a d'abord réunis. Avant que l'argent ne les sépare… »

Mais de quoi est-il question ici ? La sortie de charge du souverain crée la nécessité, pour le gouvernement que je dirige, de fixer une enveloppe financière annuelle afin de couvrir ses dépenses et de lui assurer un niveau de vie conforme à son statut. J'ai pour point de repère la dotation que le gouvernement néerlandais a prévue pour la reine Béatrix. Celle-ci vient d'abdiquer, deux mois plus tôt, et je me dis qu'en la matière, la Belgique pourrait se calquer sur sa voisine du nord. À mon sens, ce ne devrait être qu'une formalité au sein du conseil des ministres restreint, mais voilà qu'un des vice-Premiers me fait part de sa féroce opposition au projet. Abasourdi, je l'entends proposer un montant cinq fois inférieur. Je suis d'autant plus stupéfait et même gêné que le Roi a eu la grande élégance de réunir les membres du conseil restreint pour leur annoncer son abdication en primeur, avant toute communication à la presse et aux autres ministres du gouvernement.

Plus fondamentalement, je suis convaincu qu'un pays qui sabrerait ainsi dans les moyens de celui qui l'a si bien servi pendant vingt ans serait un pays ingrat. Si l'on s'accorde sur l'intérêt et l'importance pour la Belgique de maintenir une monarchie, il faut en assumer les coûts inévitables. Durant des heures, je ferraille avec mon collègue, mais en vain. Pire, je constate qu'il rallie à ses vues, petit à petit, les autres membres du conseil, jusque-là plutôt indécis. On parle à présent d'une pension pour le Roi et non plus d'une dotation. La séance se clôture sur un compromis, avec *in fine* un montant équivalent à celui qui est accordé au prince héritier, soit les deux tiers de la dotation de la reine Beatrix. Dix ans plus tard, je reste persuadé que nous avons commis là, à tout le moins, une faute de goût aux allures d'affront. Albert II méritait selon moi une descente de trône plus obligeante de la part de notre classe politique.

L'ONU

« L'ONU est un miroir grossissant
de l'opinion internationale.
S'y reflètent, jusqu'à l'excès,
les espoirs et les angoisses des États
et des peuples. »
Boutros Boutros-Ghali

Je suis heureux de participer à ma première assemblée générale de l'ONU. C'est Franklin Roosevelt, président des États-Unis, qui, le premier, au cours de la Seconde Guerre mondiale, emploie l'expression « Nations unies ». Le 1er janvier 1942, vingt-six pays s'engagent à poursuivre ensemble la guerre contre les « puissances de l'Axe » que sont l'Allemagne, l'Italie et le Japon. Ils signent la *Déclaration des Nations unies.* En 1945, au sortir de la guerre, les représentants de cinquante et un pays élaborent la *Charte des Nations unies.* L'Organisation des Nations unies (ONU) est instituée le 24 octobre 1945 après la ratification de sa charte par la Chine, les États-Unis, la France, le Royaume-Uni, l'URSS et la majorité des autres pays signataires.

Leur conviction est que les États peuvent et doivent coopérer afin de résoudre leurs différends d'une manière qui sera à la fois pacifique et profitable à tous. L'ONU fixe son siège à New York. Ses objectifs peuvent se résumer en trois points : maintenir la paix et la sécurité dans le monde, promouvoir et défendre les droits de l'homme et développer la coopération internationale. Empreinte d'humanisme, l'ONU élabore des programmes dans des domaines tels que le développement durable, le respect des droits de l'homme, l'autonomisation des femmes et la protection de l'environnement.

Les 193 États membres que compte aujourd'hui l'organisation se sont donné dix-sept objectifs de développement durable répondant aux défis mondiaux auxquels nous sommes confrontés, notamment ceux qui sont liés à la pauvreté, aux inégalités, au climat, à la dégradation de l'environnement, à la prospérité, à la paix et à la justice. Certains estiment que l'ONU est devenue un grand « machin » inutile, mais c'est faire peu de cas tant de ses réussites passées que de ses ressources et potentialités, dans un monde à la recherche de nouveaux équilibres. Je connais ses faiblesses, qui sont surtout celles des pays membres, mais je souscris pleinement à ses objectifs et j'applaudis à ses efforts parfois désespérés pour rétablir la paix quand il le faut, ou pour favoriser la prospérité parmi les peuples déshérités.

GEORGINA, L'AMBASSADRICE FORMIDABLE

L'ONU, en ce qui me concerne, n'évoque pas seulement New York et Roosevelt, mais aussi Mons et une grande dame que j'y ai rencontrée, férue de progrès universel et de coopération internationale, qui a exercé sur ma personne une très grande influence. Elle est l'une des rencontres les plus heureuses de mon existence ; l'ambassadrice auprès de moi du monde des lettres et de la culture. Aujourd'hui décédée, elle s'appelait Georgina Druitte et elle était notamment une militante de longue date du Parti socialiste montois. C'est là, en cette année 1974, alors que je participe à mes premières assemblées politiques, prenant fréquemment la parole pour défendre mes idées, que j'ai avec elle mon tout premier contact.

« Di Rupo, je t'ai écouté. Viens chez moi demain au 12, rue du Grand-Jour », me lance-t-elle d'une voix autoritaire. Un peu désarçonné, je lui réponds : « Oui, Madame », avant de me faire aussitôt rabrouer : « Non, Mademoiselle ! » Je me renseigne et apprends que cette dame d'un certain âge est ce que l'on peut appeler une conscience morale de la section montoise du PS. Franc-maçonne notoire, elle poursuit à travers la politique l'œuvre d'une vie tout entière consacrée à l'émancipation des classes populaires. Depuis les années 1950, elle assume la direction d'un lycée pour jeunes filles en y développant un féminisme pionnier, auquel elle ajoute une forte dimension pacifique internationale. Les élèves répondent ainsi, sous sa direction, à des appels de l'ONU à rédiger des dissertations sur la paix et la coopération. Leurs travaux sont appréciés et couronnés de plusieurs prix.

Je me présente donc au rendez-vous qui m'a été fixé et je comprends peu à peu que l'intention de Georgina Druitte est de m'aider à progresser, elle qui a passé sa vie à aider les jeunes à prendre leur élan. Elle sera mon pygmalion. Après m'avoir fait lire les textes de ses élèves primés par l'ONU, elle m'entraîne dans de longues conversations sur la nécessité de mettre en place un gouvernement mondial pour sortir les peuples de leurs éternelles divisions. Je l'écoute plus que je parle, et c'est pour moi comme un chemin initiatique sur lequel, rapidement, elle me fait faire la rencontre des grands auteurs. À l'instar de mon ami Roger Ramaekers, elle est une bibliothèque vivante et les murs de sa maison sont tapissés de livres. Elle a tout lu. Sa culture est sans limites ni frontières. Simone de Beauvoir figure parmi ses écrivains préférés, et l'égalité entre les femmes et les hommes est son combat majeur.

De son ton sans réplique mais toujours bienveillant, elle me prescrit la lecture des *Mémoires d'Hadrien* de Marguerite Yourcenar – que je relirai intégralement à plusieurs reprises – et de dizaines d'autres œuvres remarquables. Connaissant et récitant par cœur des centaines de poèmes, y compris dans des langues étrangères, elle a un faible pour Rimbaud et Verlaine. Par deux fois, nous faisons ensemble le pèlerinage de Charleville-Mézières, la ville de « l'homme aux semelles de vent ». Elle corrige aussi mes premiers discours, sans pitié, m'interdisant les tournures péremptoires et m'adjurant sans relâche d'être nuancé, prudent et scrupuleux.

ALLÔ LE MONDE ? C'EST ELIO

Le cérémonial d'ouverture de l'assemblée générale annuelle de l'ONU est immuable depuis sa création. C'est d'abord, selon la tradition et depuis 1947, le président ou la présidente du Brésil qui s'exprime. Puis celui des États-Unis. Les pays de taille plus modeste se retrouvent souvent loin dans l'ordre de passage.

Au moment où, le 26 septembre 2012, je pénètre dans le bâtiment new-yorkais, j'éprouve une intense émotion. L'endroit est chargé d'histoire, l'histoire de l'humanité des dernières décennies, et entre ses murs résonnent encore les plus grandes voix politiques de notre temps. Impression de force, de grandeur et de prestige. J'ai beau me dire que l'ONU subit ces dernières années une perte de pouvoir et que ses résolutions sont peu respectées, je ne peux me soustraire à l'attraction des lieux et des idéaux dont ils sont la résidence universelle.

C'est maintenant au tour de la Belgique de s'adresser au monde. On me fait attendre dans une antichambre. Je me sens fiévreux. Une dame m'invite à m'avancer. Du haut de sa chaire, le président annonce « Son excellence Monsieur Elio Di Rupo, Premier ministre du Royaume de Belgique ». Je m'avance à la tribune, comme un enfant heureux et un peu incrédule d'être invité à s'exprimer devant la Terre entière. Je repense à Georgina, qui n'avait jamais peur de rien ni de personne et qui savait prendre la parole en public avec un aplomb inaltérable, puis je me lance.

« Monsieur le président de l'assemblée générale, Monsieur le secrétaire général, chers collègues, tout d'abord, je tiens à saluer la hauteur de vues et la justesse des propos tenus par notre secrétaire général, que je soutiens pleinement. Je viens de Belgique, l'un des six pays fondateurs de l'Union européenne, une union multiculturelle de cinq cents millions d'habitants qui, comme l'a rappelé le président Obama, vivent en paix après avoir connu d'horribles guerres. La Belgique est un lieu unique de décisions politiques et de rencontres internationales. Bruxelles est la capitale de l'Europe. Elle abrite également le quartier général de l'OTAN. Nous sommes naturellement ouverts sur le monde. Je viens de la ville de Mons, qui sera la capitale européenne de la culture en 2015. En 2014, la Belgique commémorera avec solennité le centenaire de la Première Guerre mondiale. Nous le faisons par devoir de mémoire envers les jeunes de plus de cinquante pays qui, sur notre territoire, ont défendu les idéaux de paix et de liberté. Anvers accueillera en 2013 les "World Outgames", un rassemblement de la tolérance et de la diversité. Et la ville de Liège est candidate pour accueillir l'Exposition internationale en 2017. Tous ces événements poursuivent le même objectif : nous rapprocher et nous mobiliser autour de valeurs universelles. »

CE QUE J'AI SUR LE CŒUR

Après cette présentation de mon pays, de ses attraits et de ses atouts, j'aborde une série de sujets qui vont probablement désobliger une partie de mon auditoire onusien, où les représentants de régimes non démocratiques sont en nombre. Je n'ai pas traversé l'Atlantique pour leur complaire et ce qui compte à mes yeux, dans le laps de temps qui m'est imparti, est de faire entendre une parole qui n'est certes pas originale pour des ressortissants de pays libres, mais qui peut, qui sait, finir par porter à force d'être répétée.

En tant qu'Européen, j'ai été témoin de l'effondrement des régimes de Salazar, des colonels grecs, de Franco et de Ceausescu, notamment. Je sais le poids de certains mots, surtout de beaux mots tels que « liberté », « égalité » et « fraternité ». Les décocher, c'est parier sur le fait qu'une seule flèche enflammée peut un jour tomber au bon endroit, embraser un édifice et le faire crouler. Les dictatures sont plus fragiles qu'elles le pensent. Comme démocrates, nous ne devons donc jamais craindre de remettre notre ouvrage sur le métier, même si, face à nous, certains rictus semblent nous dire « cause toujours... »

J'enchaîne en égrenant les priorités de la Belgique. Tout d'abord le respect des libertés fondamentales et de l'État de droit. Qu'il s'agisse des droits de l'homme, des droits de l'enfant, des droits de la femme, des droits des minorités, des droits des réfugiés... il n'y a qu'un principe qui vaille : l'égalité effective entre tous les êtres humains. Les femmes doivent avoir accès à tout ce qui est accessible aux hommes, au niveau tant politique, social qu'économique. La stigmatisation et les persécutions qui frappent les minorités sexuelles doivent cesser partout. La pensée comme le culte doivent être libres et le rôle de l'État est de garantir cette liberté à tous, même lorsqu'elle embarrasse ou heurte le pouvoir en place.

J'évoque par ailleurs le pouvoir exorbitant de certaines banques : « Quand le bilan des banques représente 300, 400, 600 %, voire plus, du PIB d'un pays, nous ne pouvons pas nous étonner qu'il existe un lien direct entre la gestion des banques et la santé économique et budgétaire des États souverains. » Je plaide pour la mise en place d'une taxe internationale sur les opérations boursières, responsables des crises économiques à répétition.

J'en viens à la protection de l'environnement et à la révolution qui nous attend en la matière : « Il nous faut rompre avec la logique de développement économique dévoreuse de ressources naturelles et d'énergie. » Enfin, j'adjure la communauté internationale de regarder en face la situation épouvantable des Grands Lacs en République démocratique du Congo, où des massacres, des viols et des embrigadements militaires d'enfants sont commis depuis des années. Les vingt minutes accordées sont écoulées. Je suis un homme non pas heureux, mais soulagé d'avoir pu dire, avec mes mots et à cet endroit-là, tout ce que j'avais sur le cœur. J'éprouverai encore ce plaisir singulier à deux reprises au cours des années suivantes.

DE L'ONU AUX SOMMETS DE L'OTAN

Je participe également à deux sommets de l'OTAN – à Chicago le 22 mai 2012 et au pays de Galles le 4 septembre 2014 –, où je côtoie un président Obama dont le rôle m'apparaît déterminant. Il marque de sa présence les séances plénières. Empathique, ayant un mot chaleureux pour chacun, il excelle dans l'art de rallier à lui son auditoire. Je suis frappé par ses facultés de concentration et sa connaissance des dossiers. Mais ce qui m'épate le plus, c'est sa capacité à défendre les intérêts américains tout en créant un climat propice à la convergence de vues et à l'intégration des positions de ses interlocuteurs, même les plus réticents. Pour l'anecdote, c'est dans le vestibule du palais des congrès de Chicago que je l'invite à venir à Bruxelles.

À Chicago, mon premier sommet des chefs d'État et de gouvernement des pays de l'OTAN se concentre sur l'Afghanistan, un pays sous la coupe des talibans sanguinaires. Malgré des appréciations très diverses, le président des États-Unis utilise la force de chacun dans une dynamique centripète. Si quelqu'un a la capacité de faire se parler des ennemis et d'échafauder des solutions pacifiques, c'est lui. Malheureusement, le fanatisme du régime taliban ne laisse aucune chance au dialogue. Obama, à l'instar des autres dirigeants de l'OTAN et du monde, ne parviendra pas à contrecarrer la logique guerrière qui prévaut là-bas depuis des décennies. L'Afghanistan ne sera pas son échec personnel, mais un échec de l'OTAN qu'il n'aura pu éviter.

À l'autre bout de l'ex-Empire soviétique, l'Ukraine commence à devenir un très sérieux sujet d'inquiétude pour l'OTAN, qui l'accueillerait volontiers en son sein mais qui n'a aucune envie de s'engager dans un affrontement avec la Russie. La déclaration finale du sommet insiste pour instituer politiquement « une Ukraine indépendante, souveraine et stable, fermement attachée à la démocratie et à l'État de droit, essentielle à la sécurité euro-atlantique ». Sur le plan militaire, l'OTAN salue « l'engagement de l'Ukraine en faveur d'un renforcement du dialogue politique et de l'interopérabilité avec l'OTAN » tout en exprimant des réserves au sujet de la situation des droits de l'homme dans le pays, en particulier celle des opposants au régime et des journalistes.

Au sommet du pays de Galles, la grande préoccupation de Barack Obama est le financement de l'OTAN. Bien avant Donald Trump, il alerte ses partenaires quant au fait que les États-Unis ne pourront pas continuer indéfiniment à supporter la charge financière de l'Organisation. Les conclusions du sommet, largement dictées par les Américains, invitent ainsi les Alliés, de manière insistante, à majorer leurs investissements militaires pour les porter à 2% de leur produit intérieur brut, ce qui ne fait que renvoyer, il est vrai, à une vieille recommandation de l'OTAN. Le message aux Européens est clair : il va falloir mettre la main au portefeuille et cesser de s'en remettre nonchalamment à la première armée du monde.

Le même sommet gallois, plusieurs années avant la sinistre « opération militaire spéciale » de Poutine en Ukraine, condamne avec la plus grande fermeté l'intervention militaire illégale de la Russie, en cours à ce moment-là dans l'est du pays, et s'inquiète du risque d'escalade. Le sommet se dit également préoccupé de constater « la récurrence des cas de non-respect, par la Russie, du droit international, y compris la charte des Nations unies ». Manifestement, la Russie n'a cure, en 2014, des grands principes internationaux et des objurgations de l'OTAN. Tout est déjà en place pour une guerre sanglante entre les deux anciens pays frères.

SECONDE PARTIE

AU CŒUR DES DÉDALES

SABENA, MON AMOUR !

« La seule certitude,
c'est que rien n'est certain. »
Pline l'Ancien

La Sabena (Société anonyme belge d'exploitation de la navigation aérienne) est historiquement l'une des toutes premières compagnies aériennes au monde. Créée et détenue par l'État belge, elle voit le jour le 23 mai 1923 en tant que transporteur national. En 1925, elle ouvre la voie vers l'Afrique et principalement le Congo, la colonie belge qu'elle desservira à haute intensité durant plusieurs décennies. La qualité de la compagnie et de ses équipages est louée par tous les voyageurs. Volant à travers le monde et connaissant un développement significatif, la Sabena traverse néanmoins de premières turbulences au début des années 1970, quand de sérieuses difficultés financières imposent à ses travailleurs des sacrifices salariaux, et à la société dans son ensemble des plans de restructuration de plus en plus durs. Sont pointés du doigt, parfois de manière objective, parfois de façon très idéologique, un coût du personnel trop élevé, des conditions de travail trop généreuses, des syndicats aux actions « rétrogrades » et des gouvernements incapables de prendre les bonnes décisions dans un marché appelé à se déréguler tôt ou tard au rythme de la mondialisation des échanges. Sur le continent européen, c'est à partir de janvier 1993 que la libre concurrence doit étendre son empire, mais sans attendre, les principales compagnies aériennes se préparent aux bouleversements à venir et entament la sarabande des alliances et des privatisations.

Les premiers efforts accomplis par la Sabena pour se redresser ne suffisent pas, malheureusement. À la fin des années 1980, elle noue un partenariat avec KLM et British Airways dans l'espoir d'élargir son assise et de retrouver une certaine rentabilité. En avril 1992, elle devient une société anonyme de droit commun. Une énième restructuration est ensuite opérée, avec cette fois une prise de participation importante d'Air France pour un quart du capital et un apport substantiel du milliardaire Albert Frère via son groupe Bruxelles Lambert. Sur ces bases renforcées et avec à sa tête le nouveau président Pierre Godfroid, la compagnie peut espérer tourner la page des difficultés. L'inquiétude, toutefois, fait bien vite son retour lorsque les pertes d'exploitation s'accentuent, mettant derechef en péril l'avenir de la société. La situation est très grave. Ni Air France ni l'État belge, actionnaire majoritaire, ne sont disposés à éponger toutes ces pertes. En 1993, des économies supplémentaires et de nouveaux modes de gestion sont exigés, mais, à une majorité de 56 % des votants, le personnel rejette le plan proposé. Une nouvelle crise, profonde et potentiellement mortelle pour l'entreprise, s'installe en son sein.

C'est dans ce climat délétère pour la Sabena que j'entre en fonction comme vice-Premier ministre et ministre de tutelle du secteur, le 23 janvier 1994. À ce moment, Air France possède la triste réputation d'être la compagnie aérienne la plus endettée du monde, son président Bernard Attali n'ayant pas réussi à redresser une situation désastreuse. Il cède sa place à Christian Blanc, un proche du socialiste Michel Rocard dont la volonté est de préserver à tout prix ce fleuron de la République. De son côté, Pierre Godfroid s'évertue à sauver la Sabena de la faillite et pour cela presse son *alter ego* français d'accélérer la mise en place des synergies avec Air France. Christian Blanc, manifestement, rechigne à relever les deux défis en même temps, car deux chantiers de cette ampleur, c'est un de trop pour le président de la compagnie nationale française.

Nous dirons du caractère de Pierre Godfroid qu'il est bouillant et entier. L'insistance avec laquelle il tente de convaincre son homologue français finit par irriter ce dernier. Les relations entre les deux hommes s'enveniment, tandis que Pierre Godfroid doit faire face à la grogne de son personnel de plus en plus inquiet et malmené. Pour calmer les esprits et ne rien laisser paraître, il déclare publiquement que la Sabena est sortie des difficultés ! Dans son for intérieur, il sait toutefois pertinemment qu'avec Air France, la collaboration ne se poursuivra pas et que la Sabena est à nouveau en danger de mort. Un matin, ma secrétaire m'indique que le président Godfroid veut me voir toutes affaires cessantes. Diantre ! Je viens de lire que son entreprise se porte bien et tout à coup, il semble y avoir le feu. Je le reçois donc et de but en blanc, il m'annonce que la situation de la compagnie est catastrophique et que sans un repreneur sérieux, ce sera la faillite. Belle entrée en matière pour moi, nouveau ministre des Transports, qui viens à peine de poser mes valises. J'essaie de comprendre et il me confie que seule Swissair serait vraiment intéressée par une reprise de la Sabena, ajoutant que je devrais prendre langue au plus vite avec les Helvètes. Prudent de nature, je ne lui promets rien et je mène ma propre enquête afin de me forger une opinion indépendante. Ce que j'apprends au cours de mes consultations ne me rassure pas et m'alarme même au plus haut point. La situation est en effet très grave et la faillite, une hypothèse très crédible.

Le destin de la plupart des secrets est de mourir jeunes, et celui-ci ne fera pas de vieux os. Malgré toutes les précautions prises pour ne pas ébruiter l'affaire, la presse[50] se fait l'écho de la recherche par le gouvernement belge d'un nouveau partenaire pour la Sabena, Swissair étant déjà citée comme tenant la corde. Pris au dépourvu par ces révélations, je déclare lors d'une audience au Sénat que « de nouvelles alliances doivent être prises en considération par la Sabena, qui a besoin d'argent ». Le magazine économique *Cash*, basé à Zurich, affirme que Swissair négocie avec

50 *Belga News*, 16 juin 1994.

le sommet de la Sabena – et donc pas avec le ministre – une prise de contrôle de la compagnie nationale belge. Harcelé de questions, je suis contraint de dire que « tout le monde parle avec tout le monde » et de reconnaître que les problèmes financiers d'Air France nuisent à la synergie avec la Sabena.

Pierre Godfroid me confirme qu'Air France néglige son « projet Sabena » tant elle est absorbée par ses propres opérations de restructuration interne. Selon lui, il faut sortir de cet accord avec la France au plus vite, d'autant que les Suisses sont très intéressés par la Sabena. Cependant, ils ne se voient pas opérer autrement que comme actionnaires uniques, pour être à terme seuls maîtres à bord. Air France et les actionnaires belges devraient donc sortir du capital de la compagnie belge pour permettre l'entrée de Swissair. Pierre Godfroid m'invite à prendre contact avec Christian Blanc : « Vu vos appartenances politiques communes, vous devriez vous entendre. » Je téléphone alors au président d'Air France et celui-ci me fait une réponse qui, je l'avoue, ne m'aide guère : « Je suis à votre disposition, mais je ne veux plus voir Pierre Godfroid ! »

Des deux côtés, entre le patron d'Air France et celui de la Sabena, la confiance s'est envolée, mais je ne me décourage pas. Mon objectif est d'obtenir de Christian Blanc la sortie d'Air France du capital de notre entreprise nationale. Sachant qu'il vient de publier un livre intitulé *Le Lièvre et la Tortue*, je me procure l'ouvrage en me disant qu'ainsi, nous aurons au moins un sujet de conversation qui ne sera pas conflictuel. Cette petite manœuvre propitiatoire et bien innocente porte ses fruits puisque, bien que très dubitatif lors de notre rencontre du 21 mars 1994, mon interlocuteur se révèle très correct, acceptant après un délai de réflexion le principe d'une sortie de la Sabena.

Je sais que Christian Blanc a sollicité l'intervention de l'État français dans sa compagnie aérienne à hauteur de 20 milliards de francs français (4,62 milliards d'euros). La Commission européenne donnera vraisemblablement son blanc-seing à l'opération – c'est la France ! –, mais elle limitera l'action d'Air France dans d'autres activités comme la propriété d'hôtels ou sa participation dans la Sabena. Le patron d'Air France finit par mettre sur la table ses conditions de sortie de la compagnie belge : ce sera 4 milliards de francs belges (100 millions d'euros). D'autres actionnaires devront dans la foulée, eux aussi, prendre la porte de sortie de la Sabena.

Reprenant mon bâton de pèlerin, je m'emploie à présent à convaincre l'autre actionnaire de référence, Albert Frère, de renoncer lui aussi à sa participation dans la Sabena, vu que c'est la condition *sine qua non* émise par Swissair, toujours aussi déterminée à régner seule avec l'État belge dans le capital de la compagnie. À mon grand soulagement, l'homme d'affaires carolo comprend la situation et consent à se retirer du jeu. Les autres actionnaires belges feront de même. Une nouvelle chance va donc pouvoir être offerte à la Sabena de rester en vie et de maintenir son personnel en activité.

Swissair arrive en Belgique avec une réputation très flatteuse de compagnie sérieuse et solide financièrement, fort bien gérée par son président Hannes Goetz et son CEO Otto Loepfe. Mais la Suisse n'est pas membre de l'Union européenne. Dans le cadre légal en vigueur, Swissair n'a pas le droit d'acquérir la majorité des actions de la société belge. Il reste que l'accès au marché européen et la position centrale de Bruxelles l'intéressent au plus haut point ; des formules alternatives pourraient dès lors être envisagées. Les négociations entre responsables belges et suisses vont bon train. Swissair mettra sur la table l'argent nécessaire pour obtenir à terme le contrôle effectif de la Sabena, sans toutefois détenir la majorité dans un premier temps. Des clauses de l'accord entre les deux compagnies ne laissent aucun doute quant aux intentions suisses. Ainsi, il est prévu que le nouvel administrateur délégué sera nommé sur proposition du président du conseil d'administration et de Swissair. Le 4 mai 1995, les accords sont signés. La Commission européenne accepte un apport de 161 millions d'euros de Swissair au capital de la Sabena (dont 12 en certificats sans droit de vote). Swissair détient ainsi 49,5% du capital. L'esprit tranquille au terme de ce sauvetage, je prends congé du département des transports le 23 juin et deviens ministre de l'Économie et des Télécommunications.

En quittant le cabinet des transports, j'ai le sentiment que la Sabena a été tirée hors de l'abîme. C'est compter sans les aléas de la vie des affaires. Un nouvel administrateur délégué prend place à Swissair. Le secteur aérien, passablement déboussolé par la dérégulation, est devenu un vaste champ de bataille financier où s'affrontent sans merci des dirigeants d'entreprises mégalomanes qui rêvent tous de dominer le ciel européen. La malheureuse Sabena, dans ce contexte, ne pèse pas lourd et ne peut même plus s'en remettre au politique, l'heure étant au néolibéralisme, c'est-à-dire à l'impossibilité pour les pouvoirs publics d'interférer dans le « bon fonctionnement du marché » pour soutenir financièrement une compagnie en difficulté et y préserver l'emploi.

Michel Capron, un économiste réputé pour la qualité de ses analyses, écrira[51] : « S'il s'avère indéniable que Swissair a joué un rôle central dans la débâcle de la Sabena, encore faudrait-il tenter de comprendre à la fois les objectifs de la compagnie helvétique en s'alliant à la Sabena et la stratégie mise en œuvre pour orienter cette alliance à son profit. Et surtout d'expliquer comment la mégalomanie des dirigeants de Swissair a précipité sa chute et celle de la Sabena. Il est ainsi apparu que les dirigeants de Swissair ont saisi l'opportunité d'une alliance avec la Sabena pour déployer, dans l'espace aérien de l'Union

51 Michel Capron, « La Sabena : de l'alliance avec Swissair à la chute finale (1995-2001) », *Courrier hebdomadaire du CRISP*, 1757-1758, 2002, p. 12-13.

européenne, une politique d'expansion par rachat de compagnies plus faibles qui aurait dû leur permettre de rivaliser avec les grandes compagnies européennes. En fait, cette "stratégie du chasseur" poursuivie d'une manière non maîtrisée a entraîné la chute de Swissair et provoqué la faillite de la Sabena. »

L'arrêt des opérations de Swissair devient définitif le 2 octobre 2001 et la faillite de la Sabena est prononcée le 7 novembre de la même année. Ballottée de Charybde en Scylla, emportée dans sa chute par Swissair, condamnée par le libre marché et ses idéologues, notre bonne vieille compagnie belge ne peut, en dépit de son passé prestigieux et de la qualité de son personnel, échapper au sort funeste qui lui est promis par le nouveau ciel européen. Deux décennies plus tard, sa disparition reste une tache indélébile.

LA CONSOLIDATION STRATÉGIQUE

**« En politique, le choix
est rarement entre le bien et le mal,
mais entre le pire et le moindre mal. »**
Nicolas Machiavel

Retour sur un épisode marquant dans mes fonctions de ministre. Il illustre la tension qui peut exister entre les convictions personnelles et certaines contraintes implacables qui sont inhérentes à la conduite d'un pays. Comme Aristide Briand, je recherche « une politique de clairvoyance… un avenir de progrès social pour tous ». Parfois, le devoir est de faire primer le sens de l'État sur le confort idéologique ou intellectuel. « Aller à l'idéal et comprendre le réel » : Jaurès appelle cela le courage.

De 1994 à 1999, j'assume avec bonheur la fonction de vice-Premier ministre chargé successivement des Communications, des Entreprises publiques, de l'Économie et du Commerce extérieur. Vice-Premier est une fonction périlleuse. Il faut non seulement connaître les dossiers de chaque collègue, être pugnace et réactif au sein du gouvernement, mais aussi rendre des comptes au parti.

BELGACOM, ENTRE CONCURRENCE ET DISPARITION

Pour illustrer cette complexité et le travail d'équilibriste qui font mon quotidien, je prendrai l'exemple de la « consolidation stratégique » de Belgacom, un événement important qui a beaucoup occupé le Parlement, les médias et les milliers de travailleurs concernés. Belgacom est l'entreprise nationale de télécommunications, secteur dont je suis donc le ministre de tutelle. Héritière de la RTT réputée obsolète et inefficace, Belgacom traîne toujours son passé comme un boulet et peine à se préparer pour la révolution numérique en gestation.

Quand je me saisis du dossier, je me rends rapidement compte que l'entreprise est en retard sur le plan technologique. Je découvre en outre qu'il existe des dissensions entre le président du conseil d'administration, Benoît Remiche, et le CEO[52], Bessel Kok. J'identifie deux problèmes majeurs. L'un concerne le rôle hyperactif, envahissant diront certains, du premier nommé qui ne se contente pas de présider, mais donne souvent le sentiment de vouloir opérer comme un CEO *bis*. L'autre problème, plus fondamental, touche à la vision stratégique de l'avenir de Belgacom. Les deux hommes ont des vues radicalement différentes sur ce qu'il y a lieu de faire. Cette rivalité compromet l'indispensable modernisation de l'entreprise, qui risque d'être bientôt balayée dans l'impitoyable contexte de concurrence que l'Union européenne est occupée à imposer à tous les opérateurs. Internet se développe, le numérique et les nouvelles technologies de l'information sont de toute évidence l'avenir du monde, mais Belgacom, empêtrée dans ses conflits internes, n'arrive ni à se projeter dans le futur ni à se transformer.

À maintes reprises, je tente de lui redonner un élan en définissant mieux les rôles de chacun. Rien n'y fait. Pourtant, le

52 Administrateur délégué.

talent ne manque pas et Bessel Kok m'apparaît comme un grand professionnel des télécoms. Il est le cofondateur de Swift, une société qui assure les transferts interbancaires de près de onze mille institutions dans plus de deux cents pays. Sa compétence est reconnue et l'idée de m'en séparer me navre, même si je sais que politiquement, économiquement et socialement, le temps est venu de prendre de lourdes décisions. Afin de ne pas perdre du temps à rechercher qui est responsable de quoi, je lance une opération *tabula rasa* complètement inédite, qui consiste à écarter l'ensemble des membres du conseil d'administration, CEO compris.

Il me faut alors trouver un nouveau dirigeant qui sera incontestable. J'ai entendu parler d'un certain John Goossens, patron d'Alcatel Bell. Grand amateur de voitures, il préside le Royal Automobile Club de Belgique. Tous les avis que je recueille à son sujet sont favorables. Nous nous rencontrons et je lui explique la difficulté à laquelle Belgacom fait face. Le courant passe immédiatement. Il me déclare qu'il acceptera une mission de service public, car son père a lui-même œuvré pour l'intérêt général. Quant à son salaire, il me dit simplement : « Je vous fais adresser ma fiche d'impôt, je ne demande pas à gagner plus. » Compétent et honnête, Goossens me semble être l'homme de la situation et c'est donc à lui que le gouvernement confiera les rênes de notre entreprise nationale de télécommunications. Au fil du temps, notre relation de confiance se fortifiera et je peux même parler, à la fin, d'une amitié qui perdurera bien au-delà des avatars professionnels.

Après quelques mois, il insiste pour me voir longuement. « Belgacom ne tiendra pas le coup sans un ou plusieurs partenaires privés qui amèneront de nouvelles technologies et une gestion financière actualisée. » Au milieu des années 1990, la Commission européenne dérégule le marché de manière brutale pour y introduire une très forte concurrence. Des entreprises comme Belgacom, imposantes en Belgique, ne pèsent pas lourd à l'échelle du continent. S'il ne grandit pas et s'il ne prend pas rapidement du muscle, notre opérateur national risque de ne pas survivre dans ce nouvel univers.

John Goossens estime que sans une privatisation, même partielle, de Belgacom, ses travailleurs vont tôt ou tard se retrouver à la rue. Il m'explique en détail la stratégie, destructrice pour Belgacom, de British Telecom, France Télécom, KPN et Deutsche Telecom. Je suis face à un cas de conscience. D'un côté, vingt-six mille travailleurs qui risquent, si l'on ne fait rien, de perdre leur emploi avec la disparition pure et simple de notre entreprise publique, inadaptée et broyée par la concurrence. De l'autre, une opération de privatisation qui sera difficile à expliquer et qui me vaudra assurément des fulminations de la part des syndicats et d'une partie du monde politique de gauche. Acceptant de regarder la réalité en face, je prends mes responsabilités et en âme et conscience, je choisis de garantir l'avenir des vingt-six mille personnes en ouvrant le capital de Belgacom. Il y aura une dénationalisation partielle du capital de l'entreprise, mais l'État conservera la majorité des parts. L'apport de capitaux privés s'accompagne de nouvelles compétences technologiques et managériales. L'expression « consolidation stratégique » que j'utilise alors me semble la plus juste et la plus conforme à la réalité.

Il faut décider vite, car déjà, la concurrence fait rage et le paysage européen des télécoms est en pleine recomposition. Après de longues procédures transparentes et objectivées, c'est le consortium Ameritech-Singapore Telecom-Tele Danmark qui est retenu, le 14 décembre 1995, par le gouvernement pour acquérir 49,9 % du capital au prix de 73,3 milliards de francs belges.

Consolider oui, privatiser non !

Ce que j'ai tu à l'époque par loyauté gouvernementale, c'est l'ampleur des pressions de la droite et son acharnement à me convaincre qu'il faut opter pour une privatisation majoritaire plutôt que pour une consolidation. On exige, le Premier ministre Jean-Luc Dehaene en tête, la vente d'au moins 75% du capital et donc un retrait majeur de l'État dans un secteur où celui-ci doit, selon moi, au contraire jouer un rôle déterminant. Pas seulement de régulateur, mais aussi de garant de l'accessibilité des services à toutes les composantes de la population. Le conflit gauche-droite, dans cette période cruciale pour le secteur public, est particulièrement intense dans les bureaux feutrés du Premier ministre au 16, rue de la Loi.

Jean-Luc Dehaene, qui n'a pourtant rien d'un ultralibéral, fait partie des plus déterminés à me faire céder. Il semble sincèrement convaincu que l'État doit tout au plus garder un droit de veto et que pour le reste, il ferait mieux de vendre. Je m'élève contre ce raisonnement, persuadé que les entreprises publiques ont un bel avenir devant elles et que jamais le secteur privé, guidé essentiellement par sa recherche de maximisation du profit, n'assurera des missions qui relèvent tantôt de la justice sociale, tantôt de l'exercice des droits fondamentaux des citoyens.

Agacé par la fermeté dont je fais preuve, le Premier ministre finit par inviter « le rouge » que je suis dans sa résidence officielle, le Lambermont, où je le découvre en compagnie du CEO d'Ameritech, Richard Notebaert. Là, se relayant de manière méthodique, tous deux me bombardent d'arguments en faveur de la sacro-sainte privatisation majoritaire et durant près de deux heures, ils s'opiniâtrent à mon encontre sans que je cède d'un pouce. L'invité parti, nous nous querellons violemment, le Premier ministre et moi. C'est la seule vraie dispute, en près de six ans d'intense collaboration, que j'aurai avec Jean-Luc Dehaene. Elle n'altérera pas notre estime réciproque, jusqu'à sa mort survenue en 2014. Belgacom deviendra Proximus et l'État belge, toujours majoritaire en 2023, détiendra 53 % du capital de l'entreprise.

LA DÉFAITE

« Il n'y a qu'une réponse à la défaite, et c'est la victoire. »
Winston Churchill

Un jour de septembre 2005, le député libéral de Charleroi Olivier Chastel rend public le contenu d'un audit établi par la Société wallonne du logement à propos de la société de logements sociaux La Carolorégienne. Le rapport pointe des pratiques comptables curieuses et des dépenses inexpliquées. On y relève aussi la mise en place d'organes de gestion non prévus par les statuts, dans lesquels siègent trois échevins socialistes. Prenant la balle au bond, la justice ouvre une enquête et découvre des prises d'intérêt par certains responsables et des négligences administratives commises par d'autres. Au cœur de l'affaire, un élu socialiste de Charleroi, Claude Despiegeleer, doit répondre de détournement de biens sociaux au détriment de La Carolorégienne, dont il est l'administrateur délégué. Il est écroué durant quarante-cinq jours à la prison de Jamioulx, mais ce qui fait le plus de mal au Parti socialiste, c'est le cas de sa chaudière, installée dans sa maison de vacances de Carcassonne par une entreprise dont la Ville de Charleroi est par ailleurs cliente. Certaines personnes prétendent qu'elle chauffe sa piscine, et même si la demeure semble plutôt modeste, l'image donnée par une chaudière financée indirectement par des pouvoirs publics pour équiper une piscine à Carcassonne est tout bonnement catastrophique. Il y a violation flagrante de l'intérêt public au profit d'intérêts personnels.

L'affaire entache le PS de manière épouvantable, d'autant que les investigations judiciaires se portent à présent sur d'autres structures carolos comme l'intercommunale des déchets ou sur les procédures administratives utilisées par la Ville de Charleroi. Même si aujourd'hui encore, je me demande ce qui a justifié que le bourgmestre Jacques Van Gompel séjourne pendant vingt-deux jours en prison, son incarcération fait l'effet d'une bombe. Sur la septantaine de personnes inculpées, seules quelques-unes seront finalement condamnées. La presse pourra alors titrer « tout ça pour ça » ou « la montagne accouche d'une souris ».

À l'époque, le ministre-président de la Wallonie est Jean-Claude Van Cauwenberghe. Figure de proue des socialistes de Charleroi, il prend de face le mauvais vent qui souffle sur sa ville et visiblement, la justice cherche à le faire tomber. N'est-il pas celui qui tire toutes les ficelles, l'homme-orchestre dont l'ombre se profile derrière chaque dossier? Pourtant, après l'immense tapage médiatique, il s'en sortira de manière plus qu'honorable. D'abord, d'une demande au Parlement d'autorisation de poursuites par le parquet général pour cinq faits soupçonnés, l'assemblée n'en retient qu'un. Ensuite, après une longue instruction, la chambre spéciale de la Cour d'appel l'acquitte. Le parquet fait appel devant la Cour de cassation, mais en vain, car cette dernière lui donne tort et confirme donc l'acquittement. Incriminé une dernière fois pour un dîner pris en compagnie du patron de la société Sodexo spécialisée dans la préparation de repas collectifs, Jean-Claude Van Cauwenberghe sera à nouveau acquitté par le tribunal de première instance après mille et une investigations.

« MARRE DES PARVENUS »

Politiquement, pour le PS, le mal est fait et il est profond. Comme toujours, un amalgame s'opère entre le comportement de l'un ou l'autre individu et l'ensemble des élus, mandataires et militants du parti, qui sont d'une parfaite probité et qui néanmoins se retrouvent critiqués, accablés et accusés de toutes parts. Certains militants outrés ne le supportent pas et déchirent leur carnet de membre. Comme président, j'en veux beaucoup à ces élus qui trahissent nos règles de conduite et jettent le discrédit sur nos troupes. Lors d'un congrès, en octobre 2005, je ne peux retenir mon indignation et je fustige ceux qui, « par leurs comportements incompatibles avec nos valeurs, entachent les efforts de tous les autres. J'en ai assez que le comportement de quelques-uns jette le discrédit sur notre action ! Le pouvoir ne nous appartient pas mais nous est prêté dans un but précis ! J'en ai marre des parvenus ! Il n'y a pas de place pour les parvenus au Parti socialiste. » J'ajoute que « les dérives naissent de l'arrogance, du sentiment d'être tout-puissant, de l'impression de n'avoir de comptes à rendre à personne. Je me fâche parce que le PS mérite mieux que ça et parce que l'immense majorité des membres de notre parti sont des gens intègres et droits ». Rien n'y fait. Dans les sondages, c'est la dégringolade. Les futures élections s'annoncent très mal.

AUX ARMES, LIBÉRAUX !

Entre-temps, le jeudi 11 mai 2006 à Anvers, un jeune *skinhead*, Hans Van Themsche, tue avec son fusil de chasse une jeune fille au pair d'origine malienne ainsi que l'enfant qu'elle gardait. L'assassin reconnaît avoir ciblé sciemment des personnes d'origine étrangère. L'indignation est générale et dans la foulée, ce double crime fait naître une polémique sur les ventes d'armes en Belgique, d'autant qu'un projet de loi est en discussion à la Chambre des représentants. Le projet, rédigé par la ministre de la Justice, mon amie Laurette Onkelinx, et approuvé par le gouvernement, prévoit la destruction de certains types d'armes et l'obligation, pour les détenteurs d'armes à feu en général, de les déclarer. Le texte fait l'objet d'une large consultation et est finalement déposé à la Chambre quand les horribles assassinats sont commis[53].

Le MR, notamment, presse les députés de voter sans délai[54]. Adopté en commission, le projet de loi sur les armes est voté en plénière à l'unanimité moins deux abstentions. Tous les groupes politiques veulent donner un signal fort après les crimes d'Anvers, et celui-ci est très clair. Quant au Sénat, qui aurait pu se livrer à un deuxième examen de la loi, il s'engage à ne pas utiliser la procédure d'évocation afin d'accélérer l'adoption de la loi. Le texte sera en effet très rapidement d'application, même s'il prévoit un délai de six mois d'amnistie pour les personnes qui détiennent illégalement une arme. Cette période de transition sera bientôt, hélas ! l'occasion d'un grand barnum politique.

Le temps passant, l'émotion s'estompe et plusieurs parlementaires, en particulier dans les rangs libéraux, commencent à réclamer une prolongation du délai transitoire de six mois. Il faut dire que les élections sont proches et que les détenteurs d'armes, qui sont vent debout contre la nouvelle loi, donnent de la voix. Cet électorat compte et le MR entend bien le récupérer à son profit. Au Parlement, les esprits s'échauffent. Les libéraux, faisant fi de la solidarité gouvernementale, demandent des délais transitoires supplémentaires pour éviter l'application effective de la loi avant les élections. De son côté, la ministre de la Justice Laurette Onkelinx, faisant preuve d'une rectitude sans faille, estime que l'intérêt général commande de ne plus tergiverser, surtout après le double assassinat d'Anvers. Elle considère qu'on ne peut pas voter à la quasi-unanimité une loi aussi fondamentale que celle sur les armes et ensuite faire en sorte de ne pas l'appliquer.

53 *Belga Wire*, 12 mai 2006, 12:59.
54 *Ibid.*

Les jours précédant les élections, on assiste à une incroyable débauche d'efforts de la part des responsables libéraux qui multiplient les séances publiques pour mobiliser contre la loi sur les armes, loi qui est aussi la leur, bien entendu, mais qu'ils imputent à la seule ministre de la Justice. L'invitation électorale est claire. Elle s'adresse aux chasseurs, tireurs sportifs ou de loisir, collectionneurs d'armes ou simplement à quiconque dispose d'une arme[55]. Une cible politique hétéroclite évaluée, rien qu'en Wallonie, à trois cent mille électeurs. Dans des salles bondées de détenteurs d'armes, les libéraux ouvrent grand les vannes de la rancœur contre « la ministre socialiste ». Des toutes-boîtes du MR avec pour slogan « À vos armes ! » inondent en même temps les foyers francophones.

PERDUS DE VUE

Couplée aux affaires de Charleroi, cette campagne éhontée menée par les libéraux fait perdre au PS sa première place lors des élections du 10 juin 2007. Le PS ne compte plus que 20 sièges sur les 25 acquis en 2003, tandis que les libéraux francophones en détiennent à présent 23. « Ils ont la main », comme on dit en politique.

Dès le lendemain du scrutin, Jean-Luc Dehaene, toujours la personnalité de référence au CD&V, vient me voir à mon bureau : « Tu vois les résultats, Elio. Je suis venu te dire qu'une coalition libérale-chrétienne-démocrate se mettra au travail sans le PS. » J'apprécie la correction de l'ancien Premier ministre. La famille politique libérale et la famille chrétienne-démocrate décident en effet de s'associer dans un gouvernement « orange-bleu ». Elles évincent les socialistes. En politique, pour former un gouvernement, seul le nombre de sièges au soir des élections compte. Il n'y a aucun état d'âme. Le PS a plutôt bien gouverné et il présente

55 *Belga Wire – Belga News*, 28 mars 2007.

un bon bilan, mais le climat lui était hostile. Au lendemain des élections, nous sommes dans un nouveau monde politique et je me dis, sans pouvoir y changer quoi que ce soit, que nous allons tout droit vers une coalition conservatrice antisociale. Ce sont les règles du jeu, je n'ai d'autre choix que de m'éclipser et je commence par prendre deux semaines de congé.

Si, du côté francophone, le MR l'emporte, du côté néerlandophone, c'est le CD&V qui décroche la première place avec 30 sièges. Du haut de ses 800 000 voix de préférence, Yves Leterme peut triompher. Le CD&V s'est présenté aux élections en cartel avec les nationalistes flamands de la N-VA, qui exigent des réformes institutionnelles profondes. La finalité de la N-VA, sa raison d'être, est bien connue. Il s'agit ni plus ni moins de conduire la Flandre à son indépendance, petit à petit. Même s'il existe plus d'une nuance au sein du cartel, le CD&V exige lui aussi des avancées institutionnelles significatives.

À l'issue d'un scrutin fédéral, il est de tradition que le Roi reçoive les présidents de toutes les formations politiques. Cela lui permet d'appréhender les dispositions des uns et des autres et de considérer les différentes possibilités de coalition, sans jamais bien sûr exprimer de faveur personnelle. Deux jours après les élections, Albert II charge Didier Reynders, le président du MR, d'une mission exploratoire. Le libéral se met au travail et manifestement, sur le plan économique et social, il avance. En revanche, sur le plan institutionnel, il doit constater un sérieux blocage. La coalition « orange-bleue » dont il rêve tout haut depuis longtemps et que l'arithmétique électorale rend enfin possible ne parvient pas à prendre forme. Les francophones n'acceptent pas le diktat institutionnel du CD&V. Le 5 juillet, Reynders est contraint de se démettre de son rôle d'informateur. Sans transition, le Roi désigne l'ancien Premier ministre Jean-Luc Dehaene, réputé pour son habileté politique et sa parfaite connaissance des questions institutionnelles – on le surnomme « le plombier ».

Dix jours plus tard, il fait rapport de sa mission et dans la foulée, le Roi charge Yves Leterme de former un gouvernement. À ce moment, comme il l'indique publiquement, Jean-Luc Dehaene a la certitude que le cartel CD&V/N-VA, le MR, l'OpenVLD et le cdH sont prêts à concrétiser une coalition « orange-bleue ».

LA RECONQUÊTE

« Les hommes rêvent du retour plus que du départ. »
Paulo Coelho

Les négociations prégouvernementales ne se déroulent pas comme attendu. Les travaux n'avancent pas et plus le temps passe, plus le climat devient délétère entre les présidents de parti concernés, qui voient la Belgique s'enfoncer dans la crise tandis que montent des craintes de scission du pays. Le 23 août 2007, le formateur doit faire aveu d'impuissance et il démissionne. Le roi Albert II se tourne alors vers le président de la Chambre, Herman Van Rompuy, à qui il demande d'assumer une mission d'« exploration ». Un mois plus tard, le 29 septembre, Yves Leterme est à nouveau désigné formateur par le Roi, mais en dépit de tous ses efforts, il ne progresse toujours pas, car les questions institutionnelles restent un nœud gordien. Joëlle Milquet, la présidente des chrétiens-démocrates francophones, résiste tant et plus à la pression des nationalistes flamands, dont elle craint que les propositions extrêmes conduisent au démantèlement du Royaume.

Un événement politique majeur viendra finalement briser les rêves de la droite de former une coalition orange-bleue. En novembre, la commission de l'intérieur de la Chambre des représentants interfère dans les négociations. Elle approuve, flamands majoritaires contre francophones minoritaires, une proposition de loi institutionnelle visant à supprimer les facilités accordées aux francophones de l'arrondissement Hal-Vilvorde sans se préoccuper de leur avis. Cet épisode, rarement vécu au Parlement, occasionne à nouveau la démission du formateur Yves Leterme, le 1er décembre 2007, après six mois de tentatives infructueuses.

Retour en force

C'est alors que je reçois un coup de fil de Guy Verhofstadt, resté Premier ministre en affaires courantes après les élections du 10 juin. Depuis huit ans, j'entretiens avec lui une relation amicale faite de confiance réciproque. « À nous deux d'intervenir, me dit-il. Ça ne peut plus durer comme ça. Rendez-vous dans une heure au bureau de Didier Reynders. » Et il ajoute : « Le Roi veut me voir mais nous devons nous parler avant… Es-tu partant pour entrer dans le gouvernement? » Pour mon parti et le modèle social qu'il défend, le coup de fil de Verhofstadt peut signifier une résurrection. Une coalition de droite n'est plus une fatalité! Ma réponse est affirmative, sans hésitation. Un Didier Reynders très énervé nous reçoit, Guy Verhofstadt et moi, et il accable aussitôt Joëlle Milquet de tous les maux de la Terre. « C'est elle, par ses pinaillages, qui a rendu les choses impossibles. Le seul interlocuteur sérieux dans son parti, c'est Josly Piette. » Ce dernier a été le secrétaire général du syndicat chrétien et il est le bourgmestre de Bassenge. Il va se retrouver, à sa grande surprise, au cœur du débat.

Fin décembre, le Roi nomme Guy Verhofstadt formateur. Commence alors une négociation très atypique. Tout en rageant de revoir les socialistes autour de la table et en exprimant une rancune sans bornes à l'égard de Joëlle Milquet, Didier Reynders accepte, sous la houlette apaisante de Verhofstadt, de négocier une coalition avec le PS. Mais il pose une condition très personnelle, qui consiste à expulser Joëlle Milquet et son parti de la table des négociations. Or, le CD&V tient absolument à la présence du cdH au gouvernement, car il y renforcera le poids des chrétiens-démocrates. Personnellement, je suis de même partisan de la présence du cdH car sa présidente, Joëlle Milquet, est progressiste et se comporte toujours de manière loyale et responsable. Pour contourner cette difficulté, Guy Verhofstadt propose à Didier Reynders de substituer Josly Piette à Joëlle Milquet et d'en faire le ministre cdH du futur gouvernement. Se tournant vers moi, il lance : « Tu te charges de convaincre ta copine Joëlle ? » Aussitôt dit, aussitôt fait. Joëlle Milquet, qui possède un sens aigu de l'État et une vive intelligence, se range à cette proposition déroutante. La négociation gouvernementale se déroulera donc sans la présidente du cdH, dont un des membres deviendra tout de même ministre... La Belgique n'est pas pour rien le pays du surréalisme !

Didier Reynders, en qualité de président du MR, Étienne Schouppe, président *ad interim* du CD&V, Bart Somers, président de l'OpenVLD, Guy Verhofstadt, formateur, et moi, président du PS, négocions une brève déclaration gouvernementale. L'objectif est de mettre sur pied un gouvernement transitoire qui serait dirigé par Guy Verhofstadt, le temps de ramener la sérénité politique dans le pays. Ensuite, Yves Leterme prendrait le relais comme Premier ministre jusqu'au terme de la législature. Tout semble bien se dérouler : les différents partis en sont à faire approuver le projet d'accord par leurs membres, et c'est notamment le cas du cdH qui, bien qu'absent de la négociation, tient lui aussi son congrès de participation. Joëlle Milquet m'a assuré que la proposition de désigner Josly Piette ministre de l'Emploi passerait sans difficulté.

Le soir du congrès du cdH, Guy Verhofstadt m'appelle : « C'est foutu. Josly refuse d'entrer au gouvernement, Didier ne veut toujours pas de la présence de Joëlle et le CD&V exige toujours celle du cdH... » J'appelle immédiatement un Josly Piette, assez dépité, qui me fait part de sa réflexion au terme de laquelle il renonce au poste de ministre. J'insiste lourdement. « C'est toi et personne d'autre qui peux entrer au gouvernement en tant que cdH. Si tu refuses, tout s'écroule et tu porteras la responsabilité de la crise. » Ensuite, à plusieurs reprises, je m'entretiens avec Joëlle Milquet. Elle se montre très constructive et joue parfaitement les *missi dominici*. En fin de soirée, tard, la délivrance prend la forme d'un appel de Josly Piette : « Je ne monte au gouvernement que si tu me promets que Laurette Onkelinx sera la ministre PS. » Je souris et me dis que si nous n'avions jamais que des contraintes de cette nature, les gouvernements seraient vite formés en Belgique. Pour moi, c'est une évidence, en effet. Laurette est la personne idéale, celle qui combine le mieux compétences techniques, intelligence politique et expérience des situations délicates. Elle sera à coup sûr la figure de proue du PS au gouvernement. Rassuré, Josly Piette revoit sa position et embarque dans l'aventure. Le 21 décembre 2007, Guy Verhofstadt est nommé Premier ministre par le roi Albert II.

LES CONVULSIONS D'UN PAYS EN CRISE

Rappelons-le, ce gouvernement n'a dès sa formation qu'une espérance de vie limitée. Son grand mérite est de sortir le pays de l'ornière alors même que la terrible crise financière de 2007-2008 a débuté, fragilisant l'économie mondiale et par conséquent notre pays très endetté, mais un autre scénario a été validé par les présidents de parti, qui prévoit l'entrée en scène d'Yves Leterme, le grand vainqueur des élections. Celui-ci, pendant que la nouvelle équipe s'installe et entame le travail, concentre en coulisses ses efforts sur une future réforme institutionnelle. Le 20 mars 2008, il est nommé Premier ministre avec en poche non pas un accord institutionnel, mais des espoirs et des perspectives de changements majeurs. Ceux-ci ne se réaliseront finalement pas : malgré les bonnes volontés des uns et des autres, Bruxelles-Hal-Vilvorde reste un obstacle infranchissable, la pierre d'achoppement de toute évolution du pays vers davantage de fédéralisme.

Yves Leterme est engagé dans une impasse et au fond de celle-ci, les trois lettres BHV bouchent l'horizon. Malgré les efforts de la pentapartite, aucune avancée n'est possible et le 14 juillet 2008, il présente sa démission au Roi, qui la refuse, préférant confier à trois médiateurs la poursuite du dialogue de communauté à communauté. Ce dialogue s'enlise, la N-VA s'énerve et le cartel CD&V-N-VA finit par voler en éclats. Toujours sans solution institutionnelle, le gouvernement Leterme doit désormais concentrer toute son énergie sur la crise financière venue des USA. Les banques belges Fortis et Dexia sont dans la tourmente. Une vingtaine de milliards d'euros doivent être trouvés toutes affaires cessantes pour les sauver de la faillite. La crise se fait planétaire. Yves Leterme tangue et le 19 décembre 2008, il démissionne à nouveau. Le Roi nomme alors l'ancien Premier ministre Wilfried Martens pour tenter de recoller les morceaux. Une semaine plus tard, le CD&V Herman Van Rompuy le relaie avec succès et devient Premier ministre. Il est dit cependant que cette législature restera chaotique jusqu'au bout puisque moins d'un an plus tard, le 19 novembre 2009, Van Rompuy est appelé à devenir le tout premier président du Conseil européen, un poste qui ne se refuse pas. Yves Leterme redevient Premier ministre, mais toujours avec ce boulet de BHV qui l'accompagne à chacun de ses pas.

L'IRRÉVERSIBLE DÉCISION

« La rupture est faite,
l'amour s'est envolé :
bon voyage ! »
George Sand

J'ai la rage au cœur. Depuis dix ans, je préside aux destinées du Parti socialiste avec, je le dis moi-même, d'importants succès obtenus sur le front économique et social. Je ne demande qu'à valoriser ces acquis, de même que je tiens à mettre en avant nos élus et nos militants : des femmes et des hommes dévoués, désintéressés, animés par leur seul idéal de justice et de progrès. Par leur engagement de tous les jours, ils rendent ces victoires possibles et ils mériteraient selon moi des couronnes de laurier. En lieu et place, crachats et invectives pleuvent sur eux à chaque fois que, quelque part, un mandataire porteur de nos couleurs est surpris à manquer de rigueur, d'éthique ou d'honnêteté. Que « l'affaire » soit grande ou petite, sérieuse ou surgonflée, l'amalgame est immédiat.

Je vis au quotidien le mythe de Sisyphe, version politique. Il faut imaginer Sisyphe heureux, recommande Camus, mais pour ma part, je souffre beaucoup des dérapages de certains d'entre nous qui entraînent toute la cordée vers le bas, et je m'épuise à lui faire reprendre incessamment le chemin des sommets. En 2007, nous avons connu pour ces raisons une défaite électorale, la seule en vingt ans de présidence du PS pour ce qui me concerne. Depuis, je suis sur tous les fronts et me déploie sur tous les terrains, notamment le terrain idéologique. Je suis convaincu que le PS, cent vingt-cinq ans après sa création, offre toujours la plus belle promesse d'équilibre social, de justice et d'émancipation. J'ai beau être devenu docteur en sciences après la grande pauvreté de mes débuts dans la vie, j'ai gardé une conscience aiguë de ce que sont la précarité et la peur du lendemain. Il me suffit de regarder autour de moi, ou mieux encore de rentrer en moi-même, pour ressentir toute la mystique du poing levé. Dans nos congrès, je chante avec fierté l'Internationale et je porte le plus haut, le plus loin que je le puis les revendications populaires d'égalité, de dignité et de justice. Faire en sorte que le PS soit toujours en mesure d'arracher de nouvelles conquêtes tout en restant fidèle à ses racines, telle est et restera ma tâche la plus importante.

L'ÉCOSOCIALISME, OU LE BEL AVENIR DU PS

Né en 1885 sous le nom de Parti ouvrier belge, le PS souffle en cette année 2010 ses cent vingt-cinq bougies. Je souhaite rebondir sur cet anniversaire pour actualiser notre ligne politique et anticiper les défis de l'avenir. Nos militants, nos élus et de nombreux experts sont mis à contribution. Le parti tout entier se lance dans une longue réflexion sur ce qu'il représente au XXIe siècle et sur les chantiers prioritaires qu'il doit ouvrir. Parallèlement, nous publions un beau livre[56] qui rappelle les grands combats et les victoires remportées par les socialistes depuis la révolution industrielle.

La Libre Belgique rappelle mon intention de répondre à quatre défis.[57] « Le premier défi a trait à un autre modèle économique. Créations de richesses, croissance, recherche, technologie, dimension environnementale, monde financier, économie réelle, celle des petites et moyennes entreprises, nouveaux

56 Parti socialiste, *Créateur de progrès depuis 125 ans*, Renaissance du Livre, 2010.
57 *La Libre Belgique*, édition nationale, 6 avril 2010.

modes de consommation... Le deuxième défi s'attaque à la sécurité sociale. Le président du PS veut repartir de l'analyse de Laurette Onkelinx visant à réduire la pression des cotisations sur le travail et identifier des moyens financiers alternatifs. Le troisième défi concerne l'écologie sociale. Faire en sorte que chacun puisse contribuer à la réduction de la consommation d'énergie fossile, des émissions de gaz à effet de serre, en aidant les plus humbles à réaliser les investissements nécessaires. Le quatrième défi veut aborder la dimension psychologique de la société et des citoyens. Après trente années d'un libéralisme économique débridé, on sent un mal-être. Comment dépasser cette société du mal-être? Un défi pour le PS. »

On le voit, ce projet de société écosolidaire préfigure l'écosocialisme que je porterai sur les fonts baptismaux juste avant – en 2019 – de céder le témoin de la présidence à Paul Magnette. Celui-ci, dans son livre *La Vie large*[58], développe magistralement ces notions et réussit une parfaite imbrication de la question environnementale dans la question sociale. Le virage idéologique est pris, qui permet au PS d'aborder les nouveaux horizons avec une fraîcheur d'avant-garde.

BHV, TROU NOIR DE LA POLITIQUE BELGE

Revenons à cette année 2009 et à ce drôle de pays où, quand on ne se penche pas sur le sort de la planète ou l'avenir de la solidarité, on se triture les méninges à propos de BHV. Que signifient concrètement ces trois lettres? Rien à voir avec le Bazar de l'hôtel de ville de Paris, mais bien avec « Bruxelles-Hal-Vilvorde ». La particularité de cet arrondissement est la présence en terre flamande de six communes de la périphérie de la Région de Bruxelles-Capitale, dont la majorité de la population est francophone. Historiquement, ces francophones bénéficient

58 Paul Magnette, *La Vie large*, La Découverte, 2022.

de « facilités linguistiques » pour leurs actes administratifs, judiciaires et électoraux, ce que certains partis néerlandophones ne supportent pas, ou plus. C'est ainsi que depuis une cinquantaine d'années, la politique belge est hantée par ces lettres, « BHV ». En 2010, elles font même chuter un gouvernement. Pour certains partis politiques et mouvements flamands, « scinder BHV », c'est-à-dire réduire, voire annuler les « facilités », a longtemps relevé de l'obsession.

Après l'échec de la coalition orange-bleue, le PS gouverne en coalition avec les familles chrétienne-démocrate et libérale. Pour la énième fois, à l'invitation du Premier ministre Yves Leterme, je suis appelé à suer sang et eau avec mes collègues présidents de parti pour trouver une solution à cet infernal problème institutionnel qu'est l'arrondissement de Bruxelles-Hal-Vilvorde. Le 24 novembre, le Roi charge Jean-Luc Dehaene, le spécialiste des missions impossibles, de formuler une proposition. L'ancien Premier ministre ne ménage pas ses efforts et tient des dizaines de réunions bilatérales et multilatérales. Il ajuste ses propositions une vingtaine de fois, mais les partis francophones refusent de se laisser embarquer dans un montage qui dégraderait les droits des francophones de l'arrondissement litigieux. Leur questionnement, que je partage, est le suivant : pourquoi les néerlandophones de Bruxelles-Capitale, dont le nombre n'atteint pas 10 % de la population, ont-ils droit à deux ministres sur cinq à la Région de Bruxelles-Capitale, alors que les 150 000 francophones de la zone Hal-Vilvorde devraient voir leurs droits administratifs, politiques et judiciaires se réduire ?

Pour échapper aux médias, le Premier ministre, mes collègues Marianne Thyssen (CD&V), Alexander De Croo (VLD), Wouter Van Besien (Groen), Didier Reynders (MR), Joëlle Milquet (cdH), Jean-Michel Javaux (Écolo) et moi-même négocions dans la résidence privée d'un haut gradé de l'armée belge. La demeure offre l'avantage de posséder deux entrées et un garage qui permet de dissimuler nos voitures. C'est l'une de ces grandes maisons bourgeoises dont Bruxelles regorge, avec un ameublement un peu vieillot et un éclairage faiblard qui donne à nos travaux un caractère peu engageant. Pour tout dire, ce décor sépia installe subrepticement en nos esprits une atmosphère de fin de règne.

Avec néanmoins ce qu'il faut de cœur à l'ouvrage, nous nous appliquons et testons une multitude de scénarios, dont aucun n'emporte l'adhésion collective. Les négociations patinent et le 20 avril, Jean-Luc Dehaene rend son tablier de négociateur. Nous poursuivons sans lui, sous la houlette d'Yves Leterme, mais l'absence du « démineur » Dehaene est un coup dur qui n'augure rien de bon. La symbolique de son départ est lourde. L'homme le plus expérimenté du pays a compris qu'il n'y aurait pas de solution, malgré tous les efforts déployés.

BHV

En juin 1815, Napoléon essuie à Waterloo une défaite historique qui va entraîner sa chute et le morcellement de son empire. Le traité de Vienne rattache nos territoires, français depuis 1794, aux Pays-Bas néerlandais. Les Belges, toutefois, ne l'entendent pas de cette oreille. À l'issue d'une représentation de l'opéra *La Muette de Portici* d'Auber au Théâtre de la Monnaie en août 1830, la révolte gagne les participants et se propage dans le pays. Le roi Guillaume Ier, prince souverain des Pays-Bas, envoie l'un de ses fils à Bruxelles pour remettre de l'ordre. En réalité, il attise le rejet des Hollandais et très vite, un puissant courant patriotique s'affirme au sein de la population. Catholiques et libéraux s'unissent contre l'occupant. Dans la nuit du 26 au 27 septembre, l'armée hollandaise bat en retraite. Un gouvernement belge provisoire s'installe à Bruxelles et le 4 octobre 1830, il proclame l'indépendance de la Belgique. Le 21 juillet 1831, Léopold Ier prête serment comme premier roi des Belges. En réaction à la volonté de Guillaume Ier d'assurer la suprématie de la langue néerlandaise sur le territoire belge, la liberté de l'usage des langues est proclamée dans la nouvelle Constitution belge. Cette liberté permet l'imposition, par les classes aristocratique et bourgeoise francophones dominantes, du français comme seule langue officielle. Le procédé est inique puisque le néerlandais, dans ses différentes variantes locales, est parlé par une majorité de la population belge : 57,5 % des habitants selon le premier recensement de 1846. En Wallonie, ce sont également des patois sous-régionaux qui sont pratiqués.

Avec le temps, la domination du français dans la gestion du Royaume est de plus en plus contestée au sein des classes populaires flamandes qui réussissent en 1893, grâce au vote plural, à envoyer leurs premiers représentants au Parlement. En 1900, le néerlandais est reconnu comme langue officielle du pays, à égalité avec le français. En 1921, une loi sur l'emploi des langues en matière administrative définit deux régions unilingues dans le pays, plus l'agglomération administrative bilingue de Bruxelles qui regroupe dix-sept communes. Une première frontière linguistique est tracée. La Belgique compte dorénavant trois régions linguistiques : la région flamande (la Flandre), la région francophone (la Wallonie) et la région bilingue (les dix-sept communes de l'agglomération bruxelloise).

En 1932, la frontière linguistique fait l'objet de contestations. Dans les communes limitrophes de l'agglomération bruxelloise, des recensements sont organisés. La langue de la majorité de la population deviendra automatiquement la langue administrative de la commune, mais en compensation, la minorité pourra être administrée dans sa propre langue si elle représente au moins 30 % de la population. On appellera ce régime particulier « les facilités linguistiques ». À la lumière des résultats de ces recensements, la frontière linguistique peut, selon la loi, être modifiée tous les dix ans. Sur la base du recensement de 1930, l'agglomération bruxelloise passe ainsi de dix-sept à dix-neuf communes. L'évolution démographique est alors favorable à la population francophone, tant et si bien qu'autour de Bruxelles, une cinquantaine de communes se francisent de part et d'autre de la frontière linguistique.

Un nouveau recensement linguistique a lieu en 1947, qui confirme la tendance. La pression démographique francophone ne faiblit pas et elle inquiète de plus en plus les mouvements flamands, qui se cabrent contre l'extension du régime francophone. Les tensions politiques sont telles que la publication des résultats du recensement est suspendue jusqu'en 1954. Finalement, la loi est appliquée moyennant de sensibles adaptations. En d'autres termes, les résultats du référendum qui ne sont pas favorables aux Flamands sont négligés pour rendre possible un compromis entre représentants francophones et flamands. L'agglomération bruxelloise conservera dix-neuf communes, tandis que quatre communes de la périphérie bruxelloise bénéficieront de « facilités linguistiques » pour leurs actes administratifs.

En 1962 et 1963, la frontière linguistique est à nouveau modifiée et le recensement linguistique est abandonné. Quatre régions linguistiques sont alors définies : la région linguistique flamande, la francophone, la germanophone et la bruxelloise, totalement bilingue. Six communes jouxtant l'agglomération bruxelloise mais localisées dans la région linguistique flamande, où la présence des francophones est massive, obtiennent le statut spécial de « communes périphériques », avec un régime de facilités linguistiques, politiques et judiciaires permanent au bénéfice des francophones.

Il est à noter que trois notions se chevauchent dans ces six communes : l'usage de la langue administrative (les relations entre le citoyen et les autorités publiques), la pratique judiciaire des parquets, cours et tribunaux et les modalités des élections (aspect politique). L'ancien arrondissement administratif du Brabant est quant à lui divisé en trois parties : un arrondissement administratif de Bruxelles-Capitale (les dix-neuf communes bilingues), un arrondissement qualifié de « distinct » comprenant uniquement les six communes périphériques avec les facilités linguistiques, politiques et judiciaires et un arrondissement administratif comprenant toutes les autres communes de la région linguistique flamande, dénommé « Hal-Vilvorde », où les habitants de toutes les communes flamandes bénéficient de facilités politiques et judiciaires, mais pas administratives. Ces trois arrondissements sont désormais distincts sur le plan administratif, mais restent soudés sur le plan électoral et sur le plan judiciaire. On parlera dorénavant de l'arrondissement de « Bruxelles-Hal-Vilvorde » (BHV).

En 1970, l'arrondissement administratif *sui generis* des six communes périphériques est supprimé et ces dernières rejoignent celui, 100 % flamand, de Hal-Vilvorde tout en conservant leurs facilités linguistiques. C'est essentiellement le maintien de ces facilités linguistiques qui cristallise la polémique autour de BHV durant plus de cinquante ans. Les nationalistes flamands ne supportent pas cette exception à « l'unité linguistique de la Flandre » ; une Flandre qui, soit dit en passant, encercle Bruxelles-Capitale, bilingue. Depuis cette année 1970, des coups de boutoir incessants sont portés par les mouvements flamands radicaux et les partis politiques sympathisants pour supprimer les facilités linguistiques et rendre l'arrondissement de Hal-Vilvorde 100 % néerlandophone, sans exception administrative ni linguistique. Et tant pis si dans certaines communes, les francophones sont très largement majoritaires : prière à eux de s'adapter.

Le 13 juin 1999 ont lieu des élections législatives. Le PS reste le premier parti francophone devant les libéraux. Côté flamand, les grands vainqueurs sont les libéraux, qui supplantent les chrétiens-démocrates, au pouvoir depuis 1974 sans discontinuer. Une coalition « arc-en-ciel », dirigée par Guy Verhofstadt, se met en place. Elle réunit six partis : le VLD, le MR, le SP, le PS, Écolo et Agalev. Tant les libéraux que les socialistes prévoient de se concentrer sur les questions socio-économiques et nul ne souhaite mettre des discussions institutionnelles à l'ordre du jour. Celles-ci s'imposeront toutefois à la table du gouvernement en 2003, après le renouvellement de la coalition arc-en-ciel.

En effet, en quatre ans, le contexte politique a beaucoup changé en Flandre. Comme l'expliquent Anne Tréfois et Jean Faniel : « Pour des raisons diverses, tous les partis flamands disposant d'une représentation parlementaire ont changé de nom. Un parti [régionaliste flamingant] établi de longue date a disparu (la Volksunie) et a cédé la place à deux autres formations : [l'une de droite,] la N-VA et [l'autre de centre gauche,] Spirit. L'apparition de ces deux nouvelles formations s'est accompagnée d'un phénomène politique qui s'est consolidé au fur et à mesure des scrutins, à savoir la constitution de deux cartels : le cartel constitué par le CD&V et la N-VA, et le cartel formé par le sp.a et Spirit[59]. »

À travers ces transformations des partis, le nationalisme flamand se fait entendre à la table du gouvernement Verhofstadt II. Sous la pression du sp.a, le gouvernement décide de modifier les contours des arrondissements

59 Anne Tréfois et Jean Faniel, « L'évolution des partis politiques flamands (2002-2007) », *Courrier hebdomadaire du CRISP*, 26, 1971, 2007.

électoraux pour les élections fédérales. Ils correspondent dorénavant à la carte des provinces, une exception étant prévue pour Bruxelles-Hal-Vilvorde. Des recours contre cette exception sont toutefois introduits à la Cour constitutionnelle, qui donne raison aux plaignants. Mis en échec, le gouvernement fédéral se doit de trouver une solution pour éliminer l'exception électorale BHV.

Le Premier ministre Guy Verhofstadt se retrouve coincé de divers côtés, à l'intérieur de son gouvernement par Spirit et à l'extérieur par la N-VA, désormais en cartel avec le CD&V. Sur le plan juridique, l'arrêt de la Cour constitutionnelle, sans affirmer qu'il faut scinder BHV, l'oblige à prendre une initiative. Le Premier ministre décide alors d'attraper le taureau par les cornes. Il réunit ses vice-Premiers et les présidents de parti, dont moi, pour trouver une solution à BHV. Nous passons d'interminables journées de négociation, changeant régulièrement de lieu par discrétion. La pression médiatique nous est ainsi épargnée, et par bonheur nous bénéficions des talents de Maria, la cuisinière du Premier, qui a l'art de nous mettre dans des dispositions d'esprit propices aux échanges constructifs.

Après quarante-deux versions successives[60] d'un texte de compromis sur BHV, nous pensons y être arrivés quand soudain, aux premières lueurs du matin du 11 mai 2005, le représentant de Spirit rejette le projet d'accord alors même qu'une déclaration du Premier ministre est annoncée à la Chambre. Tout ce qu'avec une patience de moines bouddhistes, nous avons bâti s'écroule en un instant. Nous avons essayé de mille manières, mais nous n'avons pas réussi. BHV reste cette épée de Damoclès qui menace l'avenir de la Belgique.

60 *La Libre*, 10 mai 2005.

L'IRRÉVERSIBLE DÉCISION

C'est alors que le jeune président de l'OpenVLD, Alexander De Croo, prend une position qui sera très lourde de conséquences. Dans mon cahier, je note qu'il est « nerveux ». Il considère que l'attitude des francophones est « un point de rupture ». Nous sommes à la veille de la séance plénière de la Chambre où le Premier ministre Leterme sera questionné par l'opposition. Vers dix heures du soir, De Croo fait savoir que les propositions sont insatisfaisantes et qu'il va « devoir convaincre son bureau demain matin ». En réalité, il en a assez, sa patience est à bout et il n'entend plus discuter. La surprise est générale et nous comprenons que la voie empruntée par le président de l'OpenVLD est celle d'une crise politique majeure, prête à éclater à tout instant.

La consternation est grande parmi les négociateurs. On palabre depuis quarante ans au sujet de BHV, et voilà que le jeune président libéral flamand, en poste depuis cinq mois à peine, rompt le long processus de maturation et brise les chances de tout compromis. Je plaide le calme et la raison, mais en vain. Nous ne le savons pas encore, mais ce qui débute ici est la plus longue crise politique de l'histoire de la Belgique. En ce 22 avril 2010, au Parlement, Alexander De Croo confirme qu'il en a assez des tergiversations. Ce faisant, il provoque la chute du gouvernement Leterme. Didier Reynders, président du MR, parle d'un « choix irresponsable » de la part de son *alter ego* flamand. En séance plénière, les partis flamands veulent forcer par un vote « flamands contre francophones » la scission pure et simple de BHV. Dans la confusion, le Vlaams Belang entonne l'hymne flamand. Le président de la Chambre reporte la séance et le coup de force n'aura finalement pas lieu. Le 26 avril, Yves Leterme présente sa démission au Roi et de nouvelles élections fédérales sont convoquées pour le 13 juin. L'OpenVLD et son président trop pressé s'en mordront bientôt les doigts jusqu'au sang.

LA PLUS LONGUE CRISE POLITIQUE DE L'HISTOIRE

« Je crains notre victoire autant que notre perte. »
Pierre Corneille

Ce 13 juin 2010 en cours d'après-midi, de premiers résultats me sont transmis par nos témoins présents dans les bureaux de dépouillement. Je vois se dessiner une belle victoire pour le PS, mais les résultats en Flandre me sont encore inconnus. J'ai préparé trois déclarations : une en cas de défaite, une en cas de résultats mitigés et une en cas de succès. Très vite, je remise les deux premières, étant donné que la victoire de mon parti se confirme de minute en minute. Par prudence, je décide néanmoins d'attendre. Je fais bien, car en cours de soirée, je découvre qu'en Flandre, une révolution politique s'est produite.

« Un tremblement de terre au nord, une grande victoire au sud. L'élection du 13 juin 2010 restera dans les mémoires », écrit le quotidien *La Libre*. L'événement, c'est la percée séparatiste en Flandre. Après la rupture de son cartel avec le CD&V, la N-VA, qui s'est présentée seule aux élections, remporte pas moins de 27 sièges. Le CD&V en perd 13, l'OpenVLD d'Alexander De Croo dégringole de 5 sièges tandis que les socialistes et les verts flamands restent stables. Au sud du pays, le PS l'emporte haut la main avec un gain de 6 sièges. L'échec de 2007 n'est plus qu'un mauvais souvenir ! De son côté, le MR perd 5 sièges, le cdH un seul et Écolo reste stable. Relativement à la population, le PS est le parti le plus important du pays. Une évidence saute aux yeux : il appartient maintenant à la N-VA et au PS de se parler pour envisager la formation d'un gouvernement. Rien qu'à deux, nous comptons déjà plus d'un tiers des députés.

Ave, Bart De Wever !

Le quotidien *De Morgen* note que les premières paroles des deux présidents de parti vainqueurs sont modérées. La prudence est de mise, car le PS représente tout ce que les nationalistes flamands détestent, alors que du côté francophone, Bart De Wever est considéré comme le chef de file des candidats fossoyeurs de la Belgique. Je n'ai encore jamais parlé avec ce dernier, même si lui dit se souvenir de m'avoir croisé à un tournoi de tennis au Sportpaleis d'Anvers. Le soir des élections, je mets un soin particulier à éviter la rencontre, tant attendue par les journalistes, entre le progressiste unitariste que je suis et le séparatiste qu'est Bart De Wever. J'ai dépêché différents élus PS sur les plateaux de télé pour m'assurer que le choc entre les deux présidents ne se produise pas devant des caméras. Le lendemain aux petites heures, je prends mon courage à deux mains et j'appelle Bart De Wever. Le contact est établi et nous nous voyons discrètement chez l'un de mes amis qui met aimablement sa maison à notre disposition. L'approche s'avère prudentissime et chacun se montre affable. Immédiatement, je me rends compte que j'ai affaire à un homme intelligent, avec lequel les négociations ne seront pas faciles. Comment entrer en résonance avec un chef séparatiste quand on est soi-même un défenseur farouche de l'unité du pays ?

Nous parlons en priorité de procédure, sachant que le Roi, selon la tradition, va commencer par consulter les différents présidents de parti avant de désigner un informateur. Nous nous mettons d'accord pour suggérer à Albert II que cet informateur soit Bart De Wever, pour une courte période. Je poursuivrai ensuite pour tenter de former une coalition gouvernementale. Ceci réglé, une urgence nous apparaît : la Chambre des représentants va très vite se réunir et elle devra se doter d'un nouveau président. Je propose André Flahaut, personnalité d'expérience, mesurée, qui a toute ma confiance. Bart De Wever tire la tête mais, ne voulant pas me contrarier, il acquiesce. En contrepartie, il exige que la présidence du Sénat soit attribuée à Danny Pieters, un N-VA radical qui prône la suppression du Sénat !

UN MESSAGE DES PATRONS FLAMANDS

Deux jours après les élections, la surpuissante organisation patronale flamande Voka donne de la voix. Le Voka représente plus de dix-sept mille entreprises qui totalisent plus des deux tiers de la valeur ajoutée en Flandre. Son président, Luc De Bruyckere, adresse ses directives : « Des interventions structurelles sont nécessaires de toute urgence pour s'attaquer aux handicaps fondamentaux de notre pays : la perte de compétitivité, la sous-performance du marché du travail, le déficit budgétaire, le financement des retraites. Le problème le plus fondamental de ce pays est son modèle d'entreprise dépassé, qui remonte aux années 1950 et 1960. Il est basé sur le travail à vie chez un seul employeur, sur une croissance massive de la productivité dans laquelle la main-d'œuvre est remplacée par le capital, sur la protection sociale avec trop peu de responsabilité, sur un appareil d'État vaste et inefficace. C'est un modèle qui ne répond plus aux immenses défis d'aujourd'hui. Avec ce modèle d'entreprise, il nous est impossible de rivaliser avec les meilleurs pays de l'Union monétaire européenne, où l'orthodoxie budgétaire, la flexibilité des salaires et des conditions de travail, le développement des compétences, le travail plus long et une amélioration drastique de l'efficacité gouvernementale sont aujourd'hui en jeu. C'est la tâche qui attend les nouveaux dirigeants de ce pays. Cela nécessite une "coalition des braves" avec des leaders raisonnables qui choisissent courageusement et résolument le changement. Notre avenir exige du courage et du leadership[61]. » Une ode au capitalisme débridé !

Le programme socio-économique de la droite flamande est ainsi dicté aux négociateurs. Tout responsable politique du nord du pays se doit d'y souscrire. Cependant, le gouvernement Leterme est tombé à cause de BHV et non pour des raisons socio-économiques. Et penser que les nouveaux élus flamands vont directement passer des questions institutionnelles, surtout BHV, aux questions économiques et sociales relève de la naïveté. Comme escompté, le roi Albert II nomme Bart De Wever informateur. Il le restera jusqu'au 8 juillet. Pour l'avoir vu à l'œuvre durant sa phase d'information, j'ai le sentiment qu'il a travaillé de façon superficielle afin d'éviter de s'engager trop vite, trop loin. Je sens que sa principale préoccupation n'est pas économique ni sociale, mais institutionnelle. Du reste, pendant la phase d'information, et à rebours des usages en la matière, il ne consulte pas les principaux groupements professionnels, sociaux, judiciaires, environnementaux du pays. Je ne suis pas dans sa tête, mais quelque chose me dit qu'il n'y est question que de l'indépendance de la Flandre ou à tout le moins d'une très large autonomie, et que le reste importe peu.

61 *De Tijd*, 15 juin 2010.

Dans le secret de la Villa Hellebosch

Il faut pourtant avancer. Nous convenons, Bart De Wever et moi, de nous isoler un week-end entier pour tenter de mieux nous comprendre et d'accorder nos violons pour la suite des travaux. Nous trouvons asile à Vollezele dans le Brabant flamand, à la « Villa Hellebosch », les 3 et 4 juillet. Bardé de notes et de dossiers, je m'y rends avec mes fidèles équipières Laurette Onkelinx et Anne Poutrain, la directrice du très performant Institut Émile Vandervelde (IEV). Bart De Wever est quant à lui épaulé par Jan Jambon et un expert. Nous décidons de consacrer une journée de travail aux questions économiques et sociales et une journée aux questions institutionnelles. Le climat est cordial, du moins pour une telle rencontre entre l'eau et le feu. En ce qui concerne les finances publiques, le cadre européen nous commande de trouver entre 20 et 30 milliards d'euros d'économies. Une somme astronomique ! L'IEV a longuement planché sur la question et propose un schéma réaliste qui permettrait de récupérer 25 milliards. Je me doute bien que la N-VA ne va pas accepter tel quel notre projet de budget, mais je veux démontrer à Bart De Wever que le PS n'est pas ce parti irresponsable tant décrié par les milieux d'affaires flamands.

Une chose m'étonne beaucoup à ce stade, c'est de voir que personne, sur le flanc N-VA de la table, ne prend de notes. Mes interlocuteurs semblent assez perdus face à des chiffres et des épures budgétaires que, pour notre part, nous maîtrisons bien. Lorsque nous abordons le volet « sécurité sociale », j'observe un pareil embarras : là encore, nos interlocuteurs donnent presque l'impression de s'ennuyer. Tout s'éclaire quand à force de les écouter, je comprends que pour eux, le rôle de l'État n'est pas d'assumer des missions à caractère social. Dans leur logique libérale, l'État doit au plus vite s'en dessaisir au profit des grands groupes d'assurances privées. Pourquoi donc se plonger dans les arcanes de la sécurité sociale si c'est pour lui régler son compte dès le départ de la négociation ?

Lorsque nous en venons aux questions institutionnelles, j'ai bien en tête le programme de la N-VA et notamment l'article 1er de sa charte fondatrice qui indique sans ambages que « la N-VA choisit logiquement la république indépendante de Flandre, État membre d'une Union européenne ». Excluant cette option qui est synonyme de dépeçage de la Belgique, j'ouvre une série de portes pour montrer la bonne volonté des socialistes et leur respect des votes exprimés au nord. Je propose ainsi d'examiner des domaines comme l'énergie, les télécommunications et même la justice – où de nombreux magistrats confient volontiers leur lassitude devant la mainmise flamande. J'évoque aussi le refinancement de Bruxelles-Capitale, sans lequel la troisième Région du pays ne pourra s'accomplir comme le voudrait la logique fédérale.

Au terme de ce week-end exploratoire, j'obtiens de Bart De Wever deux promesses. La première concerne la non-remise en cause de la loi de financement des entités fédérées. La seconde est de ne toucher ni au financement des soins de santé ni à leur maintien dans le giron fédéral. C'est évident, un très long chemin reste à parcourir avant de trouver des convergences. Très perplexe, je suis tout de même bien décidé à avancer et quand notre délégation quitte la Villa Hellebosch, c'est avec le sentiment qu'une crise majeure peut encore être évitée. Mais tout le monde apparemment ne voit pas les choses de cette manière... Lorsqu'après quelques kilomètres de route, nous revenons sur nos pas pour récupérer un dossier oublié dans la villa, nous y découvrons les leaders de la N-VA occupés à sabler le champagne !

PRÉFORMATEUR

Le 8 juillet, quand il remet son rapport au Roi, Bart De Wever déclare : « Sur la base des entretiens et des contacts informels que j'ai entre-temps noués, je suis d'avis que les points de vue des partis qui entrent en considération pour former le gouvernement convergent mais pas de manière suffisante pour composer directement un gouvernement. Dès lors, je recommande au Roi de prendre une initiative afin d'approfondir et d'élargir le débat sur les convergences que j'ai constatées, ce qui devrait permettre la formation d'un gouvernement. Ce débat porte sur trois chapitres indissociablement liés : l'assainissement des finances publiques, la réforme institutionnelle (le *statu quo* n'est pas envisageable, il faut une sixième réforme de l'État) et le socio-économique. Trois chantiers à mener de front. »

Par cette déclaration, De Wever laisse entendre que la priorité ne sera pas accordée aux revendications économiques du Voka, mais bien au programme institutionnel de la N-VA. Il évoque une sixième réforme de l'État, et ce sera le cœur des débats à venir. Avant de remettre son rapport, il me fait comprendre que le terrain n'est pas assez déblayé et qu'il serait prématuré pour le Roi de me nommer formateur. En début de soirée, je suis reçu par le souverain au château de Laeken pour un entretien qui durera trois heures. J'en sors avec le titre de « préformateur », un concept encore inédit dans notre histoire nationale. La presse francophone ne s'y trompe pas : « Voilà les nationalistes flamands de la N-VA et leur président Bart De Wever dans la posture qu'ils affectionnent le plus : celle de tirailleurs embusqués. Ils ont, en effet, cédé la place au milieu du champ de bataille au Parti socialiste et à Elio Di Rupo. Ils peuvent, à présent, examiner les propositions sereinement – quitte à les remballer à l'expéditeur PS si elles ne les satisfont pas[62]. »

62 *La Libre Belgique*, édition nationale, 10 juillet 2010.

Pour opérer une réforme institutionnelle, il faut une « loi spéciale » qui requiert les deux tiers des voix à la Chambre des représentants (100/150 membres) et une majorité dans chacun des deux groupes linguistiques, le francophone (32/62 élus) et le néerlandophone (45/88 élus). Il en va de même au Sénat. En associant les nationalistes flamands aux deux partis socialistes et aux deux partis chrétiens-démocrates – N-VA, PS, sp.a, CD&V et cdH – (92/150 élus en tout), on ne parvient pas à satisfaire à de telles conditions. Pour avancer vers une solution, j'essaie d'amener à la table des négociations le parti Écolo, dont le chef de file Jean-Michel Javaux exige aussitôt que Groen, son *alter ego* flamand, soit lui aussi de la partie. Cette dernière requête a le don d'horripiler Bart De Wever, qui nourrit à l'endroit de Groen une véritable hostilité, plus grande encore que celle qu'il voue aux socialistes. S'ensuivent palabres et coups de gueule pour aboutir *in fine*, le 25 juillet, à la constitution de ce fameux groupe élargi aux verts. Les sept partis pressentis vont bel et bien pouvoir apporter leurs voix – dans l'hypothèse où un accord serait par la suite conclu sur le fond – et ainsi fournir la majorité requise pour une réforme institutionnelle. Voilà une étape importante franchie, me dis-je. Je suis manifestement trop optimiste.

Le budget de l'État nécessite une prise en main ferme. L'assainissement déjà évoqué, de l'ordre de 20 à 25 milliards d'euros, est jugé indispensable par les experts. Les indicateurs de solvabilité de la Belgique sont affaiblis, les taux d'intérêt sont élevés et la dette publique, en hausse, dépasse les 100 % du PIB. Il y a urgence. Mais autour de la table des négociations, ce sont encore et toujours les questions institutionnelles qui priment pour la N-VA et le CD&V. Le 30 juillet, je fais rapport au Roi sur l'état d'avancement des pourparlers. Je ne lui cache pas l'ampleur du travail qui reste à accomplir et je lui rends compte du climat ambiant. La N-VA se comporte comme si elle était seule à la table, et à ses côtés, le CD&V, encore traumatisé par sa déroute électorale, y va lui aussi de ses revendications les plus débridées.

C'est bien simple, toute avancée institutionnelle que nous pouvons proposer est aussitôt jugée insuffisante par ces deux partis. Ma mission est mal engagée ; elle est néanmoins prolongée de deux semaines par Albert II.

Après l'audience royale, je me rends à la Chambre. J'y suis attendu par un très grand nombre de médias qui ne m'ont plus vu depuis la fête nationale. La presse flamande critique mon style de négociation. Trop lent. Concessions insuffisantes. Elle m'apparaît très militante et au fond, j'ai le sentiment qu'elle s'accommoderait bien d'une scission du pays. J'explique que je n'exclus aucun scénario et lorsqu'un journaliste veut savoir si l'échec est une option, je lui réponds que « oui, comme dans la vie ». Je connais bien l'état d'esprit des médias flamands. L'idée que le centre de gravité de la politique belge doit se déplacer du niveau fédéral vers les entités fédérées est très ancrée parmi eux. Ils militent en ce sens depuis des années et ils sont parvenus à instiller auprès de leur public cette fameuse conviction selon laquelle « ce que les Flamands font seuls, ils le font mieux ». Le succès spectaculaire de la N-VA aux dernières élections leur doit certainement beaucoup.

Réformer l'État fédéral pour sauver la Belgique

Les francophones se trouvent donc face à un front flamand largement uni : responsables politiques, journalistes et pouvoir économique tirent tous dans la même direction, celle d'une autonomie accrue des Régions et d'une réduction de l'emprise fédérale. Côté francophone, de telles demandes ne sont pas forcément mal vues, tant il est vrai que la Wallonie et Bruxelles ont des ambitions que le cadre belge qui prévaut à ce moment-là ne permet pas d'exprimer pleinement. Une régionalisation plus poussée serait alors la bienvenue. En somme, chez les Flamands, on est convaincu que l'État fédéral est aux mains des francophones, tandis que ces derniers aiment à pester contre « l'État flamand » qui privilégie systématiquement le nord du pays.

Le 31 juillet 2010, après moult consultations et mûre réflexion, je décide d'envoyer un signal fort : oui à un déplacement du centre de gravité du pays. Pour sauver la Belgique, il faut « une évolution institutionnelle équivalente à celles de 1980 ou 1988-1989 ». En clair, une grande réforme de l'État. L'avancée est symboliquement capitale. Elle montre l'ouverture des francophones et leur confiance en leurs capacités propres. Je rappelle le contenu du large menu institutionnel affiché sur la table des négociateurs : l'emploi, la fiscalité, la mobilité, l'énergie, la recherche scientifique, le rôle de Bruxelles, le Sénat et bien entendu l'épineuse question de BHV. Nous avons là de quoi mettre en œuvre une profonde réforme, susceptible de répondre aux aspirations à l'autonomie des uns et des autres. En contrepartie, je réaffirme l'absolue nécessité de sauvegarder la solidarité interpersonnelle – la sécurité sociale, ciment de tous les Belges – et la stabilité du pays. Nous devrions dès lors être en mesure de passer à une phase de formation plus concrète du prochain gouvernement.

Dans ma mission de préformation, je suis très vite confronté à deux visions de l'avenir du Royaume. Malgré les assurances qui m'ont été données par Bart De Wever, la N-VA et le CD&V réclament un transfert partiel ou total de la sécurité sociale vers les Communautés. Ils veulent au minimum gérer seuls les soins de santé et les allocations familiales. Cette demande heurte frontalement deux principes essentiels pour moi et l'ensemble des francophones. *Primo*, la sécurité sociale concrétise la solidarité entre tous les Belges et elle est le liant du pays. Briser cette solidarité reviendrait à ourdir la fin de la Belgique. *Secundo*, communautariser ces matières, même de manière marginale ou sélective, porterait un sérieux coup à l'égalité entre tous les Bruxellois, en établissant des disparités de traitement sur la base du régime linguistique qu'ils ont choisi. Dans cette double revendication des nationalistes flamands, je ne vois pas seulement s'exprimer le jusqu'au-boutisme de la N-VA, je décèle aussi une difficulté chez Bart De Wever, qui est pourtant un démocrate à mes yeux, à consentir à certains compromis. Il faut dire que ses promesses électorales étaient radicales et que ses militants, portés à l'incandescence par le « momentum » des négociations institutionnelles, exercent sur lui une pression qui doit être assez insoutenable. Présenter un compromis risquerait de s'apparenter à un aveu de faiblesse et il pourrait alors être mis en minorité, une catastrophe pour lui.

LA WALLONIE, MOTEUR ÉCONOMIQUE

La Wallonie a longtemps été le moteur économique de la Belgique et sa région de loin la plus riche, avant de se désindustrialiser dans la seconde moitié du XXe siècle. Aujourd'hui, la situation est différente et même si la Wallonie se redresse, c'est la Flandre qui figure parmi les régions les plus performantes et prospères d'Europe. Elle contribue pour plus de 63% aux recettes fiscales du pays. Bruxelles apporte un peu plus de 8% et la Wallonie 29%. Interdire du jour au lendemain tout transfert d'une région à une autre reviendrait à gravement appauvrir Bruxelles et la Wallonie, ce qui est totalement inacceptable.

RIEN NE VA PLUS !

La négociation gouvernementale prend donc un vilain tour et les choses s'enveniment encore un peu plus quand la N-VA exige de surcroît la régionalisation de l'impôt des personnes physiques. Dans sa logique, chaque Région se financerait désormais avec ses ressources propres et il n'y aurait plus de solidarité entre les différentes composantes du pays. Nulle part dans le monde une telle situation n'existe, car rien n'est plus naturel, à l'intérieur de frontières nationales, que de voir s'opérer certains transferts financiers entre des régions aux niveaux de richesse différents. L'Union européenne elle-même est fondée sur ce principe de solidarité et elle prévoit des fonds spécifiques pour les régions en difficulté. Mais nous sommes en Belgique et chaque euro est soupesé, nonobstant les causes historiques, économiques et sociales des disparités régionales relevées.

Durant plusieurs jours, je tente en vain de ramener Bart De Wever à la raison. Malgré les encouragements du Roi à poursuivre le dialogue, je ne parviens toujours pas à « concilier l'inconciliable ». Le 3 septembre, je demande au souverain de mettre un terme à ma mission de préformateur.

Le lendemain, le roi Albert II charge les présidents de la Chambre et du Sénat, André Flahaut et Danny Pieters, d'une mission de médiation en vue de relancer les négociations. En coulisses, je continue à parler avec Bart De Wever. Il demande à globaliser la discussion et place la barre très haut. Pour lui, il faut tout à la fois trouver une solution à BHV, mener une sixième réforme de l'État, modifier la loi spéciale de financement et assainir le budget fédéral. Rien de moins ! Pour néanmoins tenter d'avancer, je propose d'y travailler sans attendre. Mais à peine ai-je donné un signal positif que la situation se fige. La méfiance fait son éternel retour lorsque j'apprends que le soir même d'une de nos séances de travail, Bart De Wever a rencontré les libéraux chez Bruneau, un prestigieux restaurant bruxellois. Il me dira plus tard avec une forme de jouissance que les libéraux, laissés à quai jusqu'alors, n'attendaient qu'un geste de sa part pour entrer dans la négociation.

Les deux médiateurs royaux proposent la mise sur pied d'un groupe de travail sur la loi de financement, groupe auquel participe notamment le bras droit de De Wever, Jan Jambon. Là encore, les discussions ne produisent aucun résultat concret et le 8 octobre, le président de la N-VA fait savoir qu'il veut repartir de zéro. Le Roi le charge dans la foulée d'une mission de clarification. Bart De Wever, qui a visiblement abandonné tout espoir d'un accord, lance ses ultimes propositions, qui sont autant de solutions totalement inacceptables pour les francophones (régionalisation de l'impôt des personnes physiques, transfert partiel ou total de la sécurité sociale vers les Communautés...).

MICHAEL COLLINS, L'INDÉPENDANTISTE IRLANDAIS

Je suis de plus en plus convaincu que quoi que je fasse, quoi que je propose, la N-VA refusera tout compromis. Bart De Wever, historien de formation, m'a longuement conté les malheurs de Michael Collins, ce leader des républicains irlandais assassiné par les siens après avoir conclu avec le gouvernement britannique un accord conférant une quasi totale indépendance à l'Irlande, mais jugé insuffisant par ses collègues de parti. Quasi totale ne voulait pas dire totale, et Collins a finalement payé de sa vie les quelques concessions faites aux Anglais.

Nous avons dans la Belgique d'aujourd'hui, fort heureusement, des mœurs beaucoup moins rudes et Bart De Wever, pour ce que j'en sais, ne redoute pas un tel sort pour lui-même. Mais ce fin connaisseur des mouvements indépendantistes croit pouvoir tirer des enseignements du destin funeste de Michael Collins. Il pense que s'il ne parvient pas, au terme de la négociation avec les francophones, à arracher l'indépendance de la Flandre ou à tout le moins une profonde autonomie, il aura failli à sa mission et ne pourra qu'être délogé de sa présidence avant d'entrer dans l'Histoire comme y entrent les vaincus, la tête basse et le nom à jamais flétri. C'est à mon sens une erreur d'appréciation car la démocratie, qui a montré sa supériorité sur tous les autres systèmes de gouvernement, sait rendre justice aux personnalités ouvertes aux compromis honorables et même les célébrer dans les pages de ses livres. Autres temps, autres mœurs !

MICHAEL COLLINS

Leader des républicains irlandais, Michael Collins est envoyé à Londres pour négocier l'avènement de son île en tant que pays. Depuis 1800, l'Irlande est sous la coupe britannique et sa capitale est Londres. En 1803 se produisent les premiers soulèvements contre la domination britannique et les suivants rythment tout le siècle. Le lundi de Pâques 1916, le 24 avril, une faction d'Irlandais républicains indépendantistes et radicaux décide de fomenter un coup d'État qui est durement maté par les troupes britanniques. L'Irlande reste une partie intégrante du Royaume-Uni et une guerre civile fait rage entre les républicains irlandais et leurs compatriotes devenus partisans de Londres et de la Couronne. Finalement, en 1921, David Lloyd George, le Premier ministre britannique, invite une délégation de républicains irlandais à négocier la paix à Londres. Michael Collins est à leur tête. Après des mois de négociations avec le gouvernement britannique, il revient de Londres avec un beau succès, approuvé par une majorité de ses compatriotes lors de la première élection du nouvel État libre d'Irlande, un État doté de son propre gouvernement, de son parlement, de sa police, de sa monnaie et de sa diplomatie. Toutefois, l'indépendance n'est pas complète. D'une part parce que les habitants des comtés d'Irlande du Nord choisissent de rester fidèles à la Couronne britannique. D'autre part parce que selon l'accord conclu, les Britanniques conservent un droit de regard sur les affaires irlandaises. Par exemple, les membres du gouvernement et du parlement du nouvel État doivent prêter un serment d'allégeance au Roi, représenté à Dublin par un gouverneur général chargé de nommer le Premier ministre après chaque élection. Rejetant cet accord qui ne les satisfait pas sur toute la ligne, les indépendantistes irlandais les plus radicaux se retournent contre leur président de parti, Michael Collins, lui reprochant ses concessions. Le 22 août 1922, à l'âge de trente et un ans, il meurt assassiné par les siens.

LE CARROUSEL DES CONSULTATIONS

Le 21 octobre 2010, le Roi confie au socialiste flamand Johan Vande Lanotte une nouvelle mission de conciliation. L'idée d'un *split rate* de l'impôt des personnes physiques (fixation d'un taux fédéral et d'un taux régional dans une même tranche) est avancée. Neuf jours plus tard, au Cercle de Wallonie, Bart De Wever se montre sceptique, car selon lui, le « momentum » est passé. Après plusieurs tentatives d'unir le destin des sept partis, le conciliateur jette l'éponge, non sans déclarer : « On peut mener un cheval à la rivière, mais on ne peut le forcer à boire. »

Le 2 février, c'est au tour du président du parti libéral, Didier Reynders, d'« informer le Roi sur les possibilités d'arriver à un accord institutionnel en particulier sur BHV et le refinancement de Bruxelles, le transfert de compétences aux entités fédérées, leur financement et leur responsabilisation et le financement dans la durée de l'État fédéral ». Trois semaines plus tard, il remet son rapport au souverain et croit constater « une volonté de négocier ». Ce n'est pas du tout mon point de vue. Il y a de toute évidence dans le chef de Bart De Wever une impossibilité politique d'accepter un compromis, quel qu'il soit, et les efforts de Reynders n'ont en rien ébranlé ce grand refus dans lequel il se mure depuis des mois. Le 2 mars, le Roi ne désempare pas et fait du président du parti chrétien-démocrate flamand Wouter Beke le nouveau négociateur chargé de préparer un accord institutionnel. Un bon mois plus tard, le négociateur royal dépose un rapport qui se veut optimiste quant à une possible relance des négociations. Mon scepticisme n'est pas moins grand et il me semble au contraire que cette dernière mission n'a fait que vérifier une fois de plus ce que chacun des négociateurs sait maintenant de manière définitive, que la N-VA ne veut à aucun prix d'un accord et qu'elle n'entrera pas dans le prochain gouvernement.

En mai 2011, nous en sommes déjà à près d'un an de pourparlers. Une année perdue en discussions stériles avec la N-VA, dont la stratégie du pourrissement commence à porter ses fruits avariés. Je ne doute plus à présent que les indépendantistes flamands veulent faire croire aux citoyens, du nord comme du sud, que la Belgique est un pays en bout de course qui ne fonctionne plus, qui force deux « démocraties antagonistes » – la francophone et la flamande – à cohabiter malgré elles et qui ferait mieux d'organiser sans délai ses propres funérailles.

La Belgique inquiète

Cette intoxication des esprits fonctionne et l'inquiétude monte au sein de la population. Un sondage révèle que 57% des Belges sont anxieux et la presse rappelle qu'il y a peu, le comédien Benoît Poelvoorde invitait tous les hommes à se laisser pousser la barbe tant qu'il n'y aurait pas de gouvernement. La cote d'alerte étant à nouveau atteinte, trente mille personnes défilent dans les rues de Bruxelles pour défendre l'unité de la Belgique. Dans la foulée, plusieurs mois durant, les étudiants du pays organisent des manifestations sur le même thème[63]. La perspective d'un éclatement n'est plus une fiction et les citoyens ne rient plus du tout. Aux fenêtres des habitations, les drapeaux tricolores ont fleuri et c'est sans rapport avec nos Diables rouges. Ces drapeaux-là sont ceux d'un pays qui entend persister dans son être mais qui doute de plus en plus de sa propre survie.

---

63 *Le Soir*, 6 mai 2011.

Si l'enlisement devait perdurer, nul ne sait ce qui pourrait advenir. Les forces centrifuges peuvent-elles l'emporter? L'éclatement de la Belgique est-il inscrit dans les astres? Y a-t-il encore moyen de sauver ce pays auquel ses habitants, en dépit de ses fractures communautaires, vouent un attachement profond?

FORMATEUR

Le roi Albert II en tout cas joue pleinement son rôle dans pareille situation de crise et ses interventions sont toujours précieuses. La Belgique lui doit beaucoup. Il me rappelle au Palais, et au terme d'une longue et intense discussion, m'encourage à reprendre les rênes de la négociation en vue de forcer, enfin, un compromis avec les partis de bonne volonté. D'emblée, il me nomme formateur. C'est un risque tant pour lui que pour moi, car un nouvel échec serait dévastateur.

« Un problème créé ne peut être résolu en réfléchissant de la même manière qu'il a été créé », nous enseigne Albert Einstein. Je réfléchis longuement. Revoir les sept mêmes partis ne conduira à rien. Il faut un changement radical. Quelque chose qui étonne et qui fera appel à tous les partis démocratiques, libéraux compris. Mais comment y parvenir? Je suis conscient du fait que je vais être tiraillé entre le programme de mon parti, ancré à gauche, et les exigences d'une Flandre plus libérale et conservatrice. La célèbre formule de Jean Jaurès[64] résonne dans ma tête. J'opte pour l'unité nationale et donc les compromis, tout en me promettant de rester loyal à mon parti qui vient de me réélire à sa tête. Avec Laurette Onkelinx, Anne Poutrain et de nombreux experts de l'IEV et de nos cabinets, je commence à rédiger une note dans le but d'avancer une base de compromis.

64 « Le courage, c'est d'aller à l'idéal et de comprendre le réel. »

Un travail dans la discrétion et le silence, silence qui sera bientôt sanctuarisé par un problème de santé imprévu, sans conséquences heureusement, ni pour moi ni pour la négociation. Il se trouve que les pourparlers sans fin des derniers mois ont usé ma voix, faisant apparaître sur l'une de mes cordes vocales un nodule à caractère bénin. Opéré le 1er juin, je m'entends prescrire par le médecin un silence absolu qui devra durer toute une semaine. Ma provisoire mutité ne me rend pas inactif et je profite du retrait monacal qu'elle m'impose pour peaufiner mes propositions de négociations, en concentrant toute mon attention sur ce nœud gordien qu'est encore et toujours BHV.

Sans solution au problème BHV, il n'y aura pas de gouvernement fédéral. Telle est ma conviction. Pour avancer, je rédige une sorte de mémoire d'une centaine de pages qui contient des suggestions très argumentées sous le titre « Un État fédéral plus efficace et des entités fédérées plus autonomes ». J'avance l'idée que la circonscription de Bruxelles-Hal-Vilvorde pourrait être scindée moyennant une consolidation des droits fondamentaux des citoyens, leurs droits linguistiques notamment. Comme un funambule, je marche sur un fil tendu entre les francophones et les néerlandophones qui semblent prêts à en découdre. Quoique substantielle comme avancée, la scission de BHV ne constituerait pas en soi un programme de gouvernement. J'intègre dès lors la solution imaginée dans un cadre politique plus vaste : « Notre pays a besoin de changements radicaux et de réformes fondamentales. La Belgique devra être modernisée grâce à un projet commun capable de réconcilier Flamands, Bruxellois, Wallons et germanophones, tout en respectant les intérêts de chacun. » Des réformes majeures sont proposées : un transfert massif de compétences et d'autonomie fiscale vers les Régions et Communautés, un assainissement rigoureux des finances publiques et une réforme sociale et économique.

Le 4 juillet, j'adresse l'ensemble de mes propositions aux neuf partis démocratiques du pays susceptibles de former un gouvernement, en leur laissant trois jours pour me répondre. Dès le lendemain, les libéraux francophones me font part de leur accord pour négocier. Le Voka se montre plutôt favorable, car ses membres sont pénalisés par l'instabilité régnante et ils souhaitent une issue rapide à la crise. Les syndicats s'opposent, de même que les mouvements flamands radicaux. Le jour suivant, les libéraux flamands donnent leur feu vert. Écolo et Groen acceptent à leur tour. Comme je l'ai prévu, Bart De Wever exprime le refus franc et massif de son parti. Le CD&V pour sa part reste ambigu, refusant de s'engager tout en n'excluant pas une participation *mutatis mutandis*. Faute d'une promesse solide de majorité, je présente ma démission au Roi, qui la tient en suspens. Il m'encourage à poursuivre. Je fais à nouveau confiance à son jugement. Je reprends donc mon bâton de pèlerin et convie autour de la table les partis qui ont exprimé une adhésion claire au projet. Ces partis sont donc les socialistes, les libéraux et les écologistes du nord et du sud du pays, auxquels s'ajoutent les chrétiens-démocrates francophones.

UN THRILLER NOMMÉ CD&V

Une pression politique énorme pèse à cet instant sur le CD&V, dont les voix sont indispensables à la formation d'une coalition capable d'atteindre la majorité des deux tiers et une majorité dans chaque groupe linguistique au Parlement, et ainsi de voter une réforme de l'État. Je supplie son président Wouter Beke, un homme de qualité, de prendre part à l'aventure, au nom de la responsabilité exercée par les démocrates-chrétiens depuis la naissance du pays en 1830. Je l'invite à venir en parler avec l'équipe des « oui » le jour de la fête nationale, le 21 juillet en fin d'après-midi, après le défilé militaire, au cabinet de Laurette Onkelinx. Toutes les équipes d'experts qui ont travaillé jour et nuit sont dans l'angoisse d'un nouvel échec. Moi aussi, je suis stressé : j'attends une réponse et elle ne vient pas.

Les cérémonies s'achèvent et toujours aucune nouvelle de Wouter Beke. Chaque minute me paraît une heure. Je finis par perdre l'espoir quand à six heures moins le quart, mon téléphone vibre. C'est Wouter Beke. Il m'en faut peu pour retrouver l'optimisme, et son appel m'électrise : « Je serai là dans un quart d'heure. » À peine assis, mon collègue affirme ses positions : « Le CD&V ne sera pas moins demandeur de réformes institutionnelles que la N-VA. Nous serons même plus exigeants », ajoute-t-il, pour bien montrer sa détermination. Depuis le début, je le sens très proche des thèses de Bart De Wever, mais je sais aussi que le CD&V est rompu aux négociations gouvernementales depuis des décennies et qu'il est parfaitement capable de conclure des compromis. Beke répète ses exigences afin qu'elles s'impriment bien dans les cerveaux : « D'abord BHV et l'institutionnel et puis, une fois la solution trouvée, le socio-économique. »

Face au rigorisme du CD&V, je reste dubitatif. Mon moral repart toutefois à la hausse quand les différents partis pressentis marquent leur accord sur la formule proposée. Nous entamerons donc les discussions par le volet institutionnel, avec le CD&V à la table.

Comme il me l'a demandé, je retrouve le Roi chez lui, à son domicile privé du Belvédère, vers les trois heures du matin. Il m'accueille chaleureusement avec un café et un morceau de tarte. La reine nous rejoint pour quelques minutes en dépit de l'heure indue. Je sens chez le chef de l'État un soulagement et il m'encourage à persévérer. Dans la nuit, un communiqué du Palais indique que le Roi, constatant la volonté exprimée par une large majorité de résoudre les problèmes institutionnels et socio-économiques auxquels le pays est confronté, me demande de poursuivre ma mission de formateur. Le Roi sait que tout le monde est épuisé. Il devient indispensable pour chacun de recharger ses batteries. Il me propose donc une trêve jusqu'à la mi-août, « pour permettre aux responsables politiques de se reposer de leur grande fatigue au terme d'une crise de plus de quatre cents jours ».

Après un bref temps de repos en Italie, je lance les négociations avec les huit formations politiques qui ont accepté de discuter de mes propositions. Débute alors un travail acharné, de jour comme de nuit. Des dizaines de groupes d'experts gravitent autour des négociateurs. Les allers-retours entre eux sont incessants. Petits-déjeuners, repas de midi et repas du soir sont pris ensemble sans que jamais le labeur ne s'interrompe. Pour éviter que les négociations s'enlisent, j'impose un tempo qui n'autorise aucun relâchement ni aucun état d'âme.

PREMIÈRE VICTOIRE : UN ACCORD HISTORIQUE SUR BHV !

À bout de souffle, dans la nuit du 14 au 15 septembre, les négociateurs tombent d'accord sur une solution pour Bruxelles-Hal-Vilvorde. L'arrondissement électoral sera scindé, mais les habitants des six communes à facilités autour de la capitale pourront encore voter pour des listes bruxelloises. À juste titre, les journaux parlent d'un accord historique. Trois semaines plus tard, c'est le volet judiciaire de BHV cette fois qui fait l'objet d'un accord. Cet arrondissement judiciaire si problématique sera lui aussi scindé, de façon certes un peu baroque, mais le nœud gordien est bel et bien tranché.

BHV aura empoisonné la vie politique du pays pendant cinquante ans. Dans la nuit du 7 au 8 octobre, un accord global est trouvé sur la réforme de l'État. Une conférence de presse est organisée le matin, conférence que j'ouvre par ces mots tant attendus : « *We hebben een akkoord* – Nous avons un accord. » Quelques jours plus tard, je reçois de Flandre une lettre avec une photo de deux enfants. Leur mère m'écrit en néerlandais : « Mes enfants ne font que se disputer à longueur de journée. Mais ils vous ont vu à la télé et maintenant, m'ont-ils dit, *we hebben een akkoord*. Merci, monsieur Di Rupo. » Me voilà donc utile au pays, j'en suis ravi !

CHAMPAGNE ? UN PEU (BEAUCOUP) DE PATIENCE…

Le plus dur est fait et nous pouvons maintenant passer à la phase suivante, plus traditionnelle mais plus importante pour les citoyens, qui consiste à accorder les différents partis autour d'un programme socio-économique. Tous les partis ? Non, car dès l'accord institutionnel bouclé, Alexander De Croo, le président de l'OpenVLD, me dit qu'il ne veut à aucun prix des verts flamands dans le gouvernement. Malgré mon insistance, c'est non ! Je tente de persuader le président d'Écolo, Jean-Michel Javaux, de rester dans l'attelage gouvernemental, ce qu'il refuse par solidarité avec Groen. Je lui propose alors de m'accompagner dans la mise en œuvre de l'accord institutionnel, que je conduirai personnellement en parallèle de l'action gouvernementale. Avec élégance, il accepte, et un peu plus tard, il m'apporte le consentement de Groen. C'est ainsi que j'invente le Comori (Comité de mise en œuvre des réformes institutionnelles), l'instance qui pilotera l'ensemble des réformes institutionnelles.

Le 13 octobre, avec les partis restants, je poursuis les négociations en vue de former le gouvernement. Entre-temps, le cdH a élu un nouveau président, Benoît Lutgen, et le sp.a a fait de même en élisant Bruno Tobback. Ils entrent donc dans la discussion, qui s'avérera très difficile. Le choc entre la gauche et la droite est frontal. Les libéraux et les chrétiens-démocrates flamands, dont l'échine est parcourue par le souffle vengeur de la N-VA restée dans l'opposition, se montrent intransigeants. Puisant dans le tréfonds de ma patience, je passe des journées entières à tenter, dossier après dossier, de trouver des accommodements acceptables par les uns et les autres. Mal rétribué de mes efforts, je finis par admettre que nous sommes à nouveau bloqués, que la distance entre le PS et les deux partis de droite flamands ne s'est pas réduite d'un pouce. En toute honnêteté, je peux attribuer aux libéraux et chrétiens-démocrates flamands la cause du blocage : à partir du moment où ils ne cèdent sur rien, les concessions que je propose de mon côté deviennent forcément caduques. On ne conclut pas de compromis tout seul.

Le 21 novembre, à bout de patience et de fatigue, je traite mes collègues négociateurs d'irresponsables et je quitte la table pour présenter ma démission au Roi. Il me reçoit calmement. Il sait qu'il doit me donner le temps du ressaisissement et il tient sa réponse en suspens, avant de recevoir séparément les six présidents de parti. Deux jours plus tard, il me demande de poursuivre ma mission.

541 JOURS : FIN DE LA CRISE !

Le 1er décembre 2011, jour de la Saint-Elio, je veux dire de la Saint-Éloi, un accord global est enfin trouvé! À l'instar de l'accord institutionnel, il présente la caractéristique d'être très précis, très détaillé. Chaque phrase a été validée après relecture par chaque président de parti. J'en informe immédiatement le Roi, mais avant de former le gouvernement, des étapes délicates doivent encore être franchies. Chaque parti doit faire approuver l'accord par ses affiliés lors d'un congrès convoqué d'urgence. À mon grand soulagement, toutes les réponses des partis me reviennent positives.

Après 541 jours de crise, la plus longue de l'histoire du pays, nous pouvons enfin former un gouvernement ! Le soir même et toute la nuit, d'âpres discussions animent les six présidents de parti qui doivent encore se répartir les différents postes ministériels. C'est un exercice de haute voltige qui met les nerfs à vif. Au petit matin, le travail achevé, je me rends au Palais royal pour soumettre à Albert II les noms des futurs ministres et secrétaires d'État.

L'ARRIVÉE AU « 16 »

Pour ma part, ce moment est de ceux qui comptent et se figent à jamais dans la mémoire. Avoir contribué à sortir la Belgique d'une très profonde ornière me procure une certaine fierté, et voilà que je m'apprête à devenir le Premier ministre du pays qui a accueilli ma famille, celui où mon père est mort quand j'avais un an et dans lequel ma mère m'a élevé. L'enfant introverti de Chapelle se frotte un peu les yeux, et la fatigue des dernières nuits blanches n'explique pas tout. Il sait que sa prochaine nomination sur la plus haute marche politique de l'État belge consacre des années d'efforts et de sacrifices, les siens, bien sûr, ceux de sa mère aussi, qui ont rendu le miracle possible et pour lesquels il n'aura jamais assez de gratitude.

C'est le Roi qui nomme les ministres et secrétaires d'État fédéraux, sur proposition du futur Premier ministre. Le gouvernement que je me prépare à diriger est composé de treize ministres et six secrétaires d'État. Y participent des personnalités de tout premier plan comme Laurette Onkelinx, Joëlle Milquet, Johan Vande Lanotte, Didier Reynders, Paul Magnette ou encore Vincent Van Quickenborne. Pour assurer le suivi des réformes institutionnelles, deux secrétaires d'État de grand talent sont proposés. Il s'agit de Melchior Wathelet jr côté francophone, de Servais Verherstraeten côté flamand.

Ainsi s'achève un épisode interminable au cours duquel la Belgique a vacillé, s'est fissurée, s'est vue mourir, avant que la classe politique retrouve ses esprits et se montre enfin à la hauteur de la situation. Notre pays a fort heureusement pu compter dans ces moments dramatiques sur des personnalités à la hauteur de leurs fonctions et responsabilités : le roi Albert II, tout d'abord, qui a su prendre les bonnes décisions au bon moment, ensuite les présidents de parti, qui ont finalement dépassé leurs intérêts partisans. Le chef de cabinet du Roi, Jacques van Ypersele de Strihou, avec toute la discrétion que son rôle impose, a lui aussi joué sa partition d'une manière magistrale, en très grand connaisseur qu'il est de notre pays et de ses rouages. À toutes et tous, nous sommes redevables de la stabilité retrouvée de notre pays.

LES ANNÉES INTENSES

« Les années ne passent pas
sans laisser de traces. »
Roberto Bolaño

J'entre au 16, rue de la Loi avec la ferme volonté de rétablir la crédibilité de l'État dans ses différentes composantes et de le réformer. J'ai foi en mon pays si atypique et je n'ai pas peur de sa complexité. Je crois que la Belgique a un bel avenir devant elle et qu'avec sa diversité, ses cultures variées, son caractère cosmopolite, elle est une sorte de laboratoire pour l'Europe en construction. Je crois aussi en son modèle social si performant, auquel ma famille politique a tant apporté et auquel je me verrais bien contribuer encore, moi aussi, en le renforçant pour faire de lui une référence au sein de l'Union européenne. Dans le même ordre d'idées, je suis convaincu que nos libertés syndicales, notre modèle de concertation qui fait dialoguer en permanence patrons et syndicats ainsi que nos mécanismes d'indexation automatique des revenus font de notre pays sinon un paradis, du moins un sanctuaire pour les droits des travailleurs. À ces particularités belges très enviables s'ajoutent nos lois éminemment progressistes en matière d'euthanasie, d'avortement, d'antiracisme ou de mariage pour tous. Tous ces acquis, j'entends bien les protéger et m'appuyer sur eux pour mener les politiques futures.

Un Premier ministre socialiste en Europe, ça se trouve, mais il ne faut pas avoir peur de parcourir de longues distances pour le rencontrer. Je sais déjà que je serai très isolé et pas forcément bien vu de mes collègues libéraux et conservateurs, acquis de longue date à l'hypercapitalisme. Qu'à cela ne tienne, dans les sommets européens comme au sein de notre conseil des ministres national, je continuerai à me battre pour ce en quoi je crois, à savoir le progrès social, la qualité et la sécurité des emplois, la réduction des inégalités, l'émancipation des classes populaires, la régulation de l'économie et de la finance, la protection de l'environnement, le respect des minorités, et plus généralement l'égalité et la liberté réelles de tous les êtres humains.

Je me définis comme un moderne ouvert à toutes les évolutions positives, notamment dans le domaine scientifique. La science pour moi n'est ni bonne ni mauvaise, car tout dépend de l'usage qu'on en fait. Encourager la recherche me semble donc aller de soi et je m'opposerai toujours aux dogmatismes, préférant la réflexion éthique et les codes de bonne conduite aux interdictions stériles.

Sur le plan économique, je souhaite aider mon pays à créer davantage de richesses et à mieux assurer la juste répartition de celles-ci. Les travailleurs doivent être mieux récompensés et les jeunes doivent recevoir un maximum de possibilités de se former, d'étudier et de suivre un parcours professionnel gratifiant. J'ai conscience du fait que toutes nos initiatives sont appelées à s'intégrer dans le cadre européen et même mondial, mais ceci ne fait pas de moi un partisan béat de la mondialisation. Bien au contraire, je suis résolu à combattre de toutes mes forces ses excès et ses injustices. Une mondialisation orchestrée par les multinationales et le monde de l'argent ne peut pas amener de grands progrès humains ; elle ne peut qu'accentuer les écarts de richesse et réduire la protection sociale via un dumping généralisé tout en dévastant la planète. J'entends donc, au nom de la Belgique, contrecarrer ces processus et promouvoir des formes nouvelles d'échanges internationaux : mon horizon est celui d'un altermondialisme concret, régulateur de l'économie et très porté sur les questions environnementales.

Ces balises posées, je n'ai pas l'intention de rouler des mécaniques et je rechercherai toujours le consensus, fruit d'une réflexion partagée et d'un patient travail de persuasion. Le Premier ministre d'un gouvernement de coalition ne peut pas se permettre d'organiser des affrontements entre son aile gauche et son aile droite ; il doit au contraire agir en conciliateur et prendre tout le temps nécessaire pour faire converger les points de vue. Ma méthode sera donc fondée sur l'écoute, le dialogue et la loyauté à l'égard des différents partenaires.

Comment faire autrement ? La constitution de ce gouvernement tient déjà en soi du miracle. Son tout premier chantier sera la future réforme institutionnelle, dont les plans très précis ont été validés durant les négociations, mais on sait que le diable se cache dans les détails. Je m'attends donc à quelques poussées de fièvre ou d'adrénaline dans les semaines à venir et je serai particulièrement vigilant. Sur le plan économique et financier, nous ne serons pas beaucoup plus détendus, car des réformes significatives sont d'ores et déjà programmées sous le regard sévère du Fonds monétaire international et de la Commission européenne qui ont tiré la sonnette d'alarme à propos du budget de la Belgique. Les négociations en vue de former le gouvernement ayant déjà mangé une année et demie de cette législature, il me reste trois ans à peine pour maîtriser les finances publiques – un défi à faire pâlir les meilleurs mathématiciens – et relancer notre économie.

Un budget solide pour une Belgique crédible

À peine installé, je charge lourdement les ordres du jour du conseil des ministres. Mon équipe entame la rédaction des projets de loi, les réunions intercabinets s'enchaînent et les premiers textes finalisés sur une réforme des pensions, dont la mesure majeure est le report de l'âge de la pension anticipée, sont envoyés en express à la Chambre qui doit les voter avant la fin de l'année. Le vote aura lieu le 22 décembre, soit seize jours après ma prestation de serment. Ce sera la date choisie par les syndicats pour organiser une grève dans la fonction publique. Pendant ce temps, les médias flamands ne désemparent pas au sujet de BHV et mettent la pression afin que l'arrondissement soit scindé dans les plus brefs délais. Je reste calme, sachant où je vais et confiant dans le processus en cours.

L'écueil le plus redoutable reste le problème budgétaire. Je souhaite à cet égard que la Belgique restaure au plus vite sa crédibilité internationale et que les taux d'intérêt appliqués à nos emprunts d'État diminuent drastiquement. Des centaines d'heures sont nécessaires pour préparer trois ajustements budgétaires en 2012 et l'élaboration du budget 2013. Chaque dépense, chaque recette, chaque mesure d'économie est âprement disputée entre les ministres. Les propositions fusent de toutes parts et moi, stoïque au milieu du jeu de quilles, je noircis en tout une vingtaine de cahiers en les remplissant de chiffres et d'hypothèses budgétaires. Les réformes socio-économiques m'accaparent également jour et nuit, le tout dans un climat franchement hostile du côté de la presse flamande, qui peine toujours à admettre la présence d'un socialiste francophone à la tête du pays.

L'HOMME ET SON STYLE

Au printemps, en Flandre, les critiques contre mon gouvernement et ma personne s'intensifient. Les observateurs flamands n'ont d'yeux que pour le vainqueur des élections, Bart De Wever, dont ils ne semblent pas comprendre le maintien dans l'opposition. Ont-ils déjà oublié les 541 jours de crise et la saga des refus exprimés par la N-VA tout au long de ces négociations historiques? Les associations patronales flamandes, sans surprise, injectent elles aussi leur dose de fiel dans le débat et tonnent comme si la Flandre était victime d'un déni de démocratie.

Heureusement, certains médias, comme l'hebdomadaire *Trends-Tendances*, nuancent. Sous le titre « Pourquoi les patrons flamands n'aiment pas Di Rupo » et sous la plume de Guy Legrand, je lis : « Les critiques exprimées en Flandre à l'égard du Premier ministre et de son gouvernement peuvent induire en erreur sur la cible qu'elles visent. D'autant qu'elles ne sont pas dénuées d'un brin de myopie et d'un fifrelin de mauvaise foi[65]. » Luc De Bruyckere, président du Voka, le puissant réseau flamand des entreprises, se montre magnanime : « L'empathie sincère avec laquelle il a exprimé les sentiments de la population après l'accident de Sierre a été accueillie très positivement en Flandre... La réussite des négociations et la formation d'un gouvernement restent à son actif. » Quant au respecté journaliste Rik Van Cauwelaert, il conforte le nouveau sentiment en Flandre : « J'exprime mon appréciation pour le fait qu'il a réalisé un accord, y compris sur la scission de BHV, sans quoi rien n'était possible. »

Du côté francophone, l'intérêt est ailleurs. David Coppi, journaliste au *Soir*, se penche sur ma manière de remplir ma mission[66]. « Observez comment Elio Di Rupo présidentialise la fonction de Premier ministre. Sa façon de se hisser en permanence au-dessus du lot. De doser ses apparitions publiques. De calibrer ses interventions. Rien (ou peu) à voir avec ses prédécesseurs. Avec Elio Di Rupo, on change radicalement de style. Le Seize se fait élyséen. » Il note que je suis « comme ça en toutes circonstances, à la ville comme à la campagne, par tempête ou temps calme ». En réalité, nous marchons sur des charbons ardents et si je veux éviter une éruption au sein de ma coalition volcanique, je

65 *Trends-Tendances*, 5 avril 2012.
66 *Le Soir*, 25 avril 2012.

me dois de mesurer chacun de mes pas, chacun de mes gestes, chacun de mes propos.

Mon grand défi consiste à créer un climat de collaboration honnête entre la droite et la gauche, entre les Flamands et les francophones. Il s'agit de faire travailler efficacement le gouvernement composé de six partis, et en parallèle de rendre productif le comité de mise en œuvre des réformes institutionnelles composé des huit partis ayant pris part aux accords institutionnels. Les équilibres sont on ne peut plus fragiles, ce qui me force à être prudent et à jouer les confidents politiques des uns et des autres. Avec moi, chacun le sait, on a la certitude de n'être jamais trahi. Ma méthode repose sur la confiance réciproque, qui est une véritable assurance-vie pour ce gouvernement et notre pays encore si fragile. Sans ce climat de confiance mutuelle entre les principaux responsables politiques, le gouvernement tomberait rapidement et la Belgique redeviendrait un bateau ivre. J'évite dès lors, peu importe le lieu ou le public rencontré, de prendre des positions qui briseraient l'équilibre si difficilement atteint. Mon allure n'est pas celle d'un président comme on se plaît à la décrire, mais celle d'un homme de parole en qui même un adversaire politique, pour autant qu'il soit honnête, peut avoir confiance.

BHV : R.I.P.

Sept mois après mon installation, je réussis à faire voter la réforme de BHV par la Chambre des représentants. Comme toujours dans les assemblées parlementaires, chacun y va de son commentaire lors du débat qui se tient la veille du vote. La droite flamande, en particulier la N-VA, estime que trop de concessions ont été accordées aux francophones. Le FDF, parti hyper francophone, estime pour sa part que trop de concessions ont été faites aux Flamands. Une chose est certaine, c'est qu'un litige vieux de cinquante ans trouve enfin sa solution, et il s'agit là d'une excellente nouvelle pour la Belgique. D'habitude, lors des débats parlementaires, ce sont les ministres qui répondent aux interpellations. Mais le jour est historique et c'est au Premier ministre qu'il revient d'exposer la situation. Je prends donc la parole, longuement, pour rappeler que ces dernières années, BHV était devenu le plus grand obstacle entre les Flamands et les francophones, faisant même tomber un gouvernement et précipitant le pays dans la plus longue crise institutionnelle de son histoire. Je salue le courage des partis qui ont accepté de consentir tous les efforts nécessaires, dont les verts restés en dehors du gouvernement. Avec cette réforme, ce sont *in fine* tous les citoyens et toutes les entreprises de Flandre, de Wallonie et de Bruxelles qui bénéficieront des solutions trouvées.

Mon objectif principal reste le rétablissement de la crédibilité du pays et, secondairement, celui de sa classe politique. Avec la solution trouvée pour BHV, j'ai l'intime conviction que la situation se débloque et qu'enfin, nous pouvons créer un État fédéral plus moderne, plus efficace et plus proche de ses citoyens, qui sera un partenaire solide de Régions et de Communautés devenues plus fortes. En scindant BHV, je mets fin au carrousel politique et j'espère ramener la sérénité dans les communes concernées.

La Belgique rassure les marchés

BHV scindé, je m'attaque à l'Everest qu'est le budget de l'État qu'il faut impérativement assainir si la Belgique souhaite conserver la confiance des marchés financiers et tenir ses engagements européens. C'est un travail de titan. Comme toujours, aucun département ni aucun ministre de tutelle ne trouve envisageable de réduire quelque dépense que ce soit. Mais la réalité est cruelle. Sans assainissement, le pays ne peut que couler. Avec une patience d'ange, des heures durant, j'amène peu à peu mes collègues à s'affranchir de leurs intérêts immédiats et de leurs préoccupations idéologiques pour ne prendre en considération que la réussite de notre entreprise collective de sauvetage du pays. L'un de nos ajustements budgétaires dure pas moins de six semaines, ce qui fait dire à la presse que je suis lent. Non, je ne suis pas lent, je suis persévérant !

Ma méthode, comme l'expose le journal *L'Écho*, porte ses fruits : « La Belgique a respecté la trajectoire budgétaire qu'elle s'était fixée, ramenant le déficit public à 2,15% du PIB en 2013. L'ampleur de l'assainissement réalisé est historique : près de 18 milliards d'euros sur deux ans. C'est du jamais vu. La pression extérieure des marchés financiers est nettement retombée. Entre le 1er décembre 2011 et aujourd'hui, le *spread* – c'est-à-dire l'écart entre le taux des obligations belges à dix ans et allemandes de référence – est passé de 263 à quelque 82 points de base. Ce vendredi, les taux obligataires à dix ans sont tombés à leur plus bas niveau depuis la naissance de la monnaie unique : 2,156% (contre 5,86% avant la formation du gouvernement)[67]. » Quant aux syndicats, ils ne veulent rien entendre et parlent injustement de récession.

DES SOUTIENS… ET DES CRITIQUES À GAUCHE

Dans ma famille politique, les fidèles camarades me soutiennent et ne lésinent pas au moment d'exprimer leur belle fraternité. Karine Lalieux, Ahmed Laaouej et André Flahaut, par exemple, m'adressent un aimable compliment : « Par son brio politique, Elio Di Rupo a donné un avenir au pays, et il a donné un avenir à la gauche en Belgique. En sauvant le pays, il a sauvé les valeurs de la gauche, à commencer par la solidarité. Que serait devenu notre modèle social en cas de scission du pays ? […] C'était beaucoup

---

67 *L'Écho*, 1er décembre 2012.

plus facile pour lui de rester président de parti. Mais il a le sens de l'État. Il aime la Belgique. Il aime les Belges[68]. »

D'autres socialistes par contre sont déçus ou ne comprennent pas les décisions prises. Ils préféreraient que le PS quitte le navire et se réfugie dans le confort de l'opposition pour n'avoir pas à adopter des mesures impopulaires. Le courage et la raison, comme presque toujours chez nous, l'emportent et nous assumons l'ensemble de nos engagements. Ce faisant, nous épargnons au pays une nouvelle crise de régime dont les conséquences auraient pu être dramatiques, en particulier pour les francophones qui ne peuvent se passer du jour au lendemain de la solidarité nationale.

Faisant écho à la contestation, *Le Vif/L'Express* écrit : « Servir son pays, c'est aussi, parfois, trahir sa patrie politique. Quitte à comparaître pour désertion devant le tribunal médiatique et syndical. Le Premier ministre en fait la pénible expérience depuis douze mois[69]. » L'acrimonie provient essentiellement des rangs syndicaux, ce qui me désole, car j'ai été leur défenseur et leur relais, de manière permanente, dans des lieux de décision qui leur sont très défavorables. Ils sont à mes yeux un contre-pouvoir indispensable et je me suis toujours opposé avec force à la droite quand elle machinait contre eux des projets visant à réduire leur influence. Aujourd'hui comme hier, je les soutiens et je suis leur compagnon de route, persuadé que nos actions respectives sont très complémentaires.

Ce que les syndicats n'acceptent pas, c'est d'une part l'assainissement budgétaire, d'autre part une réforme du chômage, ou plus précisément des allocations d'insertion reçues par les personnes n'ayant pas ou pas assez cotisé pour bénéficier des mêmes droits au chômage que l'ensemble des travailleurs. La famille libérale,

68 *Le Vif/L'Express*, 28 décembre 2012.
69 *Ibid.*

qui déteste le principe de non-limitation dans le temps des allocations de chômage – la Belgique est une exception européenne en la matière, comme elle l'est pour l'indexation automatique des salaires –, voulait mettre brutalement fin à ce principe. Pour elle, il fallait fixer à deux ans maximum la durée d'octroi des allocations et exclure tous les chômeurs du système, purement et simplement, une fois ce cap franchi.

Avec Laurette Onkelinx, je m'y suis opposé bec et ongles, conscient du manque d'emplois offerts sur le marché du travail et intimement persuadé que sauf très rare exception, on ne choisit pas le chômage, on en est victime. Les libéraux ont alors concentré leurs attaques sur les personnes n'ayant jamais travaillé ni cotisé (ou trop peu pour s'ouvrir un droit au chômage), estimant que leur octroyer une allocation revenait à les dissuader de rechercher un emploi. D'interminables négociations s'en sont suivies, au terme desquelles a été sauvé le principe de non-limitation dans le temps des allocations de chômage, moyennant une restriction pour le régime des allocations d'insertion qui ne concernait, selon nos informations, que les jeunes sortis de l'école et n'ayant pas trouvé un emploi rapidement.

Sans nuances, les syndicats et l'extrême gauche dénoncent donc le compromis finalement conclu et se scandalisent d'une « chasse aux chômeurs » inacceptable. Comme Premier ministre, j'assume loyalement cette mesure résultant de laborieux équilibrages entre les différents partis de la coalition. Je la juge inutile et vexatoire, mais je dois prendre en compte la farouche détermination d'une famille politique indispensable à l'existence du gouvernement du pays (qui sans gouvernement se déliterait au grand préjudice de tous et singulièrement de la Wallonie). Je défends dès lors ce compromis-ci, comme je le fais avec tous les autres durant mon mandat, et c'est ce que commande, je pense, le sens de l'État.

Bien entendu, en m'attaquant de manière personnelle, les syndicats choisissent la facilité. Ils savent que le gouvernement est le reflet des résultats électoraux, eux-mêmes l'expression du choix souverain des citoyens. Le PS a certes devancé tout le monde dans les urnes côté francophone, mais il n'est pas majoritaire et il doit composer démocratiquement avec les autres partis. Côté flamand, les socialistes représentent moins d'un électeur sur sept et ce sont donc les partis de droite, essentiellement, qui fournissent députés et ministres. Faire croire que le PS, parce qu'il détient le poste de Premier ministre, a tout pouvoir au sein de la coalition est d'une parfaite absurdité.

CRÉER LA RICHESSE, PARTAGER LA PROSPÉRITÉ

Si, en Flandre, on se soucie peu des chômeurs en raison d'un quasi-plein-emploi, à Bruxelles et en Wallonie, il en va autrement. Tout responsable politique de bonne foi sait que les possibilités d'embauche sont encore insuffisantes malgré le redressement en cours. Nul n'ignore, par ailleurs, les problèmes de formation et d'adaptation au marché du travail d'une partie de la population qui a, plus que les autres, souffert de la désindustrialisation du passé. En tant que socialiste, je ne cesse depuis mes premiers pas en politique de m'inquiéter de leur sort et surtout de forger les conditions économiques indispensables à leur émancipation. Ma préoccupation première est de les sortir de leur situation de chômeurs en les aidant à accéder à un emploi.

Pour cela, il faut générer de l'activité, autrement dit encourager l'initiative et l'investissement. Celui qui ose entreprendre doit être soutenu par les pouvoirs publics, car il augmente la prospérité et contribue à faire reculer le chômage. Nous avons besoin, à Bruxelles et plus encore en Wallonie, de personnes qui ont le cran de donner forme à leurs idées en créant des entreprises ou d'autres structures susceptibles de générer des embauches.

Ce discours-là, je le tiens avec conviction et je réfute les accusations de collusion avec le capitalisme et autres sornettes. En tant qu'hommes ou femmes de gauche, nous ne devons pas nous opposer aux entrepreneurs, mais bien aux exploiteurs et aux saccageurs d'environnement, ce qui n'a rien à voir. De très belles convergences peuvent ainsi naître entre travailleurs, patrons, syndicats et pouvoirs publics. Je m'y emploie, en ce qui me concerne, avec détermination. Quand on fait du travail une valeur, comme c'est mon cas, on ne peut qu'applaudir les personnes dynamiques et créatives. À la clé, il en va de la prospérité générale et du maintien de l'ensemble de nos acquis sociaux.

De gauche, je le suis sans restriction, et les occasions de le vérifier sont innombrables, singulièrement quand on aborde les grandes questions économiques. L'un des sujets qui me révoltent le plus est l'ingénierie fiscale qui permet aux multinationales et aux plus fortunés d'éluder l'impôt, parfois à cent pour cent. Si ces roublards et profiteurs ne contribuent pas à la collectivité, toute la charge repose sur les travailleurs et je m'étonne toujours que la droite, qui n'a à la bouche que des expressions telles qu'« il faut davantage récompenser le travail », montre une telle complaisance, pour ne pas parler de complicité, avec les milieux économico-financiers en cause. Plus ces gens fraudent ou éludent l'impôt, plus il devient difficile pour l'État de réduire les contributions des travailleurs, de leur garantir une bonne pension légale ou encore de leur donner accès à des soins de santé performants. Ce n'est pas de mon ressort, mais il me semble que la pensée libérale gagnerait à prendre en compte ces aspects.

DES DOCTEURS EN LIBÉRALISME BIEN PEU SAVANTS

Si le travail au sein du gouvernement est harassant, sur la scène internationale, en revanche, je retrouve des espaces plus aérés où je peux davantage donner libre cours à mes convictions progressistes. Quand Christine Lagarde, la directrice générale du Fonds monétaire international, fait savoir que pour retrouver le chemin de la croissance, la Belgique doit mettre fin à l'indexation automatique des salaires, je me montre inflexible. Notre pays est l'un des rares dans le monde, avec Chypre, le Grand-Duché de Luxembourg et Malte, à garantir aux travailleurs, aux pensionnés et aux allocataires sociaux un revenu qui suit étroitement la courbe de l'inflation. C'est une conquête majeure des socialistes et malgré toutes les pressions subies et toutes les leçons d'économie données du haut de leur tour dorée par de prétendus experts, je ne cède pas d'un pouce. La Belgique continuera de protéger ses citoyens contre l'inflation, n'en déplaise aux idéologues de la dérégulation et de la main invisible du marché.

En dépit de cette résistance acharnée qui, sur le flanc droit de mon gouvernement, me vaut force ricanements, les syndicats s'entêtent à décrier mon action. Pas assez ceci, trop cela, c'était bien la peine d'envoyer un socialiste au 16, rue de la Loi ! La critique permanente des syndicats à l'égard du PS finit par les affaiblir eux-mêmes. Un peu trop mécanique et prévisible, elle lasse et n'apporte aucun espoir puisqu'elle s'emploie à démolir ceux-là mêmes qui, dans un monde de droite, s'évertuent à défendre le progrès social et la solidarité. Elle est contre-productive aussi, dans la mesure où un affaiblissement du PS ne pourrait qu'occasionner un retour de l'austérité et des atteintes aux droits sociaux si difficilement conquis. C'est d'ailleurs très exactement ce qui se produira après mon départ, quand s'installera pour toute une législature de casse sociale la coalition « MR-N-VA » de funeste mémoire.

Lors de la dernière conférence de presse de l'année 2012, je fournis un bilan chiffré de l'activité gouvernementale : nous avons tenu 63 conseils des ministres, traité 1 246 dossiers, approuvé 174 propositions et projets de loi. 2013 est de la même veine, avec la résolution de ses difficultés budgétaires, ses réformes sociales et institutionnelles et l'entretien du dialogue social entre syndicats, patrons et gouvernement.

Le budget belge fait l'objet d'une attention toute particulière de la Commission européenne et singulièrement de son commissaire aux affaires économiques et monétaires, Olli Rehn. Ce dernier croit dur comme fer aux études de deux économistes sortis de Harvard, Carmen Reinhart et Kenneth Rogoff, qui prédisent « scientifiquement » qu'un endettement public supérieur à 90 % du PIB entraîne une récession sur plusieurs années. Leurs calculs montrent que la croissance économique tomberait alors à -0,1%. Une horreur ! La Belgique, dont l'endettement dépasse les 100 %, devrait dès lors se saigner pour descendre au plus vite à 90 %, sous peine de connaître l'apocalypse.

Thomas Herndon, un doctorant de vingt-huit ans de l'Université du Massachussetts Amherst, décide d'étudier le travail internationalement reconnu de Reinhart et Rogoff. Le jeune homme découvre que dans leurs calculs et démonstrations, les deux économistes n'ont pas intégré certains pays qui contredisent leur théorie (l'Australie, l'Autriche, le Canada et le Danemark). Il repère également des erreurs dans leurs fichiers Excel[70]. Rectifiant l'analyse, l'impertinent chercheur et deux de ses professeurs d'économie établissent que lorsque la dette est comprise entre 90 et 120 % du PIB, la croissance économique est de 2,4 %. Au-delà de 120 %, cette croissance se maintient encore à 1,6 % du PIB.

Patatras, les leçons de vertu budgétaire administrées à la Belgique par le commissaire européen Olli Rehn s'appuient sur des études aux erreurs multiples dont les conclusions sont aussi biaisées qu'orientées. Manifestement, comme la politique, l'économie n'est pas une science exacte mais une discipline humaine

70 http://surlesouffleduvent.net/index.php/temps-qu-il-fait/erreur-juste-economie.

où entrent beaucoup de passions, de croyances et de convictions idéologiques. Prendre la mesure de cette réalité permet de se soustraire à bien des diktats, ce que je ne manque pas de faire en épargnant aux citoyens belges des souffrances inutiles.

SAUVER LA CONCERTATION SOCIALE

Les têtes pensantes du libéralisme mondialisé ne voient probablement pas non plus d'un très bon œil la fameuse concertation à la belge, qui fait confiance aux travailleurs et à leurs employeurs et qui, dans toute la mesure du possible, tient le gouvernement à distance des négociations, salariales et autres. Prenons un exemple pour illustrer cette spécialité nationale et bien apprécier son utilité. Depuis vingt-sept ans, la Cour constitutionnelle prescrit à la Belgique d'harmoniser les statuts sociaux des ouvriers et ceux des employés, qui sont différents et jalousement défendus par les centrales syndicales sectorielles, bien que le statut ouvrier soit désavantageux. Pour un cas particulier, le Tribunal du travail de Bruxelles pose une question préjudicielle – c'est-à-dire avant qu'il ne tranche le litige – à la Cour constitutionnelle qui prend alors un arrêt le 7 juillet 2011, donnant deux ans au gouvernement pour abolir les différences entre les statuts. Il faut donc aboutir avant le 8 juillet 2013.

Au cours des mois et des semaines précédant cette date, tous les pronostics des observateurs, politologues et journalistes sont pessimistes. En Belgique, la concertation sociale entre patrons et syndicats est sacrée. Il n'est pas d'usage que le gouvernement se substitue aux partenaires sociaux pour de telles décisions. La négociation se déroule donc au sein du groupe des dix hauts responsables des syndicats et du patronat, tant des grandes que des petites entreprises. Quelques jours avant la date fatidique, je force les interlocuteurs sociaux à négocier. Mais rien n'y fait. Le 4 juillet, les dix se réunissent à nouveau. Je suis les négociations heure par heure. Ça ne va toujours pas ! Je prie alors la ministre de l'Emploi Monica De Coninck, sa cheffe de cabinet et la mienne de rejoindre le groupe en question. Les trois femmes réalisent un travail remarquable avec le soutien du président du groupe, issu du banc patronal, Pierre-Alain De Smedt. Au bout de vingt-sept heures de négociations, un accord est scellé. Je convoque immédiatement une conférence de presse au cours de laquelle tant les syndicats que le patronat se déclarent satisfaits de l'accord. Mes efforts sont ainsi récompensés et cette fois encore, un compromis formidable est réalisé. Le modèle belge de la concertation sociale, assez unique et même magique à bien des égards, est sauvé.

EUTHANASIE : LE NÉCESSAIRE RENFORCEMENT

La Belgique est également connue pour ses avancées éthiques. Elle est ainsi le second pays à autoriser l'euthanasie des adultes, après plusieurs décennies de débats émotionnellement très chargés. D'un côté ceux qui sacralisent la vie, de l'autre les partisans d'une liberté qui prend en compte la qualité d'existence des personnes et leur capacité à se déterminer elles-mêmes. En 2002, à l'initiative du sénateur socialiste Philippe Mahoux et d'autres parlementaires progressistes, le Parlement vote la loi qui fait de la Belgique l'un des tout premiers pays au monde à rendre l'euthanasie légalement possible, moyennant le respect d'une série de critères très stricts.

Pour ma part, je partage l'avis du philosophe André Comte-Sponville selon qui « la dépénalisation de l'euthanasie n'est pas une question de dignité, mais de liberté, face à sa propre vie ou à la souffrance ». Comme dans bien d'autres dossiers éthiques, j'observe que ce nouveau droit accordé aux individus ne bride la liberté de personne et ne retire rien à quiconque. Je suis donc un farouche partisan de l'autodétermination des patients en cas de souffrance insupportable qui ne laisse aucun espoir d'amélioration. Signe des temps, une large majorité se dégage en ce sens au Parlement, seuls les partis chrétiens-démocrates faisant bloc contre le texte. Pour ce qui concerne le PS, ce n'est pas la discipline de parti qui détermine l'attitude des parlementaires dans les dossiers à portée éthique, mais leur conscience personnelle. En tant que président, je leur laisse une entière liberté de choix.

Douze ans après le droit à l'euthanasie pour les adultes, le même sénateur socialiste Philippe Mahoux, associé à des parlementaires d'autres partis, saisit à nouveau le Sénat d'une proposition de loi visant cette fois l'euthanasie des enfants, pour autant qu'ils soient affectés d'une maladie incurable sévère, qu'ils se trouvent dans un état de souffrance physique inapaisable et que leurs capacités de discernement soient établies.

Les initiateurs de la proposition de loi rassemblent une majorité de sénateurs. Inquiet de voir se former une possible majorité alternative, le président du parti chrétien-démocrate flamand CD&V, l'un des six partis de la majorité gouvernementale, me presse d'intervenir dans le débat. Wouter Beke espère que j'agirai pour empêcher le vote de la proposition de loi et il en appelle à la solidarité gouvernementale. Bien que très sensible à ce dernier argument, je n'ai pas changé d'attitude sur les questions éthiques et je reste convaincu que la législation sur l'euthanasie relève de la conscience de chaque parlementaire. Je refuse donc d'interférer dans le processus en cours. Toutefois, par correction, j'informe mon collègue que la procédure législative permet à la présidente du Sénat, Sabine de Bethune, membre de son parti, de solliciter d'initiative l'avis du Conseil d'État. En général, un avis du Conseil d'État met plusieurs mois avant d'être rendu. Or, nous sommes proches de la fin de la législature et il n'est pas exclu que l'avis du Conseil soit publié après les élections, ce qui mettrait un terme à notre début de querelle au sein du gouvernement.

À mon grand étonnement, et secrètement à ma grande satisfaction, la présidente du Sénat n'utilise pas sa prérogative. La loi sera dès lors d'abord votée au Sénat puis à la Chambre. 86 députés sont pour, 44 sont contre – dont l'ensemble des chrétiens-démocrates du nord et du sud –, et 12 s'abstiennent. La Belgique devient ainsi le premier pays au monde à rendre possible l'euthanasie d'enfants, de manière très encadrée et avec toutes les précautions éthiques nécessaires. L'avancée est importante et, qui plus est, conforme aux vœux des trois quarts de la population, selon une enquête. Le renforcement du droit à l'euthanasie est l'un des acquis majeurs de la législature où j'officie en tant que Premier ministre.

Des pandas qui tombent du ciel

Un autre événement, plus inattendu et qui fera beaucoup parler, donne un éclat joyeux à cette année 2013. En septembre, le patron de Pairi Daiza, Eric Domb, me sollicite pour une cause un peu surprenante. Il me presse de me rendre à Dalian, une ville située à l'extrême sud de la province de Liaoning, en Chine, pour plaider à ses côtés auprès des autorités du pays. Son espoir? Se voir confier par la Chine l'hébergement de deux jeunes pandas qui seraient pour son parc, élu meilleur zoo d'Europe, de fabuleux ambassadeurs et des pôles d'attraction incomparables. On sait que les enfants notamment les adorent et que l'arrivée de tels animaux dans un parc animalier fait exploser les chiffres de fréquentation. L'enjeu est donc aussi économique et social.

Je ne peux que l'encourager dans ses démarches mais suis bien embarrassé, compte tenu de tout le travail qui m'attend à Bruxelles. Un voyage éclair n'est pas possible et je n'ai pas prévu une telle expédition, qui aura forcément des prolongements diplomatiques d'une certaine ampleur. Il insiste, je résiste, et il revient à la charge peu de temps après avec en main une invitation officielle du gouvernement chinois. L'ambassadeur de Chine à Bruxelles insiste lui aussi pour que je fasse le déplacement. Côté belge, Pairi Daiza a consenti des efforts financiers et logistiques considérables pour pouvoir accueillir des pandas. Côté chinois, le panda est considéré comme un trésor national, symbole d'équilibre entre force et sagesse. Les autorités du pays ne prêtent ces animaux qu'avec beaucoup de parcimonie, pour une période maximale de dix ans et après avoir vérifié minutieusement les conditions d'accueil et l'écosystème local, qui doit répondre à des normes très strictes.

Mes premières relations avec la Chine ont été constructives et cordiales, dans un contexte d'ouverture de ce pays et de pacification de ses relations avec le monde. En mai 2012, je reçois avec les honneurs réservés aux chefs d'État et de gouvernement le vice-Premier ministre Li Keqiang, devenu entre-temps Premier ministre. Lors de cette rencontre de travail Belgique-Chine, je lui communique le projet d'aménagement de Pairi Daiza visant à accueillir les pandas et je vante la qualité des infrastructures et le professionnalisme des équipes en place. Finalement convaincu que l'arrivée de deux pandas sur notre territoire serait bénéfique à la Belgique, je me décide à entreprendre le voyage à Dalian, en septembre. Cette ville à l'architecture occidentale se situe à une bonne heure d'avion de Pékin. Elle fait partie des plus riches cités du pays et sa place « Mer d'étoiles » est la plus vaste du monde. C'est là qu'en 2013, le Davos d'été prend ses quartiers, réunissant les leaders économiques et politiques de nonante pays.

Ayant eu vent de ma mission en Chine, les responsables du zoo d'Anvers me font savoir, *in extremis*, que si des pandas doivent être attribués à la Belgique, ce ne peut être qu'à Anvers, et à nul autre parc animalier. Un nouveau problème communautaire est-il en train de naître? Les Anversois ne m'ont jamais sollicité et, surtout, n'ont entrepris aucun aménagement spécifique pour accueillir les ours chinois, au contraire de Pairi Daiza qui a déjà réglé les moindres détails.

Je m'envole vers Dalian où je suis reçu chaleureusement par le Premier ministre Li Keqiang et sa large délégation. Selon un scénario immuable, nous traitons d'économie et surtout de nouvelles technologies. Je vante les mérites de nos universités et de nos entreprises de pointe. Chacun parle sa langue et nos échanges sont ralentis par le recours systématique aux services de l'interprète. Nous sommes sur le point de conclure cette très longue séance diplomatique quand, d'initiative, je demande au Premier ministre chinois s'il a pu examiner la demande de prêt des pandas. Il interroge alors ses collaborateurs. S'ensuit une discussion entre eux qui dure de longues minutes. Le Premier ministre reprend la parole et m'adresse son premier mot en anglais : « OK. » Ces deux lettres à la sonorité universelle me mettent en joie et je me félicite d'avoir pu nouer avec mon interlocuteur, *in tempore non suspecto,* des relations de qualité. Il n'a pas oublié l'accueil reçu à Bruxelles et il me rend en quelque sorte la politesse.

Eric Domb, le patron de Pairi Daiza, étant présent lui aussi à Dalian où il participe au Davos d'été, nous menons, en collaboration avec mon équipe, rondement les choses avec les services chinois. Le soir même est signée la convention de prêt – pour quinze ans au lieu de dix – d'un couple de pandas à la Belgique. Mission accomplie, je peux rentrer au pays !

Quelque temps plus tard, les deux pandas arrivent en fanfare à l'aéroport de Bruxelles, avec les honneurs des pompiers qui aspergent l'avion. Pour accueillir les ursidés, plusieurs ministres et l'ambassadeur de Chine à Bruxelles font le déplacement. Les pandas sont ensuite conduits vers le jardin chinois de Pairi Daiza où les attendent pas moins de cent vingt journalistes belges et internationaux. Hao Hao et Xing Hui ont survolé mille montagnes et rivières pour arriver à Cambron-Casteau, au cœur du Hainaut. Dans leur nouveau paradis, ils coulent désormais des jours heureux.

Un nouveau prix Nobel pour la Belgique !

Les pandas sont essentiellement constitués de graisse, donc de lipides, elle-même composée d'atomes de carbone, d'oxygène, d'hydrogène, d'azote, de phosphore... Quant à chaque atome, il assemble un noyau de protons et de neutrons et un nuage d'électrons qui sont des particules élémentaires électriquement négatives. Les protons et les neutrons quant à eux se composent de bosons et de quarks. En réalité, toute matière est fondamentalement composée de milliards de milliards de milliards de particules élémentaires submicroscopiques. Les questions qui sont posées aux scientifiques sont : « Comment ces particules élémentaires ont-elles une masse? Quelle est l'origine de la masse? »

En 1964, par des calculs mathématiques savants, le Belge François Englert, l'Américain Robert Brout et le Britannique Peter Higgs postulent, indépendamment les uns des autres, l'existence de bosons qui constitueraient un champ, appelé champ de Higgs, à travers lequel les particules élémentaires se déplaceraient et acquerraient de la masse. Le 4 juillet 2012, le CERN[71] à Genève annonce lors d'une conférence avoir identifié matériellement le boson, avec un degré de confiance de 99,99997%. Cette confirmation matérielle des hypothèses mathématiques formulées près de cinquante ans auparavant permet à la science de l'origine de la matière – et donc de la Terre – de faire un pas de géant. La communauté scientifique mondiale est en émoi. La découverte du CERN est historique, comme le sont les travaux mathématiques des émetteurs de l'hypothèse du boson. Cette avancée

71 Organisation européenne pour la recherche nucléaire.

vaut en 2013 le prix Nobel de physique à François Englert, de l'Université libre de Bruxelles, et à Peter Higgs, de l'Université d'Édimbourg, Robert Brout étant quant à lui décédé.

Dès la nouvelle connue, je prends contact avec le professeur Englert. Ma formation scientifique m'aide à comprendre la signification du boson et un courant de sympathie passe entre nous. Au terme de notre conversation, je lui annonce que je serai à ses côtés le 10 décembre 2013, à Stockholm, pour la remise de son prix Nobel. Hélas, comme souvent dans la vie politique, mes plans vont être compromis par un événement de portée planétaire et mon désir de me rendre en Suède en sera grandement contrarié. Le 5 décembre, en effet, Nelson Mandela décède à l'âge de nonante-cinq ans, suscitant une très grande émotion de par le monde. Durant toute ma jeunesse, comme des millions d'êtres humains en Afrique et ailleurs, j'ai manifesté pour que le gouvernement d'Afrique du Sud composé exclusivement de Blancs libère le héros qui se battait contre les lois abominables de l'apartheid et pour lequel j'éprouvais une admiration sans bornes. Le 9 décembre, avec le roi Philippe, je me rends à la cérémonie officielle d'adieu qui se tient à Soweto en présence de presque tous les chefs d'État et de gouvernement du monde. Cette simultanéité des dates m'oblige à renoncer à la séance de remise du prix Nobel à laquelle je tenais tant. Gouverner, c'est prévoir, mais c'est aussi choisir. Ma vieille amie Georgina Druitte m'avait du reste prévenu : « Elio, tout est important, mais chaque jour tu devras établir une hiérarchie dans tes priorités. »

L'EUROPE

**« Soyons la même république,
soyons les États-Unis d'Europe,
soyons la fédération continentale,
soyons la liberté européenne,
soyons la paix universelle. »**
Victor Hugo

La scène internationale et européenne m'offre un peu de recul. Dès mon accession au poste de Premier ministre, je réserve mes deux premières visites aux chefs de gouvernement du Benelux. Le Néerlandais Marc Rutte d'abord, un libéral pur jus mais avec qui je sympathise immédiatement sur le plan humain, le chrétien-démocrate luxembourgeois Jean-Claude Juncker ensuite, avec lequel j'entretiens déjà des liens cordiaux. Le 23 janvier 2012, je rends visite à Angela Merkel, qui m'honore d'une garde militaire. Elle est physicienne, je suis chimiste. Les électrons passent immédiatement entre nous. Elle me raconte sa jeunesse difficile en Allemagne de l'Est sous le communisme et me confie qu'elle aussi a connu la pauvreté, signe qu'elle a bien étudié ma biographie avant notre rencontre. Celle-ci dure une bonne heure, au cours de laquelle nous parlons de la crise bancaire et de ses conséquences sur les pays européens. Elle se dit soulagée de voir un gouvernement prendre place en Belgique et m'encourage à procéder aux réformes nécessaires.

MON PREMIER SOMMET EUROPÉEN

Le vrai baptême du feu sera toutefois d'assister à mon premier sommet européen. Je suis dans un état de fatigue extrême. J'y participe entre ma déclaration de politique générale à la Chambre la veille et le débat d'investiture le lendemain. J'entre dans une immense salle dont la table doit accueillir trente et une personnes, à savoir les vingt-sept chefs d'État (le Royaume-Uni est alors membre de l'Union) et de gouvernement, le président du Conseil européen et son proche collaborateur, le président de la Commission et le président du Parlement. Je comprends vite que cette salle où les médias sont présents est surtout un lieu formel où tout ce qui se dit est enregistré et largement diffusé auprès des ambassadeurs, journalistes et collaborateurs. La table des vraies négociations se situe ailleurs, au dernier étage du « Justus Lipsius », le bâtiment du Conseil. C'est en ce lieu plus discret que s'expriment les différends et se scellent les accords. C'est là aussi que je passe ma première nuit de négociation européenne.

Le sommet européen, appelé juridiquement Conseil européen, réunit les plus hauts dirigeants de l'Union que sont, au moment où j'y fais mon entrée, les vingt-sept chefs d'État ou de gouvernement, le président de la Commission et le président du Conseil. Un sommet européen définit les priorités politiques que la Commission intègre pour formuler ses propositions. Ensuite, les conseils européens thématiques – affaires étrangères, finances, énergie, agriculture… – les opérationnalisent par des décisions formelles. Si l'on en croit les textes fondateurs, les sommets européens visent à préserver le bien commun européen, qu'il s'agisse de la monnaie unique, du marché intérieur ou d'une frontière commune. C'est là que se concentre le pouvoir le plus élevé au sein de l'Union européenne.

La crise des *subprimes* en 2007 a d'abord touché les États-Unis avant de se propager dans le monde entier. Aux USA, la valeur des biens immobiliers s'est effondrée et bon nombre d'emprunts ne sont plus remboursés par les propriétaires. La grande banque d'affaires américaine Lehman Brothers est ainsi tombée en faillite. En Belgique, nous avons vécu le triste destin des banques Fortis et Dexia : le gouvernement Leterme a dû intervenir à coups de milliards d'euros pour éviter que les épargnants belges soient ruinés. Un peu partout en Europe, des scénarios similaires se sont produits, entraînant un très fort ralentissement économique et une explosion des dettes publiques. Plusieurs pays, dont la Belgique, ont dû emprunter des sommes astronomiques pour sauver leurs institutions financières. Nous voici donc dans une situation où les banques, qui sont toujours très réticentes à prêter aux États lourdement endettés, souffrent elles-mêmes de problèmes de solvabilité. Que peut faire l'Union européenne ? Cette question est au cœur des conversations lorsque je prends place à la table de mon premier sommet.

La séance, selon un rituel immuable, se déroule en deux temps : le premier est très protocolaire et le second, le plus important, moins formaliste. Autour de la première table, je me trouve entre le Premier ministre espagnol et le Premier ministre hongrois. L'attribution des places reflète l'ordre de prise de fonction de la présidence tournante de l'Union européenne, qui change tous les six mois. Lors de mon passage à la deuxième table, mes voisins immédiats sont Jose Luis Zapatero, Premier ministre espagnol que je retrouve, et Nicolas Sarkozy, le président de la République française.

LA DROITE, LA DROITE, (PRESQUE) PARTOUT LA DROITE

D'un regard songeur, je considère mes collègues qui tous me semblent « bien nés ». Leur mise, leurs manières, l'espèce de certitude qui imprègne chacun de leurs gestes, tout témoigne de filiations sociales privilégiées et de généalogies où probablement ne se rencontrent guère d'ouvriers. L'entre-soi des élites européennes, qui explique bien des orientations politiques, saute ici aux yeux du petit nouveau que je suis. C'est pour moi une soirée inoubliable néanmoins, qui se terminera au point du jour.

L'ambition des participants est d'imposer une nouvelle gouvernance économique à tous les pays de la zone euro et d'assurer leur stabilité financière. Pour parler comme on parle dans ces cénacles, il s'agit de stimuler la croissance structurelle et l'emploi. Mais pas plus qu'on ne trompe le nez d'un chien, on ne trompe l'oreille d'un socialiste. La petite musique qui se joue là est celle d'un libéralisme échevelé qui n'a en tête que la réduction des impôts, des déficits, des dettes, des services publics, des interventions étatiques.

Je vois bien que les membres du sommet, sans être explicites, veulent adopter des mesures sévères d'austérité. À plusieurs reprises, je plaide pour donner aux textes en préparation une orientation plus sociale et plus humaine. Aux regards de travers qui me sont adressés, je comprends que je détonne à double titre au sein de ce bel aréopage : d'abord en allant à rebours du discours droitier ambiant, ensuite en sortant de la réserve imposée à tout nouvel entrant. Il n'est pas d'usage en effet de prendre la parole quand on vient d'arriver. Un nouveau membre se doit d'écouter silencieusement pour mieux apprendre, et celui qui se tait accroît ses chances de faire carrière dans les hautes sphères européennes.

Ce qui est vrai, c'est que des pays partageant une même monnaie ne peuvent se permettre des divergences économiques trop importantes. Ce qui est vrai aussi, c'est que l'euro est faible. Et sans mesures déterminées, qui seront autant de signaux positifs envoyés vers les marchés financiers, la crise peut prendre un tournant systémique emportant les économies de la zone euro. La Grèce va à vau-l'eau et d'autres pays, comme l'Irlande et le Portugal, dépendent d'aides massives tandis que l'Espagne et l'Italie sont soumises à une pression intense des marchés. La Belgique étant un pays à risque, je dois être prudent et mesuré dans mes propos.

UNE AUSTÉRITÉ À PERTE DE VUE

La réponse proposée par les chefs d'État et de gouvernement est un nouveau traité appelé de manière euphémique « pacte budgétaire. » Auparavant, sur proposition de la Commission, cinq règlements et une directive avaient été arrêtés pour l'ensemble des États membres. C'est ce qu'on appelle en jargon européen le *six-pack*. Pour rappel, un règlement européen s'impose d'office à un État membre sans que le gouvernement ou le parlement de cet État puisse modifier quoi que ce soit. Quant à une directive, elle doit être transposée en textes légaux nationaux. L'objectif du *six-pack* est d'approfondir de manière très autoritaire la surveillance budgétaire des États membres.

Pour ce faire, un « semestre européen » fournira, par pays, les recommandations européennes à mettre en œuvre et la Commission aura dorénavant la possibilité de demander des corrections aux projets de budgets nationaux des États membres et d'infliger d'éventuelles sanctions. Ce pouvoir accordé à la Commission sans contrôle des élus nationaux m'apparaît toujours comme une appropriation de la légitimité démocratique que seuls les parlements possèdent. Après d'interminables discussions, le pacte budgétaire européen, officiellement appelé « traité sur la stabilité, la coordination et la gouvernance », est approuvé.

Cette nuit-là reste gravée dans ma mémoire. Nicolas Sarkozy ne cesse de gesticuler et de prendre la parole, sans même la demander au président Herman Van Rompuy. Toutes les cinq minutes, il me tape le bras gauche pour attirer mon attention sur différents points. Le 24 février 2012, en pleine campagne présidentielle en France, c'est le même Nicolas Sarkozy qui me reçoit fort aimablement. Je dois discuter avec lui de la garantie de 90 milliards d'euros (ensuite réduite de moitié) que nos deux pays et le Grand-Duché de Luxembourg ont accordée à la banque Dexia après sa déconfiture due à une prise de risques excessive sur les marchés financiers. J'apprécie le fait qu'en pleine campagne électorale, il parvienne à trouver une heure pour le Premier ministre belge. Le président français ne manque pas d'humour durant notre séance de travail. Au détour d'une phrase, il me lance : « Dites un peu de bien de moi et j'en dirai beaucoup de vous ! »

HOLLANDE, LE BIENVENU

**« La France est notre patrie,
l'Europe est notre avenir. »**
François Mitterrand

Le succès de François Hollande au premier tour des élections présidentielles françaises m'apporte une bouffée d'espoir. Déjà, je l'imagine me rejoignant à la table du Conseil européen à Bruxelles où les chefs d'État et de gouvernement de droite sont très largement majoritaires. Il sera un renfort de poids pour les progressistes, vraiment très esseulés. S'il l'emporte au second tour, nous serons, avec le chancelier autrichien, la ministre d'État danoise et le Premier ministre slovaque, cinq sociaux-démocrates sur vingt-sept membres du Conseil européen.

Je connais François Hollande depuis plus de vingt ans. Il dirigeait le PS français lorsque j'ai accédé à la présidence de mon parti, fin 1999. Nos premiers contacts ont été immédiatement chaleureux, évoluant vers une amitié solide et constante, nourrie par des rencontres régulières à Paris, à Bruxelles ou à l'Internationale socialiste, dont il était vice-président tout comme moi. Humainement et politiquement, nos sensibilités sont proches et nous partageons un même idéal d'émancipation soutenu par un réel pragmatisme. Lui comme moi ne nous payons pas de mots, même si les siens font souvent sensation. Nous sommes convaincus que le progrès social passe par une économie dynamique mise au service de la redistribution des richesses, de la protection des citoyens contre les coups durs de l'existence et de la préservation de nos écosystèmes. Ensemble, nous n'avons pas de difficultés à nous accorder sur les priorités politiques à défendre, ce qui est bien sûr très précieux au moment d'affronter la puissante droite européenne. L'homme est simple, abordable et disponible. Je l'estime beaucoup.

Un jour, de passage à Bruxelles, il vient me rendre visite à mon bureau. Le PS français n'a pas encore désigné son candidat et en son sein, on a les yeux de Chimène pour Dominique Strauss-Kahn, considéré comme le plus crédible et le plus rassurant pour les Français. Mon invité croit toutefois dur comme fer en ses chances et il se prépare de manière très sérieuse à une confrontation à la loyale. « Il ne me fait pas peur », me confie-t-il lorsque je l'interroge à ce sujet. Les événements new-yorkais, désastreux pour « DSK », le laisseront finalement sans rival. Aux primaires du PS, il l'emporte face à Martine Aubry avec 56 % des suffrages. Il portera donc les couleurs de son parti dans la course à l'Élysée.

Mon ami président

Le 17 avril 2012, je me rends à Lille pour assister au grand meeting de campagne qu'y tient François Hollande. Tandis que Merkel soutient Sarkozy sans états d'âme, cette participation pourtant discrète me vaut de la part des libéraux, Denis Ducarme – par ailleurs soutien de Sarkozy – en tête, une volée de bois vert, car selon eux, un Premier ministre doit rester neutre. Je suis censé être « asexué politiquement ». Je leur réponds que mon étiquette politique n'est un secret pour personne et j'ajoute que ma présence doit aussi beaucoup à l'amitié qui nous lie, François Hollande et moi. Déplacée, la polémique s'estompera vite, d'autant que je ne prends pas la parole lors du meeting. De la tribune, François Hollande me lance qu'il va me rejoindre à la table du Conseil européen. Il se montre brillant, pugnace et conquérant, aux antipodes des caricatures que l'on véhicule à son sujet dans certains milieux. Sarkozy n'a qu'à bien se tenir !

Le 6 mai, soir du second tour, je suis à Paris où j'assiste à son triomphe. Parmi tous ses amis et fidèles soutiens réunis à la place de la Bastille, j'attends son retour de Corrèze – son fief électoral – pour le congratuler. Enfin, vers minuit, il arrive et m'entraîne à ses côtés en tribune devant la foule immense qui l'acclame. François Hollande est le nouveau président de la République française ! Je me dis qu'il est singulier de voir un ami devenir président de la République.

Avec son arrivée aux sommets européens, bien des choses pourraient changer et c'est évidemment ce que j'espère. Jusque-là, j'ai participé à deux sommets et j'ai pu mesurer combien, dans ce cénacle, les idées libérales dominent et s'exposent de façon presque caricaturale. Les conséquences de la crise financière mondiale occupent tous les esprits. On s'inquiète pour les banques gravement fragilisées par le scandale des *subprimes*, on considère avec effroi l'emballement des dettes publiques, on craint la réaction des agences de notation et on pointe la Grèce du doigt pour sa très mauvaise gestion financière. Les moments de crise sont souvent des moments de vérité. Il faut saluer le courage de Hollande qui se battra, avec succès, pour le maintien de la Grèce dans la zone euro.

L'Europe et son impasse idéologique

Pour l'Europe, qui ne cesse de balancer entre conceptions souverainistes et volontés fédéralistes, l'indispensable réaction face à des situations qui ne peuvent perdurer implique des choix qui devraient être clairs, mais qui ne le sont pas. Il est vrai que l'architecture européenne s'est construite par à-coups à partir du marché commun, en conférant progressivement à la

Commission des pouvoirs exorbitants en matière de gouvernance économique et budgétaire, ce qui réduit *de facto* la souveraineté politique et démocratique de chaque État membre. Au fil du temps, l'interdépendance entre les pays européens s'est accrue et dès lors, quand un pays s'affaiblit, c'est tout l'édifice européen qui souffre. Comment résoudre l'équation d'une Union jugée indispensable par la grande majorité des leaders nationaux et l'indépendance de chaque pays ?

Eu égard à leur idéologie politique, la réponse apportée par les sommets européens a toujours été jusqu'ici une réponse de droite, ultralibérale, c'est-à-dire une course folle vers l'achèvement du marché unique, la concurrence économique et la dérégulation de tous les secteurs. Mais dans le même temps, la proposition de suppression des votes à l'unanimité dans des secteurs fondamentaux comme la fiscalité reste un tabou. Or, cette règle de l'unanimité confère un pouvoir démesuré aux pays entrés dans l'Union tout en ayant conservé une fiscalité des entreprises très faible et une sécurité sociale minimaliste. Ils ont non seulement le pouvoir de bloquer une évolution vers le haut des standards européens, mais aussi celui d'empêcher le rapprochement des différents régimes sociaux et fiscaux. Il s'ensuit une concurrence extrêmement vive entre les États membres, qui sont par ailleurs de plus en plus associés. Dépendre étroitement de partenaires que l'on ne cesse d'affronter, telle est la situation schizophrénique de la plupart des pays européens. Peut-on sérieusement construire une Union solidaire à coups de dérégulations et de renforcement de la compétition ?

Dans les couloirs des sommets, c'est motus et bouche cousue sur cette question existentielle. On s'évertue dès lors à échafauder des mécanismes d'une complexité inouïe qui font le bonheur des eurocrates et des juristes en droit européen. Au cours d'une nuit de négociations à Bruxelles en 2013, j'interviens vigoureusement pour que l'on intègre dans les textes la préservation de nos modèles sociaux et le dialogue avec les partenaires sociaux. David Cameron, le très libéral Premier ministre britannique, réagit de manière immédiate et très violente à mon plaidoyer. Plusieurs autres chefs de gouvernement, tout aussi ultralibéraux que lui, prennent le relais pour fustiger ma « dérive gauchiste ». Petite victoire pour moi, le texte final fera bien mention de cette dimension sociale rarement discutée dans les sommets. Un tabou, voire, pour certains à l'époque, une provocation.

Pour l'heure, les priorités restent l'assainissement budgétaire, la réduction des dettes ainsi que des dépenses publiques et la dérégulation. Les dirigeants européens sont obnubilés par la situation de la Grèce et certains d'entre eux voient dans ce cas dramatique une occasion de faire opérer un grand bond en avant au dogmatisme libéral. Le coupable est désigné et le remède tout trouvé : ce sera l'austérité. Bien entendu, le langage officiel est plus feutré. Le président du Conseil européen entend ainsi « mener à bien, dans les jours qui viennent, les négociations sur le nouveau programme [de restriction et de réformes antisociales]. Pour rétablir la crédibilité, il faut que tous les partis politiques [grecs] affirment irrévocablement leur adhésion à ce nouveau programme ». Faire adhérer tous les partis politiques au dogme libéral, rien de moins! Fini le débat gauche-droite, tous en chœur vers le Grand Assainissement!

MERKEL-HOLLANDE, UN FAMEUX DUO DANS LE COCKPIT

François Hollande me rejoint au sommet du 28 juin 2012. Malgré notre amitié, je sais qu'il sera, comme tous ses prédécesseurs, soucieux, voire dépendant de la solidité de l'axe Paris-Berlin. Le couple franco-allemand reste le moteur de l'Union, bien que son influence s'amenuise au fil des élargissements. Le Parti socialiste européen (PSE), qui rassemble les différents partis socialistes et sociaux-démocrates, se réunit systématiquement avant les sommets. C'est là que nous échangeons nos points de vue sur les objectifs à défendre ensemble. De ces réunions, toutefois, n'émerge jamais une ligne de conduite que chaque chef d'État ou de gouvernement serait tenu ensuite de suivre scrupuleusement. Les divergences idéologiques au sein de cette gauche polymorphe sont trop fortes d'une part, les intérêts nationaux trop prégnants d'autre part, pour qu'on parvienne à former un front uni face à une droite toute-puissante dans les États membres mais aussi dans les institutions européennes, à l'exception notable du Parlement européen présidé par le socialiste allemand Martin Schulz.

Quoi qu'il en soit, pour les Français et leur nouveau président, l'axe franco-allemand continue de primer. L'Allemagne est le plus grand pays de l'Union et Angela Merkel est une négociatrice aguerrie. Elle mène souvent la danse au Conseil européen, directement ou indirectement, y compris au sein de l'administration. Pour l'anecdote, le secrétaire général du Conseil est son ancien conseiller et elle n'hésite pas à s'adresser directement à lui lors des réunions des chefs d'État et de gouvernement.

À l'occasion des funérailles de Wilfried Martens, Premier ministre de Belgique de 1981 à 1992, je déjeune au Lambermont seul à seul avec Angela Merkel, pour laquelle je confesse avoir une certaine sympathie bien qu'elle figure parmi les leaders de la droite européenne (mais peut-on être de gauche après avoir subi dans sa chair le joug du communisme?). Je lui parle de Martin Schulz, le président socialiste du Parlement européen, qui aspire à devenir président de la Commission. Avec un détachement mâtiné de certitude, elle me répond : « Pour devenir président de la Commission, il faut d'abord être désigné commissaire, et cette désignation dépend de chaque gouvernement. Moi chancelière, il ne sera jamais désigné. » La messe est dite! Dans la procédure européenne, en effet, chaque gouvernement national désigne une ou un candidat commissaire qui doit ensuite satisfaire aux exigences d'une commission spécialisée du Parlement européen. Une fois l'épreuve réussie, il peut siéger à la table de la Commission. Martin Schutz ne sera donc pas président de la Commission européenne.

MON DEVOIR DE DÉPLAIRE

Lors du sommet du 28 juin 2012, une avancée majeure est décidée dans le domaine bancaire. Un mécanisme de surveillance unique est créé, qui couvrira toutes les banques de la zone euro. Une fois le mécanisme européen de stabilité mis en place, les banques sont recapitalisables. C'est, pour Herman Van Rompuy, le président du Conseil, « notre décision la plus importante de l'année 2012 ».

Quant à l'austérité prônée par la Commission européenne à l'égard de la Belgique, je m'y oppose, bien entendu. En particulier, je refuse que l'on relève l'âge de la pension ou que l'on touche à des mécanismes comme l'indexation automatique des revenus, à laquelle les Belges sont très attachés et qui est une garantie essentielle de maintien du niveau de vie. L'avenir me donnera raison. Les discussions sont homériques et je n'accepte pas les « recommandations » qu'adresse la Commission européenne à la Belgique. Pour débloquer la situation, le président Herman Van Rompuy tourne une formule diplomatique de son cru dans le procès-verbal du Conseil : « Le Conseil européen a, dans l'ensemble, approuvé les recommandations par pays » ; ce qu'il faut interpréter comme voulant dire « tout le monde n'a pas accepté ».

Le lendemain du sommet, le journal *Le Soir* écrit : « Elio Di Rupo s'est fâché tout rouge en rejetant les recommandations de la Commission à l'égard de notre pays, peu amène pour nos systèmes de pension et d'indexation. De source diplomatique, il se dit que notre Premier se serait même comporté comme un socialiste "super à gauche", qu'il serait constamment sur le dos de la Commission et que ses attaques minent sa crédibilité auprès des vingt-sept. » La source diplomatique en question, toutefois, ne dit pas la vérité. Mes prises de position, toujours posées et mesurées, ne relèvent d'aucun extrémisme mais de l'expression d'un courant parfaitement légitime en Europe, représentatif de dizaines de millions de citoyens. Si la social-démocratie ne se fait pas entendre, si les têtes se baissent au passage du rouleau compresseur libéral, que restera-t-il de la démocratie sur notre continent ? Fort heureusement, en dehors du Conseil européen où règne un peu trop la pensée unique libérale, je ne suis pas isolé. Même des prix Nobel d'économie comme Paul Krugman et Joseph Stiglitz, que j'ai lus et rencontrés, critiquent sévèrement la politique européenne et fustigent sa passion pour l'austérité.

L'Union européenne, notre plus belle invention

La remise du prix Nobel à l'Union européenne à Oslo, le 10 décembre 2012, est un autre moment fort. Huit cents personnes sont réunies, dont la famille royale norvégienne et une vingtaine de chefs d'État ou de gouvernement européens. Le cérémonial est grandiose et le faste à la hauteur de la circonstance. Herman Van Rompuy prononce un remarquable discours intitulé « D'un continent de guerre à un continent de paix » (il n'imagine pas alors que dix ans plus tard, la guerre resurgira dans l'antichambre de l'Union européenne).

Oslo est l'occasion de méditer sur l'apport de l'Union, bâtie sur les cendres de deux guerres mondiales très rapprochées. Des dizaines de millions de morts, un génocide inouï et des destructions apocalyptiques n'ont pas empêché les femmes et les hommes de notre continent de s'unir pour transcender leurs différences et progresser vers ce mélange de prospérité, de paix et de liberté qui fait aujourd'hui rêver les peuples du monde. Mon discours critique au sujet du fonctionnement des institutions européennes et des politiques qu'elles mènent n'oblitère en rien mon admiration de toujours pour ce projet fascinant et nécessaire et pour les personnages illustres qui ont œuvré à sa réalisation, tels les Allemands Konrad Adenauer et Helmut Kohl, les Français Jean Monnet, Robert Schuman et François Mitterrand, l'Italien Alcide De Gasperi, le Belge Paul-Henri Spaak et tant d'autres, moins connus mais tout aussi décisifs. Le prix Nobel décerné à l'Union européenne est amplement mérité !

LE PLAIDOYER STRATÉGIQUE

**« La raideur de l'esprit
se concilie fort souvent avec
une certaine indécision dans la pratique. »**
Ernest Renan

Début février 2013, après vingt-sept heures de discussion entre les chefs d'État et de gouvernement, un accord à l'unanimité intervient sur le cadre budgétaire européen 2014-2020, c'est-à-dire sur le budget dont disposeront le Conseil de l'Union, la Commission, le Parlement et l'ensemble des institutions européennes pour fonctionner. La plus grande part du budget est réservée à la Commission afin de lui permettre de développer ses politiques, comme les fonds européens pour la cohésion entre les régions et la politique agricole commune. Le budget européen, principalement alimenté par les contributions des États membres, correspond à peu près à 1% du PIB annuel de l'Union, soit environ 170 milliards d'euros. Les moyens européens sont donc à peine supérieurs à ceux de l'État belge, ce qui, vu les ambitions à donner au projet européen et les défis colossaux à relever, est préoccupant alors que toute une série de politiques doivent continuer à être alimentées, par exemple la politique de cohésion entre les différentes régions d'Europe.

UNE UNION EUROPÉENNE ? *NO WAY!*

La faiblesse de son budget limite la marge de manœuvre de l'Union et impose de faire des choix douloureux. Après l'accord intervenu, les commentateurs diront que par rapport à la proposition initiale de la Commission pour la période 2014-2020, le budget a été essoré[72]. Les conciliabules se sont multipliés, souvent en binômes : Hollande-Di Rupo, Hollande-Rajoy, Hollande-Monti, Di Rupo-Monti, Cameron-Merkel, Merkel-Van Rompuy...

Mais c'est David Cameron, comme l'a fait Margaret Thatcher avant lui, qui, une fois de plus, tient le sommet en haleine. Il chiffre l'effort maximum que le Royaume-Uni est disposé à fournir. Pas une livre sterling supplémentaire ne sera versée ; à charge pour les autres chefs d'État et de gouvernement de trouver des solutions. François Hollande plaide pour un budget consistant et je soutiens sans réserve ses propositions. Il a, comme à l'accoutumée, un préaccord avec Angela Merkel. Je me souviens du courage de Jean-Claude Juncker ou encore du plaidoyer du chancelier autrichien pour la taxe sur les transactions financières, qui reçoit aussitôt mon appui.

Mais David Cameron saute à pieds joints sur les freins. Le Premier ministre d'Italie, Mario Monti, dira : « Nous ne savons pas si le Royaume-Uni sera encore membre de l'Union européenne en 2017. » Prémonitoire ! Enfin, le budget est approuvé, mais il sera inférieur à celui qui prévalait entre 2007 et 2013. Je me dis *in petto* que le général de Gaulle, convaincu d'une incompatibilité foncière entre les intérêts économiques des continentaux et ceux des insulaires, a eu raison de s'opposer à l'entrée du Royaume-Uni dans la Communauté économique européenne. Il doutait très fort de l'engagement européen des Britanniques et leur reprochait de vouloir transformer la CEE en une vaste zone de libre-échange profitable avant tout à leurs industries.

72 *La Libre Belgique*, 9 février 2013.

Durant la vingtaine de sommets auxquels je participerai, le Premier ministre britannique ne prononcera jamais les mots « Union européenne » et « Europe », mais toujours « *single market* » (marché unique). Ou comment donner raison à de Gaulle un demi-siècle plus tard… Avec François Hollande et quelques collègues, je plaide vaillamment pour que l'Union se dote d'une vraie politique industrielle, dynamique et ambitieuse. Hélas, une fois de plus, l'élan européen vient se briser sur l'intérêt national des Britanniques, et le Conseil se limite à pointer les coûts des salaires dans l'industrie européenne. Une fois encore, pour la droite, le problème, ce sont les salaires des travailleurs. Niveler l'Europe par le bas plutôt que la doter d'une politique commune : l'Europe avance décidément en ordre très dispersé.

UN BULLDOZER CONTRE LES DROITS SOCIAUX

Le 26 février 2013, une décision lourde de conséquences pour l'emploi à Charleroi est prise du côté d'Irving, près de Dallas, au Texas. Caterpillar, une multinationale spécialisée dans la production d'engins de génie civil, annonce le licenciement de mille quatre cents travailleurs sur les deux mille deux cents qu'occupe la société à Gosselies. Quelques mois plus tard, c'est même la totalité du personnel du site qui sera congédié. Bien que l'activité y soit très rentable et la main-d'œuvre de grande qualité, les actionnaires estiment qu'ils pourraient s'engraisser davantage en délocalisant la production vers des pays où les salaires sont plus bas et où la protection sociale reste embryonnaire.

Cette nouvelle démonstration de cynisme de la part du monde de l'argent me met en rage. Je ne découvre certes pas ici le visage du capitalisme, mais en voyant toutes ces familles soudain plongées dans le désarroi et la précarité, je le giflerais bien volontiers. Lors de la conférence de presse qui suit le sommet européen organisé au même moment, je m'emporte : « Je voudrais voir comment vous ou moi nous réagirions en apprenant que nous sommes licenciés. Je ne sais pas si nous garderions notre calme. [...] On a devant nous le cas d'une toute belle entreprise, la Rolls-Royce des entreprises, avec un personnel hautement qualifié, une grande flexibilité, de la haute technologie, une valeur ajoutée énorme, des efforts de formation importants, de l'innovation, de la qualité. Un vrai cas d'école... Et malgré ça, voilà la situation ! Alors il va falloir en discuter, au moins au niveau européen. »

C'est là en effet, et non à l'étage des États ou des régions, que devrait se concevoir une riposte d'ampleur, structurelle, qui mette les travailleurs européens à l'abri de toutes ces folies. Si l'Europe est capable de se doter de politiques budgétaires extrêmement strictes et contraignantes, pourquoi devrait-elle renoncer à toute ambition en matière de politique industrielle et sociale ? Que veut-on ? Des salaires horaires à 1 ou 2 euros comme en Chine ?

Face aux gigantesques multinationales qui se jouent des États et choisissent leurs lieux de production là où elles peuvent à loisir faire gonfler leurs bénéfices, le Premier ministre de Belgique apparaît bien démuni. Le 8 mars, pendant plus de deux heures, je m'entretiens avec le président de la Commission européenne, Manuel Barroso, pour le convaincre que l'Union doit au plus vite construire sa propre politique industrielle. Elle ne peut pas laisser le marché mondial, profondément injuste et inégalitaire sur les plans social, fiscal et environnemental, décider pour les Européens. Peine perdue, car je m'adresse ici à un sourd volontaire, un ultralibéral qui, à peine sorti de sa charge, se fera embaucher comme conseiller par la banque d'affaires américaine Goldman Sachs. Ah, l'argent ! « L'argent qui corrompt, l'argent qui achète, l'argent qui écrase, l'argent qui tue, l'argent qui ruine, l'argent qui pourrit jusqu'à la conscience des hommes », déplorait François Mitterrand dans son discours fondateur au congrès d'Épinay en juin 1971.

Il est clair que Barroso et moi sommes aux antipodes l'un de l'autre. Nos différends doivent encore résonner entre les murs de son bureau du Berlaymont. Je lui fais part sans ménagement de mon rejet de ce que j'appelle « l'Europe de la reine Victoria », celle qui punit, qui punit et qui punit encore les États. Je le mets aussi en garde contre les extrémismes et les populismes que toute cette austérité suscite ou galvanise. Mon indignation est grande et comme je n'ai pas la mémoire courte, elle se nourrit d'un incident qui m'a beaucoup choqué au moment où je négociais avec mille difficultés la formation de mon gouvernement. La Commission européenne, par la voix de son commissaire aux affaires économiques et financières, Olli Rehn, avait en effet tenté de peser dans les futurs choix économiques et sociaux de la Belgique, critiquant sans vergogne notre système d'indexation des salaires et offrant par là au CD&V, qui voulait pareillement l'abolir, une caution aussi inattendue que providentielle.

ET SI ON ESSAYAIT L'AMBITION ?

L'austérité ne fera jamais un projet politique. Presque tous les États membres de l'Union européenne souffrent de leur dépendance vis-à-vis du monde et ont besoin, comme de pain, d'une politique industrielle coordonnée pour que le vieux continent accède à l'autonomie dans des secteurs vitaux comme la défense, l'énergie, les soins de santé, l'alimentation et les matières premières. C'est déjà une vieille chanson et ce n'est qu'aujourd'hui, face à l'irréversible montée en puissance de la Chine, que l'on entend d'importants dirigeants de l'Union évoquer la nécessité d'une politique industrielle européenne digne de ce nom. Que de temps perdu !

Au forum économique mondial de Davos, le 17 janvier 2023, dix ans après mes suppliques, la présidente de la Commission Ursula von der Leyen annonce un plan de soutien à l'industrie, pensé notamment pour stimuler les investissements dans la transition énergétique. Elle se dit favorable à « un fonds de souveraineté européen ». Selon la Commission, ce fonds devrait permettre un soutien budgétaire direct, rapide et flexible à des projets bien identifiés présentant un intérêt pour la souveraineté de l'Union dans n'importe quel secteur de notre spectre industriel. La présidente entend aussi « faire de l'économie européenne le leader mondial des technologies propres en se basant sur quatre piliers : la rationalisation des procédures bureaucratiques [il y a du travail !] et de l'accès aux ressources nécessaires pour progresser dans le secteur des énergies renouvelables, le financement et la stimulation des investissements, la formation des travailleurs et la garantie d'un commerce et d'une concurrence internationale équitables ».

Je reste sceptique à propos de deux aspects : la réduction de la bureaucratie et la concurrence loyale à l'échelle internationale. La Commission est championne en termes de bureaucratie tatillonne et ultracomplexe (il suffit de voir, pour s'en convaincre, les exigences en termes de *reporting* imposées aux entreprises et associations bénéficiaires de fonds structurels). Quant à la concurrence mondiale « équitable », ni les États-Unis ni la Chine ne jouent le jeu, sans même parler de l'Inde. Du côté américain, l'*Inflation Reduction Act* de 2022 prévoit 369 milliards de dollars destinés exclusivement aux entreprises implantées sur le territoire national. Du côté chinois, l'opacité règne quant aux aides d'État aux entreprises.

À peine la Commission a-t-elle émis une idée d'ordre économique ou industriel que, sans avoir besoin d'une analyse très poussée, nous y repérons les sous-jacents ultralibéraux qui visent à laisser les marchés se réguler eux-mêmes, à limiter le rôle des États et à restreindre de manière stricte leurs éventuelles interventions financières. Depuis quelques années, cependant, et singulièrement depuis ce qu'en 2008, j'ai appelé « la crise libérale », c'est-à-dire l'effondrement de la finance mondiale provoqué par la spéculation bancaire, nous voyons les ultralibéraux se presser en rangs serrés au guichet des États. Ravalant leur fierté et marchant sur leurs principes, ils tendent une main penaude à leur adversaire de toujours dans l'espoir d'obtenir de lui des aides, des recapitalisations et autres béquilles financières. Quand ce n'est pas une entreprise qu'il faut sauver, c'est un marché, voire tout un secteur. À cela, les pouvoirs publics sont encore bons, semble-t-il.

Pourquoi ce renoncement, même momentané, au dogme de la main invisible du marché? Simplement parce que le système capitaliste est ébranlé par les crises à répétition (Covid, Ukraine, énergie, inflation, subventions publiques massives dans certains pays) et qu'il ne voit ni ne trouve en lui-même les solutions. Les États sont alors sollicités pour ramener l'équilibre ou maintenir la profitabilité chancelante des entreprises.

Cet interventionnisme libéral en contradiction avec son propre crédo a aujourd'hui plus que son rond de serviette à la table de la Commission et des sommets européens. On y distribue allègrement l'argent public sans jamais remettre en question le fonctionnement même du système. Quand celui-ci échoue, on ne lui impose jamais une profonde restructuration, contrairement à ce qui est infligé de manière impitoyable aux États dont les finances se révèlent défaillantes. Et même quand des plans d'envergure sont mis en œuvre, comme celui qui vise à l'autonomie stratégique de l'Europe, on peut se demander si le véritable objectif, au-delà de la sécurité des chaînes d'approvisionnement, n'est pas simplement de renflouer certains secteurs et de restaurer leur rentabilité financière.

Personnellement, je m'interroge sur la sincérité du « plan industriel vert » présenté par la Commission européenne. Quoique nécessaire, il reflète très bien la pensée néolibérale du moment. Il suffit d'analyser les propositions de financement mises sur la table. On ne parle pas d'apport d'argent frais européen, mais tout au plus de permettre le recours aux aides d'État et de réorienter certains fonds européens. Or, tous les pays membres n'ont pas les mêmes capacités d'octroyer les aides d'État nécessaires à la mise en œuvre du plan : les grands pays s'en sortiront mieux que les autres. Pour rappel, deux tiers des aides d'État validées par la Commission en 2022 bénéficiaient à l'Allemagne et à la France. Un tel déséquilibre est néfaste et nuit au projet européen. Il est selon moi primordial d'éviter les fragmentations et de garantir des conditions de concurrence équitables. La volonté de la Commission de réorienter certains fonds européens pour financer le « plan industriel vert » est louable, mais elle doit davantage tenir compte des capacités financières et du degré d'endettement des différents États membres et de leurs régions.

Il est très important pour la cohésion européenne d'encourager les pays qui se portent bien sur le plan budgétaire et de soutenir ceux qui éprouvent des difficultés. Aujourd'hui, la Commission n'en prend manifestement pas le chemin puisqu'elle entend forcer les pays surendettés à réduire leur dette en sept ans maximum, au prix d'assainissements budgétaires drastiques et de réformes brutales. Des réformes qui inéluctablement seront synonymes pour les populations concernées de régression sociale et de baisse du niveau de vie, alors même que les investissements dans les secteurs stratégiques sont urgents. Par exemple, pour les terres rares indispensables à la fabrication des technologies relatives à la transition énergétique, climatique et digitale, l'Europe dépend à 98 % de la Chine. Il ne s'agit certainement pas de devenir protectionniste, mais d'être tout simplement moins naïf ou moins idéologue. J'ajouterai qu'à l'instar de ce qui se fait aux États-Unis, les investissements publics effectués dans les secteurs stratégiques pour l'Union devraient avant tout bénéficier à l'industrie européenne. Dans le cas contraire, l'Europe passerait à côté de sa propre autonomie stratégique.

Des études récentes soulignent que l'Europe est championne pour investir dans la recherche et le développement, ce qui l'aide à faire émerger de multiples start-ups très prometteuses. Toutefois, dès que ces entreprises connaissent le succès, l'Union éprouve de grandes difficultés à les maintenir dans son giron. De grosses sociétés, essentiellement américaines et chinoises, rachètent en effet nos start-ups, ce qui leur permet de bénéficier des investissements européens sans y avoir le moins du monde contribué. C'est pour l'Europe un très mauvais retour sur investissement.

Dans le domaine militaire aussi, il est urgent pour l'Union de développer davantage ses propres industries de défense et ainsi de réduire sa dépendance à l'égard de l'OTAN, c'est-à-dire, principalement, des États-Unis. Même si les Américains sont nos alliés, une Union européenne peuplée de près d'un demi-milliard d'habitants doit être capable de prendre seule les décisions qui concernent sa sécurité. Elle doit aussi, dans la même logique d'autonomie, être en mesure de produire l'essentiel des équipements militaires dont elle a besoin.

Dans la foulée des déclarations de sa présidente à Davos, la Commission a publié le 1er février 2023 une « communication[73] » pour un plan industriel du pacte vert visant à la neutralité carbone. À mon avis, se préoccuper de l'unique pacte vert, aussi appelé *European Green Deal*, ne suffira pas. Mais bon, commençons par cela, en espérant que la Commission sera capable

73 Une communication est un acte officiel de la Commission européenne lui permettant d'indiquer ses intentions et ses lignes directrices par rapport à une problématique avant de proposer une initiative législative. Elle permet généralement d'alimenter les débats entre les États membres afin d'aboutir à des orientations transmises à la Commission européenne pour élaborer une ou des politiques publiques.

de le financer adéquatement. Lors du sommet du 9 février 2023, les chefs d'État et de gouvernement ont par ailleurs discuté d'un ensemble de mesures susceptibles de stimuler la compétitivité de l'industrie européenne. Quant au Parlement européen, il a adopté le 16 février 2023 une résolution détaillant ses attentes pour le pacte vert industriel de la Commission. Les députés demandent que l'Europe se dote d'un fonds de souveraineté au plus vite, financé par des ressources propres à l'Union, dont une taxe sur les transactions financières. Sans hésiter et même avec beaucoup d'enthousiasme, je me rallie à cette proposition roborative.

UNE EUROPE STRATÉGIQUE ? QUELLE IDÉE !

Il aura fallu attendre la pandémie de 2020, la guerre en Ukraine de 2022, la manifestation de puissance insistante de la Chine et le repli identitaire démonstratif de l'Inde, la même année, ainsi que les quasi 2000 milliards de dollars d'aides d'État dégagés par Joe Biden pour soutenir les entreprises américaines et celles qui veulent s'installer sur le sol de l'oncle Tom pour que la Commission européenne se persuade qu'une politique industrielle stratégique est indispensable à l'Europe, trop dépendante du reste du monde. Bien entendu, rien parmi ces justifications n'est officiellement avancé. La diplomatie et les échanges commerciaux planétaires continuent de primer comme au bon vieux temps, celui où les ultralibéraux faisaient croire que l'échange de tout, partout à travers le monde et tout le temps, sous l'aile protectrice de l'Organisation mondiale du commerce, allait conduire l'humanité vers des rivages radieux. La Commission européenne parle maintenant de stimuler l'investissement dans les technologies essentielles en Europe, de réduire notre dépendance à l'égard d'autres économies et de sécuriser notre chaîne d'approvisionnement. Je reconnais que c'est déjà une avancée estimable.

« Les entreprises européennes ont besoin de pouvoir accéder à des technologies clés pour innover, se développer et fabriquer. Il en va de la souveraineté de l'Europe », explique Ursula von der Leyen dans sa communication sur « L'état de l'Union » le 13 septembre 2023 au Parlement européen de Strasbourg. La présidente de la Commission s'avance prudemment, en alertant l'opinion européenne. « Prenez, par exemple, la Chine et ses restrictions à l'exportation de gallium et de germanium, deux métaux essentiels à la fabrication de biens comme les semi-conducteurs et les panneaux solaires. Cet exemple montre pourquoi il est si important que l'Europe renforce sa sécurité économique. » Manifestement, je n'étais pas de mon temps quand, aux différents sommets européens, je tirais la sonnette d'alarme et plaidais pour une politique industrielle stratégique propre à l'Europe. Aujourd'hui, la prise de conscience est bien réelle. Il faudra encore convaincre les ultralibéraux que l'Europe et les Européens méritent d'être une puissance au sens plein du terme.

LA CRAIE ET LE TABLEAU

Dans les coulisses des institutions européennes, il existe des règles non écrites et je ne les ai pas toutes respectées. Ainsi, il est mal vu de s'isoler par une argumentation qui ne s'inscrit pas dans la voie *mainstream*. Argumenter sur les bienfaits d'une politique ambitieuse alors que le ton majoritaire est à l'austérité, ce n'est pas apprécié. Les diplomates me l'ont rappelé à maintes reprises.

Je ne les ai pas écoutés. Le sens que je donne à mon engagement est en effet de défendre les intérêts des citoyens, en particulier des plus défavorisés et des classes laborieuses. Le confort des discussions feutrées autour de quelques grands crus ne m'attire pas et si c'était à refaire, avec le recul et l'expérience des dernières années, j'accentuerais un peu plus encore mes positions – fussent-elles dérangeantes aux oreilles de la droite antisociale –, comme un garnement qui fait grincer sa craie sur le tableau noir.

LE BASCULEMENT

« Il est désormais possible de renverser l'opinion comme un mécanicien renverse la vapeur. »
Georges Bernanos

À la mi-novembre 2013, alors que je suis Premier ministre depuis décembre 2011, le redouté commissaire européen Olli Rehn annonce que la Belgique est « globalement en règle » avec les recommandations budgétaires européennes. Elle pourrait sortir de la procédure en déficit excessif au printemps. Notre pays étant menacé par cette procédure punitive depuis plusieurs années, la nouvelle me soulage, moi qui ai le sentiment d'avoir remis le Royaume sur de bons rails budgétaires. Le 20 janvier, je reçois chez moi des journalistes de *L'Écho*. Plutôt que d'en paraphraser le contenu, je reproduis ici une partie de l'interview[74].

« *L'Écho* : "Vous vous envolez ce mardi pour Davos. Quel message comptez-vous délivrer aux patrons du monde entier?"

E. D. R. : "Celui d'une Belgique qui travaille en confiance. Avant la formation du gouvernement, la Belgique suscitait de l'inquiétude, et même une grande inquiétude. L'an dernier, j'affirmais '*Belgium is back*'. Maintenant, c'est le pays en confiance, stabilisé et qui présente ses atouts. Le pays a retrouvé de la crédibilité, il a mieux traversé la crise que d'autres, il s'est réformé et va de

74 *L'Écho*, 21 janvier 2014.

l'avant. Pour les investisseurs, la Belgique est redevenue un pays stable au cœur de l'Europe."

L'Écho : "Le monde patronal, surtout en Flandre, ne semble pas partager votre analyse optimiste. Le considérez-vous alors comme de mauvaise foi ?"

E. D. R. : "Non, je suis très attentif à ce que disent les organisations patronales. Mais elles défendent leur point de vue. Je suis le Premier ministre de l'ensemble des citoyens belges. Je dois trouver l'équilibre entre tous les groupes. Le fait que le monde patronal vienne aujourd'hui avec des exigences est une bonne chose. C'est un signe qui montre qu'il existe une confiance. Nous n'en sommes plus du tout à savoir si la Belgique va tenir, nous sommes revenus à des questions économiques et sociales. Ils ont des exigences parce qu'ils ont repris confiance."

L'Écho : "Comment expliquez-vous le fait que les marchés internationaux aient plus confiance en notre économie que les patrons belges eux-mêmes ?"

E. D. R. : "Soyons cohérents dans les propos : s'il y avait de vraies difficultés avec le tissu économique belge, nous serions immédiatement sanctionnés par les marchés et les agences de notation. Or, les marchés nous récompensent, quand on voit l'évolution des taux et du *spread* !"

L'Écho : "Pour vous, élu socialiste, les marchés financiers sont-ils donc le bon baromètre d'évaluation des politiques économiques ?"

E. D. R. : "Arrêtez avec les clichés, les socialistes vivent avec l'économie de marché contemporaine. Pourquoi un socialiste ne tiendrait-il pas compte des paramètres d'une réalité économique ? Je veux changer la réalité, je veux l'améliorer. Mais je tiens compte naturellement de tous les indicateurs. Quand on gère le budget de l'État, on est très content d'avoir des taux de 2 % plutôt que 6 ! Pour en revenir aux critiques venues du monde de l'entreprise, je constate une grande différence entre les organisations représentatives et les entreprises elles-mêmes. Je suis assailli de demandes de visites d'entreprises et nous y allons le plus souvent possible, en fonction de l'agenda. Tous les patrons que je rencontre à ces occasions reconnaissent la stabilisation et l'amélioration de la Belgique. Ils demandent certes un peu plus de souplesse, telle ou telle modification, mais personne ne nie l'évolution positive. Les organisations patronales jouent leur rôle, nous prenons bonne note de leurs revendications. Mais elles ne reflètent pas pour autant le climat sur le terrain, dans les entreprises."

L'Écho : "Pour un Premier ministre et un gouvernement, c'est vraiment le cadre de référence [les finances publiques de la Belgique] ?"

E. D. R. : "Si nous avions été laxistes, si nous n'avions pas été sérieux, nous aurions eu immédiatement la sanction des marchés. Et cela nous aurait entraînés dans un effet boule de neige désastreux. Nous avons tenu l'église au milieu du village. Plus les entités fédérées disposent de moyens et d'autonomie, plus il faut négocier la répartition des efforts..."

L'Écho : "Avez-vous le droit de rêver ? Quel est votre grand rêve pour les élections de mai prochain ?"

E. D. R. : "La stabilité du pays est pour moi essentielle. Pour la compétitivité des entreprises, pour installer, voire intensifier, les réformes décidées, il faut de la stabilité. Il faut un gouvernement fédéral dans un délai raisonnable. Ne perdons pas le bénéfice de tout le travail qui a été réalisé. Or, ça peut aller très vite... La confiance et la stabilité sont deux données majeures pour résoudre les problèmes. Je compare cela à la santé personnelle. Quand elle se dégrade, ça ne va plus. Qu'on soit intelligent, riche, le meilleur CEO du monde, ça ne va plus. La confiance et la stabilité, c'est la santé intérieure d'un pays. Sans elles, tout devient très compliqué et les entreprises subiraient gravement une telle situation…" »

Je suis manifestement rasséréné par le résultat du travail fourni en peu de temps et je témoigne d'un grand optimisme pour le pays et les partis qui forment le gouvernement. Fin novembre, le quotidien *Le Soir* fait l'analyse d'un sondage et commente : « Avec 29,3 % des suffrages, le PS est loin de son score aux élections de juin 2010 (37,6 %). À six mois du but, et sachant que les socialistes ne sont jamais aussi forts que lorsqu'ils doivent battre la campagne, rien n'est compromis, c'est vrai, mais tout est en suspens[75]. » Oui, tout dépendra de la qualité de la campagne du PS et de sa capacité d'expliquer les apports positifs pour le pays et ses habitants de sa participation au gouvernement.

Une campagne médiatique qui fait des dégâts

Mais à trois mois des élections, les choses se gâtent. Une campagne médiatique déjà évoquée plus haut laisse entendre que cinquante mille bénéficiaires d'« allocations d'insertion » pourraient être exclus du chômage à cause de la limitation de celles-ci dans le temps. Les allocations d'insertion, pour rappel, sont accordées aux personnes qui sortent des études et ne réussissent pas à occuper un emploi suffisamment longtemps pour accéder, *a minima*, aux allocations de chômage.

Cette campagne suscite la peur chez les demandeurs d'emploi. L'écho est immense et dure plusieurs semaines. Toute l'action

75 *Le Soir*, 22 novembre 2013.

positive du gouvernement est ensevelie sous le poids des accusations. En observant l'ampleur et la vivacité de la campagne, je me dis : « C'est foutu pour le PS au prochain scrutin. »

Un mois plus tard, des actions sont organisées dans seize villes du pays pour « lutter contre l'exclusion des sans-emploi et la limitation dans le temps des allocations d'insertion ». Des débats médiatisés fleurissent sur le sujet. Cet intense brouhaha relègue au second plan la dynamique et les succès du gouvernement. Mon pronostic est sombre, le PS sera sanctionné aux élections qui sont désormais toutes proches.

Une négociation bien difficile

Quand le roi Albert II me nomme formateur, je rédige ma « note de base » dans laquelle n'apparaît aucune limitation des allocations d'insertion. Comme je l'ai déjà dit, la famille libérale me fait savoir qu'elle est prête à négocier la formation du gouvernement avec son éventuelle participation (indispensable pour avoir une majorité au Parlement sans la N-VA), mais sa branche flamande, l'OpenVLD, conditionne son engagement à la limitation à deux ans de l'ensemble des allocations de chômage et à la suppression immédiate des allocations d'insertion. Je feins de n'avoir pas compris et tente d'avancer. Les libéraux flamands se montrent intransigeants. « Sans une réforme fondamentale dans les allocations de chômage et les allocations d'insertion, nous refusons de participer aux négociations gouvernementales », menacent-ils.

En leur absence, il n'y aura pas de majorité possible et la N-VA reviendra au centre du jeu. Que faire ? J'entame les négociations dans l'espoir d'obtenir un compromis avec les libéraux. Comme pour tout sujet, un groupe d'experts se met à l'ouvrage. Il est composé de spécialistes de chacun des six partis pressentis pour former la future majorité. Un accord se dégage. Je m'en félicite et l'adopte pour que le gouvernement puisse enfin voir le jour. À ce moment, autour de la table des négociations, nous pensons que trois années devraient constituer un délai acceptable pour qu'un jeune puisse préparer son insertion dans le monde du travail.

Lorsque se met en route la campagne médiatique antigouvernementale, je suis assez interloqué, ayant le sentiment d'avoir fait le maximum dans un contexte politique très difficile et très dangereux, tant pour l'avenir du pays que pour celui de la protection sociale. Je suis aussi très choqué par les contre-vérités qui circulent, m'attribuant la mesure tellement contestée alors que je l'ai combattue tant et plus au sein du conseil des ministres. Je comprends par ailleurs, bien sûr, les difficultés que la mise en œuvre des mesures pourrait occasionner auprès de certaines personnes sans emploi.

J'aurais pu, avec la ministre de l'Emploi et le soutien des ministres socialistes, apporter de substantielles améliorations au projet, à la faveur d'autres compromis entre négociateurs. La médiatisation du débat, malheureusement, coupe court à toute discussion. Les partis de droite ont leur trophée et ils se font une joie de l'exhiber devant leur électorat. « Il n'est absolument pas question de revenir sur la réforme des allocations de chômage dénoncée par les manifestants », affirme-t-on chez les libéraux francophones. « La réforme a été validée par les six partis de la majorité et portée par le Premier ministre Elio Di Rupo[76]. » Le mensonge l'emporte sur la vérité.

LA PROTECTION SOCIALE S'EN SORT BIEN, QUANT AU PS...

Même avec le recul, je continue de pester contre cette conjonction qui a ruiné toute chance d'éviter aux bénéficiaires

76 *Belga News*, 10 mars 2014.

d'allocations d'insertion une mise au pilori. Des assouplissements ont été rendus possibles par la suite avec l'aide de Laurette Onkelinx, réduisant significativement le nombre de personnes concernées, mais en faisant preuve d'un peu de patience et de doigté politique, nous aurions pu d'emblée épargner presque tout le monde.

Le compromis n'a rien de honteux, en démocratie, il en est même la dignité. Dans un pays comme la Belgique, il faut savoir faire des concessions et il faut en outre être capable de hiérarchiser ses priorités. La mienne était de protéger l'ensemble des personnes sans emploi d'une exclusion du chômage au bout de deux ans, mesure exigée par les libéraux. Mission accomplie, donc, au prix d'une querelle *a priori* marginale mais qui a pris des proportions insensées.

Une autre priorité, plus haute encore, était de sauver la protection sociale en Belgique, harcelée d'un côté par les tenants de la privatisation et de la « responsabilisation » libérale, attaquée de l'autre par les nationalistes flamands qui veulent détruire toute forme de solidarité entre le nord et le sud du pays. En stabilisant la Belgique menacée de disparition et en consolidant la sécurité sociale contre vents et marées, je pense avoir tenu l'essentiel de mes engagements. J'ai le sentiment d'avoir accompli ce qui était ma tâche de Premier ministre. Le dossier des allocations d'insertion me laisse toutefois un sentiment de gâchis, et ce ne sont pas les élections de 2014 qui l'atténueront...

Depuis la mi-2013, je sillonne le pays de conférence en conférence sur le « modèle belge ». Les salles sont bondées et les séances de questions-réponses se terminent toujours par des applaudissements nourris. Mais à partir de la campagne menée contre le gouvernement, chacune de mes apparitions est perturbée. Le climat politique change et on en veut au PS, qui porte le chapeau dans ce dossier alors qu'il n'était demandeur de rien, qu'il a réussi à sauvegarder le modèle de protection sociale belge et qu'il a tout fait pour protéger les bénéficiaires d'allocations d'insertion. L'extrême gauche fait un bond en avant, et son succès ouvre mécaniquement un boulevard à la droite qui peut renvoyer les socialistes dans l'opposition pour mener, durant toute la législature suivante, la politique la plus antisociale depuis la dernière guerre.

Je suis triste pour nos concitoyens, surtout les francophones. Je sais d'avance que tous les ressorts de l'ultralibéralisme seront actionnés par la nouvelle coalition gouvernementale, sans états d'âme ni considération pour les plus humbles. C'est cependant sans amertume ni regret que je quitte le 16, rue de la Loi : ainsi en va-t-il de la vie politique, avec ses joies et ses peines. Je regarde devant moi. L'an prochain, en 2015, ma ville de Mons sera la capitale européenne de la culture. Ce sera la consécration de dix années de travail incessant pour faire briller au firmament de l'Europe une ville magnifique de Wallonie.

L'ÉVICTION

« L'erreur des démocrates est de croire que leur vérité en soit une pour tout le monde, et force l'adhésion. »
André Suarès

Lors des élections fédérales de mai 2014, les partis libéraux et les chrétiens-démocrates flamands qui ont participé à mon gouvernement engrangent des gains substantiels (44 600 voix supplémentaires pour le MR, 171 000 pour l'OpenVLD et le CD&V). Le PS, de son côté, enregistre une perte de 107 000 voix et de 3 sièges à la Chambre des représentants. Il en conserve 23 et apparaît donc affaibli après les élections, même s'il reste – de loin – le premier parti francophone. Avec 20 députés, le MR s'en sort bien : sa participation au gouvernement l'a conforté. Écolo perd un quart de ses sièges, passant de 8 à 6. Côté flamand, la N-VA triomphe avec un gain de 6 sièges et en capitalise désormais 33. Le CD&V et l'OpenVLD gagnent chacun un élu, tandis que le sp.a reste stable.

Le 27 mai, Bart De Wever est désigné informateur par le Roi et il entame ses consultations. Quand je le rencontre, il ne fait pas mystère de se ses intentions : « Je ne veux pas revivre ce que j'ai vécu en 2010 et 2011. » Sans surprise, le PS n'entre ni dans ses rêves ni dans ses plans. Avec Paul Magnette, qui a assuré la présidence du PS durant une partie de mon mandat au 16, rue de la Loi, je tente de décrypter la situation politique. Pour reprendre au plus vite l'initiative, nous entamons les discussions avec les autres partis francophones en vue de former les gouvernements de la Wallonie et de la Fédération Wallonie-Bruxelles. Laurette Onkelinx mène quant à elle les tractations relatives au futur exécutif bruxellois.

Notre première préoccupation reste néanmoins la composition du prochain gouvernement fédéral. Pour nous, tout va dépendre de l'attitude des chrétiens-démocrates flamands. Que vont-ils faire ? Oseront-ils refuser une alliance avec la N-VA au profit d'un renouvellement de la coalition que j'ai dirigée ? Paul Magnette, en contact avec Wouter Beke, le président du CD&V, ne reçoit que des signaux négatifs. Manifestement, en Flandre, l'heure n'est pas à une exclusion de la N-VA. Toujours Premier ministre – en affaires courantes –, je m'abstiens d'établir des contacts directs avec les présidents de parti. Johan Vande Lanotte, en qui j'ai entière confiance et qui s'entretient régulièrement avec Wouter Beke, me confirme que pour ce dernier, une association avec la N-VA est inévitable ; le CD&V ne testera aucune alternative. Je me souviens de ce que disait la presse bien avant les élections : « La N-VA, douce avec le CD&V, dure avec le PS. Le CD&V sur du velours dans un rôle pivot[77]. »

AVANCER SANS LE FÉDÉRAL

À la Région wallonne, je suis, comme Paul Magnette, favorable à une tripartite PS-MR-cdH qui disposerait d'une base solide, étant entendu que sauf revirement très invraisemblable, le PTB restera confortablement au balcon des critiques et des quolibets, tandis qu'Écolo, meurtri par son recul, a déjà fait savoir qu'il privilégiera le travail d'opposition. La Wallonie se trouve à un tournant, elle qui vient d'hériter de nouvelles et très larges compétences et qui doit à tout prix réussir son redressement.

77 *La Libre Belgique*, 8 janvier 2014.

Une majorité comprenant socialistes, chrétiens-démocrates et libéraux serait très représentative de l'électorat. Ce serait « l'unité régionale » et personnellement, je suis prêt, dans l'intérêt supérieur de la Wallonie, à transcender mes profondes divergences idéologiques avec les libéraux.

D'autres coalitions sont concevables, cependant, comme une association PS-cdH (43 sièges sur 75), un duo PS-MR (55 sièges) ou encore une alliance MR-cdH (38 sièges). Paul Magnette et moi avons établi une relation que nous pensons de confiance avec Benoît Lutgen, le président du cdH ; confiance qui n'existe pas du tout avec Charles Michel, le président du MR. Représentant le premier parti de Wallonie, nous prenons l'initiative d'ouvrir le dialogue avec tous les présidents francophones. Benoît Lutgen, d'emblée, exclut l'idée pourtant très pragmatique d'une tripartite wallonne. Il nous signifie clairement qu'il veut « être indispensable au gouvernement wallon » et qu'il n'entend « pas vivre sous la menace d'une possible exclusion en cours de route ».

Nous pourrions prendre acte de son intransigeance et nous passer de son parti, mais l'affaire est délicate, car nous savons par des indiscrétions que des contacts bilatéraux ont été établis dans notre dos entre le MR et le cdH. Ceux-ci pourraient bien s'accorder pour monter ensemble au gouvernement fédéral, et dans un même élan conclure un pacte de majorité au niveau wallon. Par ailleurs, nous connaissons la volonté du CD&V de s'allier avec la N-VA, ce qui signifiera *de facto* l'élimination du PS du gouvernement fédéral. Nos craintes de voir le PS, premier parti francophone, rejeté dans l'opposition tant à Namur qu'à la rue de la Loi sont donc très sérieuses.

Nous décidons alors de précipiter le cours des événements. Le lundi 2 juin, mettant entre parenthèses notre plan initial, nous faisons savoir à Benoît Lutgen que nous acceptons d'avancer avec le cdH seul en Wallonie. La réaction de Charles Michel est aussi immédiate que surjouée : « Cette décision précipitée de former des coalitions régionales va sérieusement compliquer la mise sur pied d'une majorité fédérale. C'est une grave mise en danger de l'État fédéral... C'est un cadeau fait aux séparatistes. Je suis inquiet pour l'avenir du pays[78]. »

Moi aussi, je suis inquiet pour mon pays, mais pour une autre raison. Je n'ai pas oublié ce que me disait Bart De Wever après sa rencontre avec le MR le 28 août 2010 au célèbre restaurant Bruneau alors qu'il négociait avec moi : « Le MR n'attend qu'une seule chose, c'est de s'allier avec moi ! » Je dors mal, car je reste persuadé qu'une tripartite en Wallonie avec le MR et le cdH serait la formule la plus solide pour affronter la difficile législature qui nous attend. Malgré l'annonce déjà faite à Benoît Lutgen, nous décidons d'organiser une réunion avec ce dernier et Charles Michel, le 13 juillet. Elle tourne court. L'incompréhension, voire les incompatibilités d'humeur, conduit à un échec. Le 18 juillet, l'accord de gouvernement PS-cdH est signé et c'est Paul Magnette qui deviendra le ministre-président.

MR-N-VA : LA COALITION SOCIALEMENT BRUTALE

Quelques jours plus tard, le Roi nomme Charles Michel et Kris Peeters (CD&V) formateurs du gouvernement fédéral. Ils appellent publiquement le cdH à participer aux négociations, mais Benoît Lutgen s'y refuse. À la stupeur générale, le MR va alors commettre l'impensable en acceptant d'être le seul parti non flamand autour de la table, lui qui ne représente pas plus de 27 % de l'électorat francophone. Pour assurer sa participation gouvernementale, Charles Michel offre ainsi à la Flandre, à la N-VA en particulier, un pouvoir quasi absolu. En récompense de sa soumission, il reçoit le poste de Premier ministre, poste

78 *L'Avenir*, 5 juin 2014.

délaissé par le CD&V qui privilégie celui de commissaire européen, bientôt occupé par son ancienne présidente Marianne Thyssen.

La coalition dite « suédoise », en référence aux couleurs des quatre partis qui la composent, voit le jour le 11 octobre 2014. Elle est profondément déséquilibrée, dominée de la tête, des épaules et des talons par la droite nationaliste flamande qui ne laisse que des miettes au petit poucet libéral. Le MR, non content de condamner les francophones de Belgique au statut de sous-minorité le temps d'une législature humiliante, les fragilise un peu plus encore en acceptant que la N-VA fasse main-basse sur des postes clés comme le ministère de la Sécurité et de l'Intérieur, celui de la Défense et celui des Finances. Pareil scénario, inversé, aurait aussitôt provoqué des émeutes en Flandre, mais finalement, les votes ont lieu et l'opposition des trois quarts des députés francophones n'empêchera pas le gouvernement MR-N-VA d'advenir. Je quitte alors mon bureau du 16, rue de la Loi sans me retourner. En démocratie, le pouvoir est prêté par le peuple pour une durée limitée. Trois années durant, je l'aurai exercé avec cœur et conviction. Je le rends de bonne grâce, avec le sentiment du devoir accompli.

Retour au boulevard de l'Empereur[79]

Réintégrant mon mandat de président du PS, je me fixe une double priorité : préparer le parti à une législature d'opposition fédérale qui ne pourra être que très dure et préserver son unité. Ma crainte est en effet que notre mise à l'écart au niveau fédéral soit le prétexte pour certains à une dramatisation excessive et qu'elle mette en marche la fameuse « machine à perdre ». Bien des partis politiques, lorsqu'ils basculent dans l'opposition, se déchirent et offrent le champ libre à d'incessants règlements de

79 Siège du Parti socialiste belge francophone.

comptes. Les socialistes français en ont fait l'épreuve, et pour n'avoir pas su serrer les rangs quand il le fallait, ils ont entamé une interminable glissade. Le PS que je dirige, parti soudé où les liens fraternels sont très forts, n'est pas exposé de la même manière à de tels comportements autodestructeurs, fort heureusement, mais je ne peux exclure l'une ou l'autre tentative de déstabilisation.

L'élément réconfortant est bien sûr notre présence aux gouvernements de la Région wallonne, de la Région de Bruxelles-Capitale et de la Fédération Wallonie-Bruxelles. Là, nous pouvons continuer à agir, imprimer notre marque et engranger de nouveaux succès progressistes. Paul Magnette, Rudi Vervoort et Rudy Demotte sont les ministres-présidents, Jean-Claude Marcourt est vice-président, Christophe Lacroix, Éliane Tillieux, Rachid Madrane et André Flahaut sont ministres et Fadila Laanan est secrétaire d'État. Ils sont l'assurance pour les francophones de Belgique que la régression sociale n'est pas une fatalité, malgré les sombres desseins de la « suédoise ». Donner tort aux donneurs de leçons, ceux qui savent, généralement après-coup, comment il aurait fallu gouverner, sera plus facile au sein d'un PS qui n'est pas complètement évincé du pouvoir mais au contraire mobilisé de manière intense par son engagement dans trois gouvernements différents.

UN CHANTIER DES IDÉES QUI FAIT DU BIEN !

La meilleure chose pour maintenir la vitalité du parti est de nourrir une dynamique de travail interne qui nous éloignera des eaux stagnantes du ressentiment et de la mortification. C'est pourquoi je lance une opération de refondation idéologique qui sera bien davantage qu'un pow-wow ou un simple remue-méninges : notre « chantier des idées » doit nous permettre d'élargir nos horizons, de redéfinir nos objectifs et d'imaginer de nouvelles manières, pour les progressistes que nous sommes, de nous engager au XXIe siècle. Un grand congrès inaugural est organisé à Liège, qui rassemble un millier de nos militants. À huis clos, plus de quatre heures durant, l'introspection est de mise au sein de la grande famille socialiste. Dans un grand respect et en toute franchise, on se dit ses vérités, ses espoirs et ses déceptions. On s'accorde aussi sur la nécessité de rester la première force de proposition de gauche du pays, un parti responsable qui ne vit pas pour lui-même mais qui apporte en permanence des solutions aux travailleurs, aux jeunes et à toutes les personnes qui éprouvent des difficultés.

Je note tout ce qui se dit et j'encourage cette belle catharsis en adressant un questionnaire à l'ensemble de nos membres. Dix mille parmi eux prendront le temps d'y répondre et de me le retourner. C'est un succès qui confirme le besoin de s'exprimer en nos rangs. Toutefois, en jaurésien que je suis, je redoute un peu les exhortations à un gauchissement extrême du PS, qui n'est pas un parti d'aboiements et de coups de gueule, mais un parti de projets, de réalisations et d'accomplissements. Je sais d'avance que beaucoup vont demander au parti d'être plus radical, plus à gauche et plus intransigeant, et je sais que je devrai comme toujours plaider pour une prise en compte des réalités économiques, sociales et politiques ; des réalités qui généralement résistent très bien aux assauts des matamores. Parmi elles, le réchauffement climatique et les désastres environnementaux qui se multiplient ces dernières années. Pour moi, c'est une évidence : le PS doit s'emparer de ces questions et les placer au centre de ses combats. Lier la question sociale et la question environnementale sera donc la grande affaire de mon dernier mandat à la tête du PS. Les participants au chantier des idées m'emboîtent le pas, et de leurs longues cogitations naîtra le concept d'écosocialisme. Nous tenons là le thème novateur qui, une fois encore, va permettre au PS de s'affirmer comme un parti d'avant-garde et de porter les espoirs de changement. Paul Magnette, dans son livre *La Vie large*[80], donnera ensuite, et de maîtresse façon, ses vraies lettres de noblesse à l'écosocialisme.

Au chantier des idées, je donne aussi une coloration plus internationale, tant il est vrai qu'en une génération, les centres de décision politique se sont beaucoup déplacés. La Commission, le Conseil européen, la BCE, le FMI et d'autres instances « sans frontières » pèsent aujourd'hui d'un poids immense dans l'exercice du pouvoir. Nos militants, dont les regards restent essentiellement tournés vers la rue de la Loi à Bruxelles ou vers l'Élysette[81] à Namur – surtout chez les plus anciens –, doivent faire l'effort de s'intéresser à ces lieux qui sont éminemment politiques et surtout déterminants pour notre avenir. C'est ainsi que je les invite à élargir les discussions pour appréhender plutôt qu'esquiver les fameuses contraintes budgétaires qui s'imposent à nous de l'extérieur. L'occasion aussi d'approfondir la réflexion sur le capitalisme financier et ses mécanismes ; un travail préalable sans lequel tout projet de mutation de la société vers un modèle durable, solidaire et progressiste restera prisonnier du registre de l'utopie. Je rappelle aux participants, dont le syndicat et la mutuelle socialistes qui sont bien sûr étroitement associés à nos travaux, que là comme ailleurs, l'enjeu consiste à créer un rapport de forces suffisant pour faire reculer les idées de droite. Au même titre que l'internationalisme, l'union de la gauche me paraît indispensable à la mise à jour des « fondamentaux » du PS.

Le chantier des idées est aussi l'occasion d'approfondir et de renouveler nos propositions sociétales et éthiques. Je l'ai déjà évoqué, le PS a été le fer de lance des grandes avancées en matière de libertés et de droits individuels, plaçant la Belgique à l'avant-scène des pays les plus progressistes et les plus tolérants. Mais les acquis ne le sont jamais définitivement. Il suffit pour s'en convaincre de diriger son regard vers la Hongrie. La

80 *Op. cit.*
81 Siège du ministre-président de Wallonie.

vigilance s'impose en permanence. Si de nombreuses avancées ont été actées, d'insupportables discriminations subsistent pour les femmes, pour les personnes d'origine étrangère, pour les LGBTQI+ ou encore pour les personnes porteuses d'un handicap. Pour elles et eux, de nouveaux droits sont à conquérir et le chantier des idées permet de mettre à jour nos revendications sur ces questions primordiales.

De nombreuses et très intenses séances de travail se succèdent à un rythme soutenu, généralement le samedi matin. Je les préside toutes et avec mon équipe, je réalise la synthèse de cet immense exercice de démocratie politique. Fin août 2017, je publie un livre intitulé *Nouvelles Conquêtes*[82], qui sera ma conclusion personnelle du chantier des idées.

LE COUP DE JARNAC

Entre-temps, le 19 juin 2017, s'est produit un petit séisme dans notre landerneau politique. Je suis en train de présider le bureau du PS quand tout à coup, mon téléphone vibre. Exceptionnellement, je décroche. C'est Benoît Lutgen, qui me dit froidement : « Je mets fin à notre collaboration. Je romps la coalition PS-cdH à la Région wallonne, en faveur d'une nouvelle composition cdH-MR. » Je reste sans voix, mais la brutalité de l'acte et la rudesse des mots utilisés provoquent en moi un flashback. Quand Paul Magnette et moi avons précipité la formation d'une majorité PS-cdH en Wallonie, c'était par crainte de ce qui, deux ans plus tard, se produit ici. Benoît Lutgen me dit vouloir faire de même au gouvernement de la Fédération Wallonie-Bruxelles et à Bruxelles, mais pour cela, il a besoin des voix de DéFI. Il espère que son président acceptera de contribuer au succès du plan ourdi contre le PS. Olivier Maingain se montre toutefois d'une rare élégance et d'une parfaite correction. Il

82 Elio Di Rupo, *Nouvelles Conquêtes*, Luc Pire, 2017.

refuse avec superbe et renvoie son vis-à-vis à ses intrigues. La coalition PS-cdH se maintient dès lors à la Fédération et à Bruxelles, dans le climat délétère que l'on devine.

Face à un acte humainement et politiquement aussi violent, que rien n'annonçait, je suis estomaqué et j'appelle aussitôt mon collègue Olivier Chastel, qui préside le MR. « Je fais mes courses dans un grand magasin ; je me renseigne », me répond-il. Je comprends alors que la manœuvre est tout à fait concertée et menée en bonne intelligence avec lui. Avec un peu de recul, je pense pouvoir décoder les intentions de Benoît Lutgen. Dans les médias, il colporte que ce sont « les affaires Publifin, ISPPC et Samu social » qui rendent les socialistes infréquentables. Je ne le crois pas du tout, ces affaires étant derrière nous et des mesures extrêmement strictes ayant été prises depuis. La vraie raison, pour moi, est que le cdH peine à exister politiquement. Les sondages ne sont pas bons. Depuis le départ de Joëlle Milquet comme présidente, les pertes sont incessantes. Le cdH apparaît comme déboussolé et inopérant. Dans ces conditions, le parti veut être « incontournable » au sein d'un gouvernement et non un appoint ou une simple option. Devenir la pièce maîtresse de l'échiquier politique wallon est son ambition et pour cela, il n'hésite pas à déchirer le contrat signé avec nous. Je me dis que manifestement, ce qui le guide est l'intérêt de sa formation bien plus que celui de sa Région. Cette stratégie s'avère finalement bien peu payante pour le cdH et son président. Lors des élections de 2019, ils sont durement sanctionnés. J'ai la faiblesse de penser que l'acte de rupture unilatérale posé par Benoît Lutgen n'a guère été apprécié par les citoyens wallons et bruxellois.

ÇA GRENOUILLE UN PEU DANS MON DOS

Le succès du chantier des idées permet au PS et à ses militants de retrouver force et enthousiasme, et c'est une excellente chose à l'heure d'affronter depuis l'opposition le gouvernement d'ultradroite MR-N-VA. De plusieurs sources, j'apprends toutefois que certaines personnes veulent mon départ de la tête du parti. Elles trouvent que je ne suis plus le leader approprié et leurs récriminations se font de moins en moins discrètes, au point d'attirer plumes et micros de journalistes. La rumeur court et prend force, y compris parmi les militants qui découvrent tout cela dans leurs gazettes et sur leurs écrans. Selon un sondage, jusqu'à 25,7% d'entre eux souhaiteraient mon départ. On parle du mandat présidentiel de trop, on doute de ma capacité à mener l'opposition alors que peu de temps auparavant, j'incarnais encore le pouvoir à la rue de la Loi, on me cherche des noises aussi sur des à-côtés assez insignifiants qui relèvent de l'organisation interne du chantier des idées. Mais la grande majorité des personnalités du parti, les unes après les autres, me défendent. C'est la plus belle expression de camaraderie et d'amitié que j'ai jamais connue et encore aujourd'hui, j'éprouve une vive reconnaissance à l'égard de celles et ceux qui ont fait primer la loyauté et l'honneur sur toute forme de spéculation. Le milieu politique n'est pas qu'une jungle et au PS en particulier, nous savons cultiver nos valeurs comme un jardinier prend soin de ses roses.

Rasséréné, avec toute l'équipe de l'Institut Émile Vandervelde dirigée de main de maître par Gilles Doutrelepont, je prépare la campagne électorale. Comme toutes les campagnes, elle est âpre et difficile. Nous faisons de notre mieux, mais les vents contraires ont un peu trop soufflé sur le parti. De son côté, l'équipe de Charles Michel s'est fracassée en fin de parcours : la N-VA n'a pas résisté à la tentation de complaire aux électeurs de l'extrême droite et a quitté le gouvernement en prétextant que le Premier ministre s'était trop aventuré dans les accords de Marrakech, un pacte des Nations unies qui vise à mieux ordonner la migration internationale. Née d'une ambition économique et sociale d'ultradroite, la coalition MR-N-VA achève son sinistre parcours dans les eaux fangeuses de la xénophobie.

LA GUERRE

« C'est une maîtresse exigeante,
la paix,
plus exigeante que la guerre. »
Aristide Briand

Nous devons rester humbles quant à l'analyse des causes du drame ukrainien. La première personne qui me parle de ce pays avec gravité est le président de la République fédérale d'Allemagne, Joachim Gauck, que j'accueille le 16 avril 2012 lors de sa visite officielle en Belgique. Il me met en garde avec des propos tout à la fois alarmistes et sibyllins : « Monsieur le Premier ministre, vous devriez vous intéresser à l'Ukraine, un futur problème immense pour l'Europe. » C'est à Vilnius, le 28 novembre 2013, que je mesurerai toute la pertinence des propos de mon visiteur.

Dans la capitale lituanienne, les chefs d'État et de gouvernement européens sont censés signer un accord d'association et de libre-échange entre l'Union européenne d'une part, l'Ukraine et les cinq autres anciennes républiques soviétiques membres du partenariat oriental (l'Azerbaïdjan, l'Arménie, la Biélorussie, la Géorgie et la Moldavie) d'autre part. Il s'agit du troisième sommet de partenariat oriental. Le président du Conseil européen, Herman Van Rompuy, déclare à ce sujet : « Notre objectif est de coopérer avec nos partenaires de la région pour construire, pas à pas, un voisinage démocratique, prospère et stable, fondé sur l'État de droit. Vilnius marquera la fin de la première décennie de la politique de voisinage de l'Union. » Cependant, une semaine avant le sommet de Vilnius, le Parlement ukrainien vote contre l'accord préparé minutieusement par la Commission européenne, si bien que le président prorusse Viktor Ianoukovitch refuse de le signer. Ce dernier a été Premier ministre, il devient président de l'Ukraine après avoir battu Ioulia Timochenko aux élections. Malgré cette nouvelle configuration politique « décevante », la Commission européenne redouble d'ardeur. Son commissaire au commerce, le Belge Karel De Gucht, annonce le 20 octobre 2011 que l'accord d'association avec l'Ukraine est techniquement bouclé. La mise en œuvre de l'accord d'association aurait une importante portée économique et symbolique. Prévoyant la création d'une « zone de libre-échange approfondie et complète » ainsi qu'une libéralisation des visas, l'accord entérinerait la perspective européenne à long terme d'une adhésion de Kiev à l'Europe. Mais en 2013, les pressions de la Russie s'accentuent à l'approche du sommet de Vilnius. Les acteurs européens du partenariat oriental tentent de faire croire qu'il ne s'agit pas d'une stratégie géopolitique mais d'un accord d'association qui va rendre tous les participants plus prospères et que finalement, la Russie y gagnera. Bien entendu, le président russe, Vladimir Poutine, ne croit rien de ces balivernes. En réalité, l'enjeu premier est justement de nature géopolitique. Dans sa réponse à Angela Merkel, qui rappelle qu'il faut que « la guerre froide s'achève une bonne fois pour toutes, y compris pour nos partenaires orientaux », le ministre russe des Affaires étrangères, Sergueï Lavrov, n'y va pas par quatre chemins. Il dénonce avec véhémence la « pression assez éhontée » de l'Union européenne sur les États concernés.

En novembre 2013, après le vote du Parlement ukrainien s'opposant à la signature de l'accord d'association, l'émissaire européen Aleksander Kwasniewski, qui a tenté jusqu'à la dernière minute de convaincre les Ukrainiens de signer, annonce que l'Ukraine a renoncé à signer l'accord d'association afin de « relancer ses relations économiques avec la Russie ». Le prorusse Viktor Ianoukovitch veut que les difficultés intérieures de l'Ukraine soient résolues ensemble par l'Union européenne et par la Russie. Il propose qu'un accord d'association avec l'Union soit discuté à trois entre Kiev, Bruxelles et Moscou. Cette demande est immédiatement rejetée par l'Union, qui justifie son refus par le caractère bilatéral des accords d'association. « L'Ukraine est évidemment "le" pays que l'Union européenne voulait attirer pour symboliser sa nouvelle "*Ostpolitik*", sa politique orientale. Et, comme prévu, il était aussi l'enjeu principal de la rivalité avec Moscou, qui a misé au cours des dernières années tant sur l'affaiblissement de l'Union que sur les exigences imposées par Bruxelles au régime du président Viktor Ianoukovitch[83] », dira le quotidien *Le Monde*.

On se trouve ici au cœur de la problématique ukrainienne. De toute évidence, l'insistance américaine sur cet accord révèle une visée géostratégique. Intégrer l'Ukraine à l'Occident ouvre non seulement un marché économique supplémentaire, mais permet surtout aux Américains de se rapprocher militairement de Moscou. Pour l'Union européenne, cette vision ne lui est pas étrangère, mais une double sincérité l'habite. D'une part, répondre à l'aspiration démocratique d'une partie de la population ukrainienne dans le respect des droits de l'homme et, d'autre part, son obsession, parfaitement orchestrée par la Commission européenne, d'élargir le libre marché au maximum afin, pense-t-elle, d'ouvrir les portes à un bien-être généralisé.

Plusieurs chefs d'État et de gouvernement sont étonnés à Vilnius de mesurer le volume de travail technocratique réalisé par la Commission européenne sans que jamais il n'y ait eu un rapport détaillé présenté au Conseil européen sur le contenu du projet d'accord d'association avec les pays de l'Est européen. François Hollande et moi, notamment, restons circonspects face

83 *Le Monde*, 28 novembre 2013.

à l'ampleur du travail discret, secret peut-être, de la Commission. Un travail de technocrates-bureaucrates qui, vraisemblablement, ne mesurent pas l'effet négatif, voire franchement hostile, de la démarche européenne aux yeux de Poutine, qui y voit une manœuvre géostratégique des Occidentaux – des États-Unis au premier chef – pour isoler la Russie dans ses nouvelles frontières. Or, d'évidence, Vladimir Poutine rêve de restaurer la Grande Russie.

Malgré la forte insistance des présidents Van Rompuy et Barroso, d'Angela Merkel et de François Hollande, le président ukrainien Viktor Ianoukovitch reste inflexible et insiste sur la nécessité d'un dialogue trilatéral entre l'Union européenne, la Russie et l'Ukraine. Je n'ai aucune sympathie pour Ianoukovitch, mais la question de savoir si l'Europe ne s'est pas inconsidérément estimée maître de jeu reste ouverte. Dans tous les cas, elle n'a pas voulu se singulariser par rapport à la politique américaine. Mais quand on veut s'imposer, il faut s'en donner les moyens. Et si l'Europe est un vaste marché commun, elle demeure un nain militaire. Sans une force militaire européenne efficace, point de puissance européenne réelle !

Malgré l'échec cuisant du sommet de Vilnius, l'Union européenne, qui n'a manifestement pas tenu compte de la réalité géopolitique, ne s'avoue pas vaincue et affirme que l'accord est toujours sur la table, suggérant qu'il pourrait encore être signé dans les mois suivants, notamment lors du prochain sommet Union-Ukraine prévu en février 2014. En attendant, les Européens doivent se contenter de parapher deux accords d'association, avec les seules Géorgie et Moldavie. Tant l'Azerbaïdjan, l'Arménie que la Biélorussie suivent l'exemple de l'Ukraine et refusent de signer l'accord d'association. Ces refus démontrent que le problème auquel sont confrontés les Européens dépasse largement le cas ukrainien : le flan est de l'Europe continue de subir une influence importante de la part de la Russie, mettant à mal le dialogue avec l'Europe et empêchant tout rapprochement avec le Vieux Continent. L'Union européenne semble limitée à sa dimension économique et à l'attrait de son marché intérieur, mais ça ne suffit pas face à un Poutine stratège qui veut aussi créer un vaste espace économique avec le plus grand nombre possible de pays de l'ex-URSS.

Quelques jours après le sommet des chefs d'État et de gouvernement européens en Lituanie, le 17 décembre 2013, la Russie accorde à l'Ukraine 15 milliards de dollars et baisse d'un tiers le prix du gaz qu'elle y exporte. Suite à cet acte de « séduction » de la Russie, le Premier ministre ukrainien, Mykola Azarov, dit : « L'accord historique conclu avec Moscou a permis de sauver l'économie ukrainienne de la faillite, qui aurait eu lieu en cas de signature d'un accord d'association avec l'Union européenne. » Il poursuit : « Le précédent contrat gazier saignait l'économie ukrainienne depuis trois ans et demi. » Et il ajoute que « le président ukrainien a mis un terme à cette trahison des intérêts nationaux, dont sont responsables les mêmes forces politiques qui provoquent aujourd'hui l'instabilité dans le pays ».

En contrechamp de l'attitude russe, l'Union européenne propose à son tour d'accorder un paquet de milliards d'euros à l'Ukraine, mais à la condition que l'État de droit (au sens européen) soit respecté. Malgré l'apparence d'un beau geste de l'Union, la proposition doit effaroucher Poutine qui redoute que le concept d'État de droit fasse tache d'huile dans son pays. Par ailleurs, la déclaration du Premier ministre ukrainien témoigne de la duplicité des dirigeants ukrainiens de l'époque. Ne donnent-ils pas l'impression de vouloir s'associer avec l'Europe pour faire pression sur la Russie? Les commissaires européens ont-ils opéré en tenant compte de cette éventualité?

En soulignant l'instabilité qui règne dans son pays, le Premier ministre ukrainien fait en réalité référence à l'opposition qui conteste dans la rue depuis près d'un mois le refus présidentiel de signer un accord d'association avec l'Union européenne au profit d'une coopération économique avec la Russie[84]. La situation reste explosive dans les rues de Kiev. Dès le 21 novembre 2013, quotidiennement, et jusqu'au 8 décembre, des manifestations très violentes se déroulent au cœur de la capitale. Elles portent le nom d'*Euromaïdan*, du nom de la place de Kiev qui accueille les manifestations. Elles rassemblent jusqu'à un demi-million d'Ukrainiens favorables au projet européen.

De nombreux dirigeants européens font le voyage à Kiev en guise de soutien. Ainsi, Catherine Ashton, haute représentante de l'Union pour la politique étrangère, se rend sur la place Maïdan pour apporter son appui et dialoguer avec les Ukrainiens. Cette présence est dénoncée par Moscou et éloigne un peu plus Poutine d'un dialogue avec les Européens sur la question ukrainienne. Ces manifestations sont suivies de la « révolution de la dignité » du 18 au 21 février 2014. Face à l'ampleur du mouvement et par crainte de perdre le contrôle, les autorités ukrainiennes en place donnent l'ordre à la police de tirer à balles réelles sur les manifestants. Les affrontements sont tels qu'on compte près de cent morts et de très nombreux blessés. La violence des forces de police ukrainiennes ne fait qu'accroître les protestations pro-européennes au lieu de les faire taire.

Suite aux pressions populaires, le 22 février 2014, le Parlement adopte la destitution à l'unanimité du président Viktor Ianoukovitch, provoquant son départ pour la Russie et l'annonce d'élections pour le mois de mai. De son côté, Poutine utilise en grande partie ce contexte protestataire et la mise en place d'un nouveau gouvernement pour envahir la Crimée et pousser les séparatistes prorusses à entamer une guerre dans le Donbass.

---

84 *Belga News*, 18 décembre 2013.

De ce fait, à partir du 28 février 2014, des troupes russes occupent la Crimée – même si Poutine prétend qu'il s'agit de groupes indépendantistes criméens –, puis des mouvements de troupes sont organisés par l'armée de terre russe près de la frontière ukrainienne. « Si nous prenons la décision d'utiliser les forces armées en Ukraine, elle sera tout à fait légitime », martèle le président russe Vladimir Poutine, qui s'exprime pour la première fois en public sur la crise[85]. John Kerry, chef de la diplomatie des États-Unis, prédit que « la Russie fait tout son possible pour créer un prétexte pour pouvoir envahir davantage l'Ukraine ». Le 6 mars 2014, je participe à la réunion des chefs d'État et de gouvernement européens où est invité le nouveau Premier ministre ukrainien, Arseni Iatseniouk, nommé par le président *ad interim* de l'Ukraine, Oleksandr Tourtchynov, proche de l'Union européenne. Le sommet se conclut sur la réaffirmation que « l'Union européenne a la volonté de signer l'accord d'association, qui prévoit l'instauration d'une zone de libre-échange approfondi et complet. Nous [les présidents et Premiers ministres européens] nous emploierons en priorité à signer très prochainement tous les chapitres politiques ». Le 21 mars 2014, les dirigeants européens et le Premier ministre ukrainien signent le volet politique de l'accord d'association entre l'Union européenne et l'Ukraine.

Le 9 avril 2014, Francis Briquemont, ancien lieutenant général belge, notamment commandant de la Forpronu en ex-Yougoslavie[86], procède à une analyse acérée de la situation dans le quotidien *La Libre*[87]. Il fait part de son sentiment : « Que s'est-il passé en Ukraine ? La moitié occidentale du pays, pro-européenne, s'est révoltée contre le pouvoir en place, incarné par un président et un gouvernement prorusses, refusant un rapprochement politique avec l'Union européenne, et contre la

85 *Le Soir*, 5 mars 2014.
86 La Forpronu, mission provisoire de l'ONU, a été mise sur pied pour créer les conditions de paix et de sécurité permettant la négociation d'une solution d'ensemble pour la guerre en ex-Yougoslavie.
87 *La Libre Belgique*, 9 avril 2014.

corruption généralisée caractéristique de cet État. Initialement, cette révolte s'est déroulée dans l'indifférence de la partie orientale du pays plutôt prorusse et surtout russophone, mais cette indifférence s'est vite transformée en hostilité envers les révoltés de Kiev, dont l'attitude était de plus en plus antirusse. Choqués par la violence croissante des événements de Kiev, les dirigeants européens ont pris fait et cause pour les révolutionnaires de Kiev, sans trop se soucier des réactions de la Russie. Ils ont provoqué la fuite de Ianoukovitch et considéré, un peu naïvement peut-être, le gouvernement provisoire comme celui de "toute" l'Ukraine... Cette reconnaissance instantanée et très médiatique du gouvernement de Kiev est une erreur d'appréciation politique de l'Union européenne, qui a permis à Vladimir Poutine, digne héritier des tsars, de reprendre l'initiative dans la gestion de la crise. Autre fait jugé provocateur par la Russie, la suppression de l'usage de la langue russe comme deuxième langue ukrainienne. »

Briquemont poursuit : « Vladimir Poutine n'en demandait pas tant pour d'une part entretenir l'agitation anti-Kiev à l'est de l'Ukraine, et d'autre part régler en quelques jours le retour de la Crimée dans le giron russe, et ce, à la stupéfaction (feinte ?) des Occidentaux ; cette Crimée, terre russe depuis des siècles et siège de la plus importante base militaire russe dans le sud avec son accès à la Méditerranée. »

Petro Porochenko, riche homme d'affaires pro-européen, devient le président élu de l'Ukraine le 7 juin 2014. Il est très courtisé par les dirigeants européens, en particulier par la Commission européenne. Parallèlement, faisant partie des seuls instruments de pression européens, des sanctions à l'égard de la Russie sont prises par l'Union.

Fin juillet 2014, Thomas Gomart, directeur du développement stratégique de l'Institut français des relations internationales et spécialiste de la Russie et des États issus de l'ex-URSS, donne une interview remarquée à *La Libre*[88]. Traitant des suites des sanctions européennes, il s'exprime comme suit : « Vladimir Poutine s'est rapproché de la Chine en mai et il a dernièrement fait franchir un pas supplémentaire aux Brics (Brésil, Russie, Inde, Chine et Afrique du Sud) en lançant le principe d'un instrument financier qui leur serait propre. [...] Le pari [de Washington et Bruxelles] est que les oligarques et l'opinion vont se retourner contre Poutine. C'est un pari dangereux? C'est mal connaître l'état d'esprit qui prévaut aujourd'hui au sein des élites russes... Il faut veiller à ne pas transformer la Russie en nouvel Iran. Ce serait une erreur d'analyse et une faute politique. Nous fondons les sanctions au nom du droit et de la punition, alors que la Russie, elle, ne conçoit sa politique extérieure qu'en termes de rapports de force et de transgression. C'est une illusion de croire que les sanctions économiques amèneront la Russie à la raison politique. »

J'ai repris des éléments des analyses de Thomas Gomart et de Francis Briquemont, car elles forcent une réflexion sur un point de vue différent de la pensée véhiculée par les leaders européens et américains. La grande question du moment, et jusqu'au début de la guerre déclarée, est de savoir si Poutine, qui se comporte comme le tsar de la Grande Russie, est capable d'un compromis raisonnable qui tiendrait compte à la fois des populations russophones de l'est et du sud de l'Ukraine et de la population pro-européenne de la grosse moitié ouest du pays.

La grande question se pose aussi pour l'Union européenne. A-t-elle la volonté d'aboutir à un compromis avec Poutine alors que traditionnellement, la Commission est prisonnière de sa technocratie bureaucratique sans vision géostratégique? Lors de sa visite à Bruxelles le 18 avril 2012, Hillary Clinton, la secrétaire d'État américaine, que je reçois seul à seule au Lambermont

88 *La Libre Belgique*, 31 juillet 2014.

durant une heure et quart, parle plus de la moitié du temps de Vladimir Poutine. Elle me met en garde. « Il représente le plus grand danger pour l'Europe », prophétise-t-elle. Nonobstant ce jugement américain, tout accord avec Poutine est-il impossible ?

Après l'autoproclamation de la « République populaire de Donetsk » et de la « République populaire de Louhansk », la situation au Donbass se dégrade brutalement. Un cessez-le-feu est signé le 5 septembre 2014 à Minsk, la capitale de la Biélorussie (Minsk 1). Parmi les signataires, on trouve Angela Merkel et François Hollande. À peine l'encre est-elle sèche que des violations du cessez-le-feu sont constatées dans les régions indépendantistes ukrainiennes. En réaction, les signataires de Minsk 1 se réunissent à nouveau au même endroit et un nouvel ensemble de mesures, dont un nouveau cessez-le-feu, sont adoptées d'un commun accord (Minsk 2) le 12 février 2014. Ces accords signés par Poutine n'empêcheront pas la Russie d'accaparer la Crimée, mais même s'ils ne seront jamais respectés, ils ont le mérite de tenter une approche diplomatique importante pour stopper les affrontements dans le Donbass et en Crimée. La démarche permet de faire asseoir Poutine autour d'une table de négociations et d'instaurer un vrai dialogue. Quels sont ses intentions et son réel engagement au moment des protocoles de Minsk ? La question demeure, vu les non-résultats obtenus.

Trois mois après l'installation du nouveau président Petro Porochenko, le Parlement ukrainien valide, le 16 septembre 2014, l'accord d'association et de libre-échange avec l'Union européenne. L'accord est adopté à l'unanimité des 355 parlementaires ayant pris part au vote. Trois jours plus tard, la Russie demande à l'Europe de s'engager à amender son accord d'association avec l'Ukraine, dans le cadre de discussions censées dissiper les craintes de Moscou sur la mise en œuvre dudit accord.

Lors de mon dernier sommet européen, le président Petro Porochenko est présent. Il juge la situation interne alarmante et rappelle que plus de deux mille soldats russes ont franchi la frontière ukrainienne dans le Donbass. « Il y a une guerre au cœur de l'Europe. Tous les efforts à l'égard de Poutine sont vains. Il nous faut une Europe unie, solidaire avec l'Ukraine, capable de mettre un terme à la guerre. Poutine veut reconstituer l'Empire russe. Trente-cinq mille soldats russes et trois cent cinquante chars sont mobilisés à la frontière », dit-il.

L'émotion est grande parmi nous. C'est alors que le président roumain, Traian Băsescu, fait entendre un son de cloche singulier. « Poutine arrêterait son attaque s'il avait l'assurance que le traité d'association ne se concrétisera pas », dit-il. Il poursuit en s'adressant au président Porochenko : « Soit vous perdez du territoire et vous réalisez l'accord d'association, et l'Europe n'enverra pas d'hommes combattre en Ukraine, soit vous avez la guerre. Je ne vois pas d'autre solution. »

La Roumanie compte 649 kilomètres de frontière commune avec l'Ukraine. Ses dirigeants connaissent bien la situation et l'histoire de ce pays. Les propos du président Băsescu ne peuvent être pris à la légère. L'histoire lui donnera d'ailleurs raison ! À l'interpellation de son collègue roumain, le président Porochenko répond qu'il faut un cessez-le-feu, un retrait des territoires occupés et la libération des otages. « Poutine ne tiendra jamais parole », ajoute-t-il. Angela Merkel, qui connaît bien Poutine, affirme que le président russe est « prêt à une troisième guerre mondiale ». Elle plaide pour éviter l'escalade militaire. Quant à François Hollande, il insiste sur la nécessité d'envoyer un convoi humanitaire et il commente la situation en ces termes : « Poutine a déjà gagné. Il a soutenu les minorités russophones. Nous n'avons pas d'autre choix que d'augmenter les sanctions économiques. L'autre solution serait de lui faire la guerre. Personne n'en veut ! »

Les discussions avec la Russie se poursuivent, sans succès. « La Russie a formulé des demandes qui n'étaient pas justifiées ou ne pouvaient pas être intégrées, n'étant pas alignées sur les règles de l'Union européenne ou de l'Organisation mondiale du commerce », indique la Commission européenne fin 2015. Mais que vaut le fait de considérer ces règles comme indépassables, alors que le véritable enjeu est géostratégique et que le risque n'est autre que la guerre ? Fin 2016, l'Union assure à l'Ukraine qu'elle reste intransigeante à l'égard de son voisin russe, accusé d'entretenir la guerre civile dans l'est du pays. Bien que des discussions aient encore lieu avec Poutine ou avec son ministre des Affaires étrangères, Serguei Lavrov, notamment dans le cadre de l'accord de Minsk 2, l'accord d'association entre l'Europe et l'Ukraine entrera finalement en vigueur le 1er septembre 2017. Volodymyr Zelensky devient président le 20 mai 2019. Poutine envahit l'Ukraine le 24 février 2022.

De nombreuses questions se posent encore. Je me demande si, comme d'autres chefs d'État et de gouvernement, je ne me suis pas laissé obnubiler par l'activisme américain et celui de la Commission européenne. Aurions-nous pu éviter la guerre ? Avons-nous agi de manière intelligente et avec une vision géostratégique ? À Vilnius, j'ai fait chorus avec mes collègues. Je ne voulais pas que la Belgique se démarque des autres pays européens. J'ai néanmoins été surpris par l'énorme travail fourni par la Commission européenne, de manière autonome, sans que les chefs d'État et de gouvernement aient préalablement approfondi ces questions lors du sommet préparant notre déplacement dans la capitale de la Lituanie. On connaît la suite. La guerre est affreuse pour les Ukrainiens et les conscrits russes. Elle provoque aussi un important dérèglement international. Elle encourage les spéculations de toute nature, engendre une énorme inflation et offre à certains pays comme la Chine et la Turquie une surpuissance diplomatique et économique.

N'ayant pu éviter l'embrasement tant redouté, les Européens ne peuvent plus faire marche arrière aujourd'hui. Ils n'ont d'autre choix que de continuer à fournir des armes aux Ukrainiens tout en maintenant une diplomatie très active qui, seule, tôt ou tard, rendra possible un cessez-le-feu définitif. Permettre aux Ukrainiens de réaliser leur rêve et de nous rejoindre au sein de l'Union n'est pas une utopie, mais une étape supplémentaire et parfaitement logique dans le processus de construction de l'Europe. C'est aussi l'étape la plus difficile et la plus dangereuse de sa jeune histoire. Elle nécessitera encore, qu'on le veuille ou non, de longues tractations avec l'empire russe, c'est-à-dire beaucoup de courage et des trésors de patience.

L'UKRAINE

Jean-François Colosimo parle de « la crucifixion de l'Ukraine, résultat de mille ans de guerres de religion en Europe, histoire méconnue dont les lignes de fracture convergent vers Kiev[89]. » Pour ma part, je relate ici quelques faits qui se sont produits depuis le 24 août 1991, date de l'indépendance de l'Ukraine, qui pourraient éclairer la lectrice ou le lecteur.

Leonid Kravtchouk, prorusse, devient le premier président postsoviétique de l'Ukraine. Il établit de bons contacts avec la Russie. En même temps, il dialogue avec l'Occident, les États-Unis et surtout l'Union européenne. Il est vrai qu'après la chute du mur de Berlin et l'effondrement de l'URSS, l'Occident apparaît comme le vainqueur de l'Histoire, même si la réalité est bien plus complexe. L'Occident libre ne peut être ignoré par les États postsoviétiques. Toutefois, le côtoiement de l'Occident par l'Ukraine, avec le soutien actif des États-Unis, ne change la donne ni en Crimée, ni à Lougansk, ni dans le Donbass où la population,

89 Jean-François Colosimo, *La crucifixion de l'Ukraine, mille ans de guerre en Europe*, Albin Michel, 2022.

très largement russophone, se révèle en partie nostalgique du régime communiste soviétique.

Quant à la Crimée, selon les connaisseurs, elle reste profondément attachée à la Russie. Six mois après la proclamation de l'indépendance de l'Ukraine, le 26 février 1992, le Parlement de Crimée fonde la République de Crimée avec l'aval du Parlement ukrainien qui lui reconnaît certains droits d'autogestion. Deux ans après, la Crimée organise un référendum qui se clôture par l'élargissement de son autonomie par rapport à Kiev. Sont ainsi prévus la possibilité d'une double nationalité russe et ukrainienne et l'élargissement des pouvoirs de son président. Bien qu'en 1954, Nikita Khrouchtchev eût transféré la région de la Crimée à la République socialiste soviétique d'Ukraine (sous le contrôle de Moscou), les Criméens ont toujours gardé les yeux de Chimène pour la Russie. Quant aux dirigeants européens, ils ne ménagent pas leurs efforts pour convaincre le président Leonid Kravtchouk de rapprocher l'Ukraine de l'Union en vue d'une future intégration. L'invasion russe de février 2022 n'est donc pas l'élément déclencheur de ces tractations. L'octroi à l'Ukraine du statut de pays candidat à l'adhésion à l'Union, le 23 juin 2023, est en réalité le fruit de longs dialogues, étalés sur plus d'une décennie, entre les responsables européens et ukrainiens. La guerre n'a fait qu'accélérer un processus déjà en cours.

Dès 1994, le secrétaire général de l'OTAN, Manfred Wörner, affirme que « l'Alliance [atlantique] est confrontée à deux tâches historiques. La première est de construire une nouvelle architecture de sécurité dans toute l'Europe, y compris la Russie, l'Ukraine et les autres pays de la Communauté des États indépendants et d'Europe centrale et orientale. La deuxième est d'arrimer aux structures de l'Ouest les nouvelles démocraties d'Europe centrale et orientale ». Cette déclaration contient un objectif clair : l'intégration des pays d'Europe centrale et orientale, dont l'Ukraine, aux démocraties occidentales. Elle porte aussi un espoir : pouvoir entrer en résonance avec une Russie qui deviendrait « démocratique », voire partenaire de l'Alliance atlantique.

La même année, les chefs d'État et de gouvernement des pays de l'OTAN signent à Bruxelles un document politique approuvant l'idée, au départ américaine, de « partenariat pour la paix ». Ce partenariat vise à renforcer la coopération politique et militaire avec les pays d'Europe centrale et de l'Est, Russie comprise, dans la perspective d'une éventuelle adhésion à l'Alliance atlantique[90]. Le président américain Bill Clinton ne ménage pas ses efforts. Il se rend à Kiev puis à Moscou pour une visite officielle en janvier 1994. Quelques jours plus tard, le gouvernement ukrainien juge « illégale » l'élection présidentielle qui se tient en République autonome de Crimée, au terme de laquelle un séparatiste prorusse arrive largement en tête, avec 73 % des voix[91] (pour rappel, la Crimée est à plus de 70 % russophone). Il s'agit de l'avocat communiste Iouri Mechkov, qui prône le rattachement de la Crimée à la Russie. Son principal adversaire, Nikolaï Bagrov, président sortant du Parlement régional de Crimée et proche de Kiev, est largement battu.

De son côté, le « démocrate » Boris Eltsine déclare : « La Crimée est une république souveraine au sein de l'Ukraine, elle a le droit d'avoir sa position politique et de prendre ses propres décisions. » Voilà une prise de position qui diverge de celle des États-Unis qui ont, à plusieurs reprises, insisté sur « l'intégrité du territoire ukrainien ». Nous sommes en 1994, près de vingt ans avant le sommet de Vilnius auquel je participerai et il est déjà évident que les Russes s'estiment

90 *Belga News*, 9 janvier 1994.
91 *Belga News*, 16 janvier 1994.

chez eux en Crimée. De nombreuses voix se font entendre dans la presqu'île pour affirmer que « tout le monde ici espère une réunification avec la Russie, même si ce n'est sans doute pas possible immédiatement ».

En 1995, le Parlement ukrainien abroge la Constitution de Crimée et abolit le poste de président. Les députés ukrainiens estiment que cette Constitution est incompatible avec celle de l'État ukrainien et qu'elle met en danger la souveraineté du pays. Dans la foulée, avec une indiscutable visée militaire, économique et agricole, les échanges politiques s'intensifient entre Kiev et Washington. En Europe, plusieurs dirigeants, à commencer par le chancelier allemand Helmut Kohl, mettent en garde la Russie contre la résurgence de tentations impérialistes et l'avertissent qu'elle risque la confrontation si elle retombe dans les vieux schémas soviétiques[92]. Malgré les bonnes relations entre les présidents Clinton et Eltsine, le doute s'installe quant à la volonté de la Russie de collaborer sincèrement avec l'Occident. Malcolm Rifkind, ministre britannique des Affaires étrangères, déclare à ce propos : « La menace la plus sérieuse pour l'Europe dans les années à venir sera la question de savoir si la désintégration inattendue de l'Empire soviétique sera irréversible ou si elle n'est pas le prélude à une tentative concertée et très bien orchestrée par la Russie de regagner l'hégémonie qu'elle a imposée pendant très longtemps. » Et il précise : « Les États baltes et l'Ukraine sont les plus concernés par ces défis[93]. »

En 1999, Boris Eltsine s'efface en faveur de Vladimir Poutine. Une nouvelle page de l'histoire commence à s'écrire. Leonid Koutchma, le successeur de Leonid Kravtchouk à la tête de l'Ukraine, se rapproche de la Russie, même si son pays demande l'adhésion à l'Union. Les leaders européens

92 *Belga News*, 4 février 1994.
93 *Ibid.*

deviennent prudents. C'est à Yalta, là où Churchill, Staline et Roosevelt ont tenu leur célèbre réunion en 1945, que s'organise un sommet Union européenne-Ukraine. Cette fois, c'est l'Europe qui s'inquiète. La liberté de presse n'existe pratiquement pas et le régime est réputé corrompu. Nous sommes loin de l'idéal rêvé dès le début des années 1990 et largement affirmé au moment de l'indépendance de l'Ukraine en 1994. Malgré tout, l'Union européenne poursuit ses efforts de rapprochement avec l'Ukraine, redevenue proche de la Russie. 95% du gaz russe à destination des pays européens transite par l'Ukraine. Tchernobyl est en Ukraine. Les Européens ne peuvent couper les ponts malgré leurs inquiétudes grandissantes. L'Ukraine est un pays de transit stratégique pour l'Union européenne!

À l'automne 2002, le climat se tend entre l'Occident et le président Leonid Koutchma, accusé par Washington de livrer des radars à l'Irak en dépit de l'embargo décrété par l'ONU. L'opposition emmenée par Ioulia Timochenko demande sa démission. Des élections présidentielles truquées par le pouvoir en place se tiennent en mars 2004 et voient le candidat président prorusse Viktor Ianoukovitch devancer le candidat pro-occidental Viktor Iouchtchenko. Après une levée de boucliers de la part des pays occidentaux, États-Unis en tête, les élections sont finalement invalidées. La crise politique intérieure est sans précédent depuis l'indépendance acquise en 1991. Elle oppose deux Ukraine : celle de l'Ouest, nationaliste, russophobe, gréco-catholique et pro-Iouchtchenko, et celle de l'Est, russophone, russophile, orthodoxe et pro-Ianoukovitch[94].

En décembre 2004, les médecins détectent des doses de dioxine mille fois supérieures à la normale dans le sang de Viktor Iouchtchenko, le candidat pro-occidental. Les

94 *Belga News*, 27 novembre 2004.

services secrets russes et ceux du pouvoir en place à Kiev sont pointés du doigt par ses partisans. Viktor Iouchtchenko finit par devenir président de l'Ukraine après l'organisation de nouvelles élections le 23 janvier 2005. Il déclare : « Notre chemin, pour l'avenir, est celui de l'Europe unie. Nous faisons partie de la même civilisation, nous partageons les mêmes valeurs. » Il sera entendu par le très pro-américain José Manuel Barroso, président de la Commission européenne durant dix ans. Barroso pèsera de tout son poids pour faire basculer l'Ukraine dans l'Occident.

Le 1er décembre 2005, lors d'un nouveau sommet entre les deux parties, l'Union européenne reconnaît à l'Ukraine le statut d'économie de marché. Si le président ukrainien est pro-européen, son Premier ministre, Viktor Ianoukovitch, réputé prorusse, recommande la patience. Il parle de l'adhésion « à long terme » de son pays à l'Union européenne, « malgré ses chances réduites », ajoute-t-il. Il décrète par ailleurs une « pause » dans le processus d'intégration à l'OTAN[95]. De son côté, la Commission européenne continue à mobiliser toute son énergie pour attirer l'Ukraine dans le giron des démocraties occidentales, sans toutefois réussir à convaincre Vladimir Poutine que ce rapprochement sera bénéfique et utile à tous, Russes compris. Qu'à cela ne tienne, la Commission européenne avance toutes voiles dehors. Le président russe se braque et réduit considérablement la livraison de son gaz à l'Ukraine. Le 27 novembre 2006, la délivrance des visas vers l'Union est simplifiée pour les Ukrainiens.

Pendant ce temps, l'opposition entre les prorusses et les pro-occidentaux ne faiblit pas en Ukraine. La coalition au pouvoir éclate. Un autre sommet Union-Ukraine à Paris, en septembre 2008, se tient sans produire d'avancée significative

95 *Belga News*, 4 février 1994.

en ce qui concerne le rapprochement de l'Ukraine et de l'Europe. Le président Nicolas Sarkozy déclare : « L'intégrité territoriale de l'Ukraine n'est pas négociable aux yeux de l'Union européenne. » Le président pro-européen Viktor Iouchtchenko, quant à lui, juge nécessaire que l'Union intervienne en faveur de la stabilité en mer Noire. La reconnaissance par Moscou, en août 2008, de l'indépendance de l'Ossétie du Sud et de l'Abkhazie soulève des inquiétudes pour la Crimée[96].

La déclaration commune parle de « parvenir à un accord d'association à l'horizon 2009 » sans toutefois signifier un accord ferme qui, au demeurant, n'interviendra pas. Au début de 2009, les relations entre la Russie et l'Europe s'enflamment. Vladimir Poutine accuse Manuel Barroso et l'Union européenne d'avoir été complices d'une modification unilatérale par l'Ukraine de l'accord sur le transit du gaz russe sur son territoire (une phrase aurait été rajoutée à la main après la signature de l'accord) et de pousser l'Ukraine à l'intransigeance. Manifestement, Poutine entend déjà utiliser son gaz comme arme politique pour contraindre l'Europe à se distancier de l'Ukraine.

96 *Ibid.*

LE REGAIN

**« Une fois résolu,
un problème est
d'une simplicité atterrante. »**
Paulo Coelho

Aux élections du 26 mai 2019, tous les partis de la majorité sortante MR-N-VA perdent des plumes. Les principaux vainqueurs sont les extrêmes politiques, Vlaams Belang et PTB : le premier passe de 3 à 18 députés, le second engrange 12 sièges[97]. Avec 20 sièges, le PS reste le premier parti francophone, largement devant le MR qui en compte 15.

Le 30 mai, le Roi confie une mission d'information à Didier Reynders et Johan Vande Lanotte. Mais comme en 2010, les négociations patinent sous le regard satisfait de la N-VA, qui veille avec gourmandise à leur enlisement. On peut lire dans la presse : « 486 jours après les élections, 8 informateurs, 6 préformateurs, 0 gouvernement[98]. » Et comme en 2010, ce sont les formations traditionnelles qui sortent finalement le pays de l'impasse. Envoyés au front à leur tour par le Roi, Paul Magnette et Alexander De Croo[99] parviennent à former une majorité entre socialistes, libéraux, écologistes et sociaux-chrétiens flamands ; une majorité que les journalistes appelleront la coalition « Vivaldi ». 494 jours après les élections, le 1er octobre 2020,

97 Avec son pendant flamand le PVDA dans une union des deux formations linguistiques.
98 *L'Écho*, 18 août 2010.
99 *RTFB Info*, 23 septembre 2020.

le nouveau gouvernement fédéral voit donc le jour. Il est dirigé par Alexander De Croo, Paul Magnette ayant choisi de renoncer au poste qui revenait au PS, afin d'apaiser la Flandre et de préserver la paix communautaire.

Des ministres communistes en Wallonie ?

Au niveau wallon, de nombreux observateurs entrevoient la possibilité d'une majorité « à gauche toute » et certains estiment que l'heure est venue de mettre sur pied un gouvernement PS-Écolo-PTB. Je reste prudent, car deux conditions doivent être réunies pour cela. Il faut tout d'abord qu'Écolo, qui compte des progressistes dans ses rangs mais aussi une frange de militants peu sensibles à la question sociale, donne son aval à ce type de coalition rouge vif. Ensuite, il faudrait que le PTB accomplisse d'urgence une mue démocratique et se convertisse au pluralisme, ce qui ne va pas du tout de soi.

Paul Magnette et moi prenons l'initiative d'inviter les responsables de tous les partis présents au Parlement wallon afin d'envisager les coalitions possibles en Wallonie et à la Fédération. Le MR exprime immédiatement son intérêt pour une participation gouvernementale. Le cdH, affaibli par le scrutin, choisit pour sa part l'opposition. Écolo demande une procédure de consultation de « la société civile ». Quant au PTB, des doutes se font jour dans la presse avant même notre première rencontre prévue le 3 juin. *Le Soir* titre : « Le PTB est-il capable de s'engager dans de futures négociations avec deux partenaires[100] ? »

100 *Le Soir* en ligne, 3 juin 2019.

PTB : « COURAGE, FUYONS ! »

Vers quinze heures, avant d'entrer en discussion avec nous, Raoul Hedebouw déclare : « Nous ne voulons pas monter dans une majorité sans qu'existe une véritable politique de rupture... C'est le moment de demander aux écologistes s'ils sont de gauche ou de droite[101]. » Connaissant la propension des pétébistes à esquiver leurs responsabilités au moindre prétexte, Paul Magnette et moi veillons lors de notre entretien à ouvrir tous les registres du progrès social et à laisser un maximum d'espace à la discussion. Raoul Hedebouw, à la sortie de cette première rencontre avec le PS, en convient : « Nous avons senti une vraie volonté d'avoir un vrai débat. Maintenant, ça ne veut pas dire qu'on est d'accord sur tout[102]. » Pour ma part, je commente en ces termes : « Ce fut une discussion franche sur une série de points. Nous avons demandé au PTB qu'il revienne la prochaine fois avec une hiérarchisation de ses priorités pour mesurer l'impact et la compatibilité avec les autres partis[103]. »

À l'aube de notre deuxième rendez-vous, Raoul Hedebouw se montre tout à coup suspicieux sur les ondes de la RTBF. Jouant les Calimero, il se plaint d'avoir été « éjecté des négociations fédérales par les informateurs royaux [Reynders et Vande Lanotte, à qui Paul Magnette a demandé de recevoir le PTB] ». Il sait parfaitement que jamais les partis politiques francophones n'accepteront de gouverner avec l'extrême droite flamande. Et il sait que de même, jamais les partis néerlandophones ne gouverneront le pays avec l'extrême gauche essentiellement wallonne.

Nonobstant ces petits jeux qui n'annoncent rien de bon, le souhait de Paul Magnette et de moi-même est d'avancer le plus loin possible avec le PTB, par respect pour ses électeurs. Nous le

101 *Ibid.*
102 *L'Avenir*, 4 juin 2019.
103 *L'Écho*, 4 juin 2019.

retrouvons le 11 juin pour une discussion qui doit être arrêtée à midi, le temps que ses nouveaux parlementaires aillent prêter serment. Raoul Hedebouw en profite pour poser les nouveaux jalons du grand refus pétébiste en préparation et il ne peut s'empêcher d'empoisser de sa lourde démagogie nos rapports qui jusque-là étaient restés corrects en déclarant : « Nous voulons un bon rouge, pas un mauvais rosé qui a tourné à la piquette à force d'y avoir mis de l'eau. » Je lui rétorque que « notre démarche est réelle et sincère. Le PTB doit arrêter de chercher des prétextes ».

Nos discussions reprennent, mais dès le soir venu, le porte-parole du PTB accentue ses manœuvres visant au retrait rapide de ses troupes. Stoïquement, je réitère mon appel à négocier en fixant une nouvelle réunion : « Ce mardi, nous avons tenté de parler d'avenir alors que le PTB revient sans cesse sur le passé. Nous avons évoqué des points de rupture mais nous sommes là pour trouver des solutions, à condition que le PTB soit prêt à assumer ses responsabilités. Nous avons proposé de le revoir ce jeudi à Namur. Nous maintenons donc notre invitation. » Leurs chaises resteront vides, cependant, les communistes ayant pour de bon cette fois assumé leur incapacité à entrer dans le dialogue démocratique et à prendre leurs responsabilités.

Le vrai regret, pour moi qui cultive les vertus d'un socialisme démocratique conçu comme seule véritable alternative au capitalisme, c'est de voir se perdre comme de l'eau dans le sable des centaines de milliers de voix progressistes, celles d'électeurs dupés par la démagogie et les reculades du PTB. Que d'espoirs trahis...

CE QUE DURENT LES COQUELICOTS...

Avec Écolo, nous sommes évidemment dans un autre monde et malgré tout ce qui peut nous distinguer, en particulier sur le terrain des luttes sociales, le dialogue est respectueux, stimulant et constructif. Un écueil de taille se présente à nous après les défections successives du cdH et du PTB : ensemble, nous n'atteignons pas le seuil d'une majorité au Parlement de Wallonie. C'est alors que Jean-Marc Nollet, le coprésident d'Écolo, propose de constituer une tripartite inédite « Écolo-PS-société civile » qu'on appellera, si elle voit le jour, coalition « coquelicot ». L'idée serait de nommer ministres, au sein des futurs gouvernements francophones, quelques personnalités remarquables, actives notamment dans le mouvement associatif. Comme il manquerait des députés pour assurer une majorité parlementaire à cette coalition trop chétive, appel serait lancé aux partis de l'opposition pour qu'ils lui apportent leurs voix au cas par cas, permettant ainsi l'avancement des dossiers.

Le cdH rejette immédiatement « une proposition sympathique mais bien peu réaliste[104] ». En revanche, une quarantaine d'associations regroupées au sein d'une coordination proposent de rédiger leur propre « déclaration non gouvernementale » pour en faire la base d'une éventuelle coalition coquelicot. Le 19 juin, j'annonce que le PS et Écolo travaillent à un « cœur de programme » sur la base de leurs convergences pour la Wallonie. L'objectif sera ensuite de proposer une note à tous les députés. À la demande d'Écolo, le MR n'est pas associé aux discussions.

La suggestion émise par Jean-Marc Nollet a le mérite d'être innovante et de susciter le débat. Jean Faniel, le directeur du CRISP[105], précise la notion de société civile : « Tout ce qui est hors du monde politique, de l'État et des institutions. On peut aussi considérer que la société civile, c'est le monde associatif. Cela dit, les syndicats font-ils partie de la société civile ? Certains syndicalistes disent que oui. Les entreprises en tant qu'acteurs économiques et par extension les fédérations patronales, sectorielles

---

104 *La Libre* en ligne, 17 juin 2019.
105 Centre de recherche et d'information sociopolitique.

et interprofessionnelles font-elles aussi partie de la société civile ? », s'interroge-t-il, tout en voyant dans cette notion « un concept un peu fourre-tout[106] ». Je ne suis pas loin de le penser, moi aussi, mais je me dois d'avancer avec notre partenaire.

Fin juin, nous rédigeons ensemble vingt lignes directrices que nous présentons à un panel d'institutions. Je trouve la centaine d'interlocuteurs adroits, à défaut d'être représentatifs, tout en sachant que jamais une telle coalition n'obtiendra une majorité au Parlement. La patience dans ces cas-là est mon amie et je songe à Horace pour qui « la patience adoucit tout mal sans remède ». Au fil des discussions, je prends plaisir aux rencontres et aux échanges. Même si chacun prêche surtout pour sa chapelle, je trouve les conversations instructives et inventives.

Le 1er juillet, *Le Soir* écrit : « Consulter la société civile en Wallonie et en Fédération ? L'exercice était intéressant et sans doute utile. Mais comment le transformer en victoire politique ? Socialistes et écologistes cherchent une porte de sortie. Et admettent l'évidence : il faudra se tourner vers le MR. » Nous terminons néanmoins la rédaction de la note « coquelicot ». Elle est alors adressée aux élus du Parlement wallon et de la Fédération Wallonie-Bruxelles. Le PTB la rejette instantanément, bientôt suivi par le MR, et enfin par le cdH.

Une triple ambition pour la Wallonie

Tout cela était inscrit dans les astres, me dis-je, et nous devons maintenant redescendre sur Terre. Je convoque le bureau du PS et lui expose l'évidence : dans la configuration politique née des élections, le MR apparaît incontournable. Débutent alors les difficiles négociations PS-MR-Écolo. Les trois formations politiques s'accordent pour affirmer une triple ambition qui sera le

106 *La Libre*, 21 juin 2019.

moteur de la coalition : une ambition sociale, une ambition écologique et une ambition économique. L'ambition sociale vise à réduire drastiquement la pauvreté et à garantir aux citoyens une vie décente. L'ambition écologique témoigne de notre volonté d'être exemplaires en matière de lutte contre le réchauffement climatique et de préservation de l'environnement. L'ambition économique consiste à propulser la Wallonie parmi les régions de tradition industrielle les plus performantes d'Europe.

L'urgence climatique est la toile de fond de notre ouvrage commun. Partout dans le monde, les dégradations environnementales sont telles que chaque pays, riche ou pauvre, est appelé à modifier ses comportements en profondeur. C'est en Europe que l'on se montre le plus volontaire et déterminé, sous l'impulsion de la Commission qui vise à la neutralité carbone pour 2050 au plus tard, avec une étape intermédiaire de réduction des émissions de gaz à effet de serre de 55% entre 1990 et 2030. La Wallonie non seulement souscrit à ces objectifs, mais se fait un devoir de devenir exemplaire en investissant de manière massive dans toutes les technologies innovantes et en multipliant les programmes de lutte contre le gaspillage d'énergie. Les impératifs environnementaux ne sont pas pour elle des contraintes trop douloureuses, mais plutôt des opportunités de se reconvertir intelligemment, elle qui de toute façon doit tourner la page des industries lourdes au profit de nouvelles formes de production et de développement.

Ce développement, en Wallonie, les futurs partenaires entendent bien le lier étroitement à l'émancipation sociale et à la lutte contre la pauvreté. Terre de solidarité et de promotion des classes populaires, notre Région ne va pas basculer tout à coup dans un modèle capitaliste où multinationales, start-ups et zones franches assurent la richesse d'une minorité. Certaines régions d'Europe ont fait ce choix, la Wallonie quant à elle garde toute son âme et ne conçoit de développement que partagé par tous. La création d'emplois est ainsi la clé de voûte du redéploiement wallon tel que l'esquissent les négociateurs de la nouvelle coalition.

J'insiste beaucoup personnellement pour que notre politique ne se limite pas à l'assistance des personnes les plus éprouvées mais crée chez elles les conditions d'un rebond durable. Je crois tout à fait possible, moyennant la mise en œuvre d'un certain nombre d'actions coordonnées, de sortir du chômage les travailleurs qui y sont piégés, d'émanciper socialement et financièrement les familles en difficulté et même d'éradiquer complètement la pauvreté. Pour réaliser de telles ambitions, l'accompagnement personnalisé des Wallonnes et des Wallons sans emploi est une nécessité absolue. À l'instar de ce qui se fait en France, nous inscrivons donc à notre programme la mise en œuvre de « zones zéro chômeur de longue durée » dont les premiers bénéficiaires seront certains quartiers en déshérence et certaines cités d'habitation de Wallonie.

Enfin, pour que la dynamique soit puissante et irréversible, les trois partis en négociation s'accordent pour soutenir les entreprises existantes et stimuler la création d'activités entièrement neuves dans les secteurs les plus porteurs d'avenir. Nous comptons 280 000 PME en Région wallonne. Si chacune d'entre elles engageait une personne, le plein-emploi serait assuré. Les mesures que nous préparons devraient les aider à grandir et à hausser leur volume d'activités, c'est-à-dire à recruter et à relever les salaires. De même, notre futur plan de relance prévoira des dispositifs très attractifs pour les investisseurs dans les domaines technologiquement les plus porteurs, ceux-là mêmes où nos talents peuvent faire la différence. Avec sa jeunesse qui bouillonne d'initiatives et d'inventivité, avec ses hautes écoles, ses universités et ses centres de recherche si réputés, la Wallonie est désormais prête à tordre le cou à tous les clichés pour se hisser parmi les régions les plus attractives d'Europe. En tant que politiques, il nous revient de préparer les conditions de cette métamorphose avant de céder le relais à la société civile.

Les négociations entre les trois partis prennent fin à la veille des fêtes de Wallonie, où je prononce une allocution marquée par la joie et le soulagement. Le 13 septembre, je prête serment au Parlement comme ministre-président de Wallonie, puis au Palais royal face au roi Philippe. De nouveaux horizons s'ouvrent, la politique me rend heureux, je suis prêt pour l'avenir !

ANNEXES

LES PRINCIPAUX PARTIS POLITIQUES DE BELGIQUE

Agalev : Anders gaan leven (prédécesseur de Groen, écologistes néerlandophones).

cdH : Centre démocrate humaniste (chrétiens-démocrates, parti centriste), devenu Les Engagés.

CD&V : Christen-Democratisch en Vlaams (chrétiens-démocrates, parti de centre droit).

DéFI : Démocrate fédéraliste indépendant (parti du centre, ex-FDF, principalement défenseur des francophones de Bruxelles).

Écolo : Mouvement écologiste francophone.

FDF : Fédéralistes démocrates francophones.

Groen : Mouvement écologiste flamand (ex-Agalev).

MR : Mouvement réformateur (libéraux francophones, parti de droite).

N-VA : Nieuw-Vlaamse Alliantie (autonomistes-indépendantistes flamands).

OpenVLD : Open Vlaamse Liberalen en Democraten (libéraux flamands, parti de droite).

PS : Parti socialiste (francophone).

PSE : Parti socialiste européen.

PTB : Parti du travail de Belgique (extrême gauche francophone).

sp.a : Socialistische Partij Anders (socialistes flamands), devenu Vooruit (« En avant »).

Spirit : Sociaal, progressief, internationaal, regionalistisch, integraal-democratisch en toekomstgericht (parti confédéraliste de gauche libérale).

VlB : Vlaams Belang (extrême droite flamande).

LES PERSONNALITÉS

Albert II : Il règne du 9 août 1993, suite à la mort de son frère Baudouin, au 21 juillet 2013, date de son abdication. Un grand chef d'État avec lequel j'ai pu travailler plusieurs années durant de manière constructive et dans une confiance absolue.

Barroso, José Manuel : Premier ministre du Portugal d'avril 2002 à juillet 2004. Président de la Commission européenne de 2004 à 2014.

Băsescu, Traian : Président de la Roumanie de 2004 à 2014.

Bergoglio, Jorge Mario : Argentin, archevêque de Buenos Aires, pape François depuis le 13 mars 2013.

Blanc, Christian : PDG d'Air France de 1993 à 1997.

Blondin, Philipp : Directeur du Musée juif de Belgique.

Busquin, Philippe : Ministre de l'Éducation nationale, ministre de l'Intérieur, ministre wallon du Budget et de l'Énergie, ministre wallon de l'Économie, ministre national des Affaires sociales, président du PS et enfin commissaire européen à la recherche. Il me désigne en qualité de vice-Premier ministre fédéral en 1994 et m'encourage à poser ma candidature comme président du PS en 1999. Ministre d'État.

Chastel, Olivier : Ministre des Arts, des Lettres et de l'Audiovisuel, secrétaire d'État aux Affaires européennes, ministre de la Coopération au développement chargé des Affaires européennes, ministre du Budget et de la Simplification administrative dans mon gouvernement puis président du MR.

Claes, Willy : Ministre de l'Éducation nationale, ministre des Affaires économiques, vice-Premier ministre et ministre des

Affaires étrangères, secrétaire général de l'OTAN, ministre d'État.

Clinton, Hillary : *First Lady* des États-Unis de 1993 à 2001 puis secrétaire d'État sous la présidence de Barack Obama. Elle vient me rendre visite le 18 avril 2012 lors d'un passage à Bruxelles. Elle considère Vladimir Poutine comme un corrompu menteur et un danger pour l'Europe.

Daerden, Michel (16 novembre 1949-5 août 2012) : Ministre fédéral de la Politique scientifique et des Infrastructures, ministre fédéral des Transports, ministre régional de l'Emploi, de la Formation et du Logement, vice-président du gouvernement wallon chargé des Finances, du Budget, du Logement, de l'Équipement et des Travaux publics, ministre du Budget de la Communauté française, vice-président du gouvernement de la Communauté française, ministre fédéral des Pensions et des Grandes Villes. L'allié de tous les instants. Nous devenons parlementaires au même moment, fin 1987. Nous entretenons une amitié forte et sincère qui durera jusqu'à son décès.

De Crem, Pieter : Ministre de la Défense dans mon gouvernement.

De Coninck, Monica : Ministre fédérale de l'Emploi dans mon gouvernement.

De Croo, Alexander : Président de l'OpenVLD, vice-Premier ministre et ministre fédéral des Pensions, vice-Premier ministre, ministre de la Coopération au développement, Premier ministre.

De Gucht, Karel : Ministre des Affaires étrangères, commissaire européen au commerce. Il est présent à Vilnius lors de l'échec de la signature de l'accord d'association avec l'Ukraine.

Dehaene, Jean-Luc (7 août 1940-15 mai 2014) : Premier ministre de 1992 à 1999 et *leader* hors-norme. Chrétien-démocrate flamand, il connaît de manière approfondie le fonctionnement des autres formations politiques belges. Bourreau de travail, il est le plus grand spécialiste des matières institutionnelles.

Dehousse, Jean-Maurice (11 octobre 1936-9 février 2023) : Ministre de la Culture, membre du gouvernement fédéral et ministre-président de Wallonie, ministre de l'Économie régionale et de l'Emploi, ministre fédéral de la Politique scientifique, bourgmestre de Liège. C'est dans son cabinet que je fais mes premières armes.

Delcor, Frédéric : Chef de cabinet, directeur de l'IEV, secrétaire général du ministère de la Fédération Wallonie-Bruxelles. Homme intelligent, il est toujours de très bon conseil. À l'époque des accusations calomnieuses portées contre moi, il est mon juriste.

Demeyer, Willy : Député, sénateur, vice-président du PS, bourgmestre de Liège.

Demotte, Rudy : Ministre-président de la Wallonie puis de la Fédération Wallonie-Bruxelles, préside le Parlement de cette dernière.

De Nooze, Jean (26 janvier 1923-23 août 2023) : Président de la centrale générale de la FGTB de 1982 à 1984.

Dermagne, Pierre-Yves : Ministre wallon du Logement et des Pouvoirs locaux, vice-Premier ministre et ministre de l'Économie et du Travail.

De Smedt, Pierre-Alain (4 avril 1944-30 novembre 2019) : Président de la Fédération des entreprises de Belgique et du groupe des dix interlocuteurs sociaux fédéraux. Artisan de l'accord entre patrons et syndicats établissant l'égalité du statut d'ouvrier et de celui d'employé.

Domb, Eric : Économiste, homme d'affaires, il est le créateur de Pairi Daiza. Me convainc de me rendre en Chine pour persuader les autorités de confier deux pandas à son parc animalier, élu meilleur parc d'Europe.

Doutrelepont, Gilles : Chef de cabinet de la ministre de la Culture, directeur de l'Institut Émile Vandervelde, chef de cabinet du ministre-président de Wallonie. Travailleur infatigable à l'intelligence brillante et à l'empathie naturelle, il m'épaule de manière remarquable. Quand les orages grondent sur ma présidence du PS, il est mon plus sûr soutien. Il est mon équipier et mon confident politique.

Druitte, Georgina (31 octobre 1904-26 avril 2000) : Directrice de l'école moyenne de l'État à Fontaine-l'Évêque. Elle me repère lors d'une assemblée générale de la section montoise du Parti socialiste, me prend sous son aile protectrice et sera mon amie jusqu'à son décès à l'âge de nonante-cinq ans. C'est elle qui m'ouvre au champ de la littérature et de la poésie.

Empain, Willy (27 mai 1931-23 mai 2006) : Bourgmestre de Chapelle-lez-Herlaimont au moment où j'effectue mes études universitaires.

Englert, François : Professeur à l'ULB et prix Nobel de physique. Rencontre enrichissante avec ce grand scientifique qui, patiemment, m'expose ses prédictions mathématiques qui ont conduit à la découverte extraordinaire du boson.

Flahaut, André : Directeur de l'IEV, ministre fédéral de la Fonction publique, ministre de la Défense, président de la Chambre, ministre d'État. Grand travailleur et ami fidèle, il m'a toujours soutenu.

Fischer, Francis : Conseiller puis président de la Cour de cassation. Avec beaucoup de rigueur et d'honnêteté, il instruit mon « affaire » née d'accusations mensongères.

Frère, Albert (4 février 1926-3 décembre 2018) : *Self-made man*, baron et homme d'affaires milliardaire belge, actionnaire notamment de la Sabena.

Gauck, Joachim : Président fédéral d'Allemagne de 2012 à 2017.

Goetz, Hannes (27 mars 1934-11 décembre 2019) : Chimiste, président de Swissair de 1992 à 2000.

Godfroid, Pierre : Administrateur délégué de la Sabena entre 1990 et 1996.

Goossens, John (25 novembre 1944-8 novembre 2002) : Administrateur délégué de Belgacom de 1995 à 2002. Homme de grande qualité professionnelle et morale.

Hedebouw, Raoul : Leader du Parti du travail de Belgique, parti d'extrême gauche.

Henry, Jean-Pol : Président du groupe socialiste du Conseil régional wallon. Premier vice-président de la Chambre. Avec Serge Moureaux, il est l'un des défenseurs acharnés de mon innocence au sein de la Commission spéciale de la Chambre chargée d'examiner une éventuelle mise en accusation devant la Cour de cassation.

Hollande, François : Premier secrétaire du Parti socialiste français de 1997 à 2008. Président de la République française de 2012 à 2017. Un ami depuis plus de vingt-cinq ans. Sans lui, la Grèce ne ferait plus partie de l'Union européenne.

Iatseniouk, Arseni : Proche de Ioulia Timochenko, Premier ministre de l'Ukraine en 2014.

Ianoukovitch, Viktor : Premier ministre de l'Ukraine de 2002 à 2005. Président de février 2012 à février 2014. Prorusse, il refuse de signer l'accord d'association avec l'Union européenne.

Javaux, Jean-Michel : Coprésident d'Écolo et bourgmestre d'Amay, il joue un rôle majeur, avec une grande correction, lors des négociations de la sixième réforme institutionnelle en 2010-2011.

Janssen, Marc : Il est mon porte-parole (1995-1999) lors de la cabale dont je suis victime. Il se comporte de manière remarquable, en toute transparence avec la presse. Il ira parfaire sa formation aux États-Unis avant de présider le Conseil supérieur de l'audiovisuel. Il est actuellement le chef du département fiction de la RTBF.

Jinping, Xi : Président de la Chine depuis 2013.

Keqiang, Li : Premier ministre de la Chine de 2013 à 2023. L'homme qui accorde, à ma demande, les deux pandas au parc zoologique Pairi Daiza.

Kherbache, Yasmine : Ma cheffe de cabinet « économie » au 16, rue de la Loi, devenue juge à la Cour constitutionnelle. Actrice déterminante de l'accord entre partenaires sociaux au sujet de l'équivalence des statuts d'employé et d'ouvrier.

Kok, Bessel : CEO de Belgacom d'août 1991 à décembre 1994. Un grand monsieur !

Lacroix, Christophe : Ministre wallon du Budget, de la Fonction publique et de la Simplification administrative de 2014 à 2017.

Lallemand, Roger (17 janvier 1932-20 octobre 2016) : Avocat, sénateur et ministre d'État. Coauteur avec Lucienne Michielsens de la loi dépénalisant l'interruption volontaire de grossesse.

Laanan, Fadila : Ministre francophone de la Santé et de l'Égalité des chances, ministre de la Culture et de l'Audiovisuel, secrétaire d'État à la Région de Bruxelles-Capitale.

Leterme, Yves : Ministre-président du gouvernement flamand, vice-Premier ministre chargé du Budget, de la Mobilité et des Réformes institutionnelles, ministre des Affaires étrangères, Premier ministre. Mon prédécesseur au 16, rue de la Loi.

Liekendael, Éliane (12 décembre 1928-8 octobre 2018) : Procureure générale près la Cour de cassation.

Loepfe, Otto (23 juin 1936-31 mars 1998) : CEO de Swissair de 1989 à 1996. L'homme gravit tous les échelons de Swissair, du plus bas au sommet de la société.

Lutgen, Benoît : Ministre wallon de l'Agriculture, de la Ruralité, de l'Environnement et du Tourisme, ministre de l'Équipement, de l'Agriculture, de la Ruralité, du Patrimoine et de la Conservation de la nature, président du cdH, député européen.

Magnette, Paul : Ministre wallon de la Santé et de l'Action locale, ministre fédéral du Climat et de l'Énergie, ministre fédéral des Entreprises publiques, de la Politique scientifique et de la Coopération au développement et ministre-président de la Wallonie. Il est bourgmestre de Charleroi, la plus grande ville de Wallonie, depuis 2012. Il me succède à la présidence du PS en 2019. Son combat contre le CETA lui confère un rayonnement international. Socialiste authentique.

Mahoux, Philippe : Chirurgien, ancien membre actif de Médecins sans frontières, ministre de l'Éducation et de l'Audiovisuel, sénateur et auteur des propositions de loi dépénalisant l'euthanasie des adultes et des enfants.

Maingain, Olivier : Président du FDF, devenu DéFI, de 1995 à 2019.

Marcourt, Jean-Claude : Vice-président et ministre de l'Économie de la Région wallonne de 2004 à 2017. Vice-président et ministre de l'Enseignement supérieur en Fédération Wallonie-Bruxelles de 2009 à 2019, président du Parlement de Wallonie de septembre 2019 à décembre 2022.

Maystadt, Philippe (14 mars 1946-7 décembre 2017) : Ministre de l'Emploi et des Affaires wallonnes, secrétaire d'État chargé de l'Économie wallonne, ministre de la Fonction publique et de la Politique scientifique, ministre du Budget, de la Politique scientifique et du Plan, ministre des Affaires économiques, vice-Premier ministre et ministre des Finances durant dix ans. Il préside la Banque européenne d'investissement durant onze ans.

Merkel, Angela : Au sein du gouvernement fédéral allemand, ministre de la Femme et de la Jeunesse, ministre de l'Environnement, de la Protection de la nature et de la Sécurité des réacteurs, chancelière d'Allemagne de 2005 à 2021. Une grande Allemande en Europe.

Michel, Charles : Ministre des Affaires intérieures du gouvernement wallon, ministre fédéral de la Coopération au développement, président du MR, Premier ministre, président du Conseil européen.

Michielsens, Lucienne (13 mars 1936-22 janvier 1995) : Secrétaire d'État à la Communauté flamande, sénatrice, coauteure avec Roger Lallemand de la loi dépénalisant l'interruption volontaire de grossesse.

Milquet, Joëlle : Vice-Première ministre et ministre de l'Emploi et de l'Égalité des chances, chargée de la Politique de migration et d'asile, vice-Première ministre et ministre de l'Intérieur et de l'Égalité des chances, ministre de l'Éducation, de la Culture et de l'Enfance. Elle préside le Centre démocrate humaniste de 1999 à 2011.

Moureaux, Philippe (12 avril 1939-15 décembre 2018) : Ministre de l'Intérieur et des Réformes institutionnelles, ministre de la Justice, ministre-président de la Communauté française, vice-Premier ministre et ministre de la Région bruxelloise et des Réformes institutionnelles, ministre des Affaires sociales, ministre d'État. Son nom est définitivement lié à la loi contre le racisme et la xénophobie du 30 juillet 1981. Un homme de conviction et de valeurs, sur la correction duquel j'ai toujours pu compter.

Moureaux, Serge (1er janvier 1934-25 avril 2019) : Avocat au barreau de Bruxelles, sénateur puis député. Avec Jean-Pol Henry, il est un défenseur acharné de mon innocence au sein de la Commission spéciale de la Chambre chargée d'examiner une éventuelle mise en accusation devant la Cour de cassation.

Netanyahou, Benyamin : Premier ministre israélien.

Obama, Barack : Président des États-Unis de 2009 à 2017. J'ai l'opportunité de le rencontrer et de dialoguer avec lui à plusieurs reprises lors de ses visites en Belgique et dans le cadre des réunions de l'OTAN et de l'ONU. Il a l'art de défendre les intérêts américains tout en créant dans les réunions qu'il préside un climat de convergence et d'intégration des positions diverses de ses interlocuteurs, même les plus réticents.

Onkelinx, Laurette : Ministre de l'Intégration sociale, de la Santé publique et de l'Environnement, ministre-présidente de la Communauté française chargée notamment de l'Éducation, vice-Première ministre et ministre de l'Emploi, de la Justice, des Affaires sociales et de la Santé publique. Une amie fidèle, qui défend de manière acharnée les valeurs progressistes et l'émancipation des plus fragiles. Un rempart contre les attaques de la sécurité sociale menées par la droite.

Parmentier, Hervé : Mon chef de cabinet « politique générale » au 16, rue de la Loi, secrétaire du gouvernement (2011-2014). Travailleur intelligent, fidèle et infatigable.

Picqué, Charles : Ministre-président de la Région de Bruxelles-Capitale à plusieurs reprises, commissaire du gouvernement fédéral, ministre fédéral de l'Économie et de la Recherche scientifique, ministre d'État. Une grande connivence intellectuelle et politique nous lie. Il n'hésite pas à être parmi les premières personnalités à me défendre quand de fausses accusations sont proférées à mon égard.

Piette, Josly : Secrétaire général du syndicat chrétien CSC, ministre de l'Emploi du gouvernement Verhofstadt III, bourgmestre de Bassenge.

Porochenko, Petro : Homme d'affaires, pro-européen, président de l'Ukraine de 2014 à 2019.

Poutrain, Anne : Directrice de l'IEV, cheffe de cabinet de plusieurs ministres-présidents de la Wallonie. Elle joue un rôle déterminant lors des 541 jours de crise politique en 2010 et 2011. Estimée de tous, elle possède une capacité d'analyse politique rare. Elle est mon bras droit sur lequel je peux me reposer en toute confiance, notamment dans les moments les plus difficiles des négociations. Compétente et acharnée au travail, elle est d'une fidélité hors du commun.

Ramaekers, Roger (10 août 1931-3 avril 2012) : Président de la Fédération des coopératives de Belgique, régent à la Banque nationale. L'ami indéfectible et le confident.

Rehn, Olli : Ministre de l'Économie de Finlande, trois fois commissaire européen.

Remiche, Benoît : Président du conseil d'administration de Belgacom de 1991 à 1994.

Reynders, Didier : Ministre des Finances, président du MR, ministre des Affaires étrangères, ministre de la Défense, commissaire européen chargé de la justice. Malgré son attitude face aux accusations calomnieuses en 1996, nous avons gardé de bonnes relations avec une attitude constructive, notamment au sein de mon gouvernement fédéral.

Sosnowski, Maurice : Président du Comité de coordination des organisations juives de Belgique.

Spitaels, Guy (3 septembre 1931-21 août 2012) : Vice-Premier ministre, bourgmestre d'Ath, président du PS, ministre-président de la Wallonie, ministre d'État... Une des rencontres heureuses les plus déterminantes.

Suinen, Philippe : Mon chef de cabinet en 1996, au moment de la cabale judiciaire. Veille au bon fonctionnement de mon équipe et assure la parfaite continuité de l'action politique.

Thyssen, Marianne : Députée européenne, présidente du CD&V, commissaire européenne.

Tillieux, Éliane : Ministre wallonne de la Santé, de l'Action sociale et de l'Égalité des chances, ministre wallonne de l'Emploi et de la Formation, première femme à présider la Chambre des représentants.

Trusgnach, Olivier : Mon accusateur dans la cabale orchestrée contre moi en 1996.

Tojerow, Jérémie : Avocat spécialisé en matière institutionnelle, conseiller à l'Institut Émile Vandervelde puis à mon cabinet de

Premier ministre, où il gère avec beaucoup de maîtrise le dossier BHV.

Urbain, Robert (24 novembre 1930-9 novembre 2018) : Secrétaire d'État à l'Aménagement du territoire, au Logement, à l'Économie régionale, ministre des Postes, du Commerce extérieur, bourgmestre de Boussu, ministre d'État. C'est lui le premier qui insiste pour que j'adhère au PS et qui me défend, bec et ongles, contre mes adversaires en interne du parti.

Turtelboom, Annemie : Ministre VLD de la Migration, de l'Intérieur et de la Justice.

Uyttendaele, Marc : Brillant avocat, professeur ordinaire à l'ULB et président du Centre de droit public. Mon avocat lors des accusations en 1996. Constitutionnaliste reconnu, dont la parole est écoutée.

Van Besien, Wouter : Président de Groen et acteur de la sixième réforme de l'État.

Vande Lanotte, Johan : Vice-Premier ministre, ministre de l'Intérieur, ministre du Budget et de l'Intégration sociale, ministre de l'Économie. Un ami sur lequel je peux compter et qui, à un moment critique de ma vie politique, m'a donné le conseil qui vraisemblablement m'a sauvé.

Van Oudenhove, André : Procureur général près la Cour d'appel de Bruxelles.

Van Quickenborne, Vincent : Secrétaire d'État à la Simplification administrative, ministre pour l'Entreprise et la Simplification, vice-Premier ministre, ministre des Pensions, ministre de la Justice chargé de la mer du Nord, bourgmestre de Courtrai.

Van Rompuy, Herman : Président de la Chambre des représentants, Premier ministre, premier président du Conseil européen. L'homme est de grande qualité et préside les sommets européens avec maestria.

Van Ypersele de Strihou, Jacques : Chef de cabinet du Roi, ministre d'État. L'un des meilleurs politologues de Belgique.

Verherstraeten, Servais : Secrétaire d'État aux Réformes institutionnelles, acteur néerlandophone de la sixième réforme de l'État que j'ai conduite.

Verhofstadt, Guy : Vice-Premier ministre et ministre du Budget, Premier ministre de 1999 à 2008, ministre d'État. Grand politique. Je le découvre en 1985. On le surnomme « baby Thatcher » tant il s'obstine à vouloir imposer sa politique de rigueur au pays. Je le redécouvre en 1999. Il est Premier ministre et je préside le PS. Se noue alors une relation de confiance sans faille qui nous permet d'œuvrer efficacement dans l'intérêt du pays.

Verstraete, Raf : Avocat pénaliste néerlandophone. Il est aux côtés de Marc Uyttendaele pour me défendre à la commission spéciale de la Chambre contre les fausses accusations en 1996.

Vervoort, Rudi : Bourgmestre d'Evere, ministre-président de la Région de Bruxelles-Capitale.

Von der Leyen, Ursula : Ministre allemande des Affaires sociales, des Femmes, de la Famille et de la Santé, ministre de la Défense, présidente de la Commission européenne.

Wathelet, Melchior père : Ministre de l'Économie régionale, ministre-président de Wallonie, ministre des Classes moyennes, vice-Premier ministre, ministre de la Justice, ministre de la Défense, ministre d'État. Un interlocuteur coriace mais d'une parfaite correction. J'ai toujours entretenu les meilleures relations avec lui.

Wathelet, Melchior fils : Secrétaire d'État au Budget et à la Politique des familles, à la Politique de migration et d'asile, aux Institutions culturelles fédérales, à l'Environnement, à l'Énergie, à la Mobilité et aux Réformes institutionnelles, ministre du Budget. Après avoir été un excellent secrétaire d'État aux Réformes institutionnelles dans mon gouvernement, il opte pour une carrière brillante dans le privé.

Widmer-Schlumpf, Eveline : Présidente de la Confédération helvétique lors du drame qui coûte la vie à vingt-deux enfants rentrant de classe de neige.

Ylieff, Yvan : Ministre national de l'Éducation, ministre communautaire de l'Éducation, ministre fédéral de la Recherche scientifique, ministre communautaire de la Jeunesse, de la Fonction publique et de l'Enseignement de promotion sociale, commissaire du gouvernement sur les questions scientifiques. Je lui succède au département de l'Éducation. Ministre fédéral, il me défend bec et ongles dès les premières minutes, en 1996, lorsque des accusations calomnieuses sont portées contre moi.

LES SIGLES INSTITUTIONNELS

BCE : Banque centrale européenne.

CE : Commission européenne.

CERN : Organisation européenne pour la recherche nucléaire.

CGSLB : Centrale générale des syndicats libéraux de Belgique.

COMORI : Comité de mise en œuvre des réformes institutionnelles.

CSC : Confédération des syndicats chrétiens.

FGTB : Fédération générale du travail de Belgique.

FMI : Fonds monétaire international.

IEV : Institut Émile Vandervelde (bureau d'études du PS).

OCDE : Organisation de coopération et de développement économiques.

ONU : Organisation des Nations unies.

OTAN : Organisation du traité de l'Atlantique Nord.

PIB : Produit intérieur brut.

PJ : Police judiciaire.

RTBF : Radio-télévision belge de la Communauté française.

RTT : Régie des télégraphes et des téléphones.

Seize : 16, rue de la Loi à Bruxelles (bureaux du Premier ministre).

UE : Union européenne.

Voka : Vlaams Netwerk van Ondernemingen (principale fédération d'entreprises de Flandre).

REMERCIEMENTS

Ma plus fraternelle gratitude va à Jean Moulin qui, avec patience et compétence, a amendé le contenu de ce travail. Je remercie également Ayse Aktas, Gilles Doutrelepont, Jean-Pol Baras, Jean Degré, Ermeline Gosselin, Marc Janssen, Philippe Mahoux, Laurette Onkelinx, Hervé Parmentier et Marc Uyttendaele pour leur contribution.

Les éventuels bénéfices de la vente du livre seront versés à la Fondation Franz Aubry[107], fondée par Elio Di Rupo, qui accorde des aides financières à des orphelins en difficulté qui souhaitent entreprendre des études supérieures.

107 http://www.fondation-aubry.be.